2012年度国家民委科研项目
（项目名称：藏族传统婚姻文化研究，编号：12ZYZ014）

藏族传统婚姻文化研究

ZANGZU CHUANTONG
HUNYIN WENHUA YANJIU

切吉卓玛 / 著

中央民族大学出版社
China Minzu University Press

图书在版编目（CIP）数据

藏族传统婚姻文化研究/切吉卓玛著．—北京：中央民族大学出版社，2013.9
ISBN 978-7-5660-0493-2

Ⅰ.①藏… Ⅱ.①切… Ⅲ.①藏族—婚姻—少数民族风俗习惯—研究—中国 Ⅳ.①K892.22

中国版本图书馆 CIP 数据核字（2013）第 209622 号

藏族传统婚姻文化研究

作　　者	切吉卓玛
责任编辑	黄修义
封面设计	汤建军
出 版 者	中央民族大学出版社
	北京市海淀区中关村南大街27号　邮编：100081
	电话：68472815（发行部）　传真：68932751（发行部）
	68932218（总编室）　　　68932447（办公室）
发 行 者	全国各地新华书店
印 刷 厂	北京宏伟双华印刷有限公司
开　　本	880×1230（毫米）　1/32　印张：10.5
字　　数	262 千字
版　　次	2013 年 11 月第 1 版　2013 年 11 月第 1 次印刷
书　　号	ISBN 978-7-5660-0493-2
定　　价	30.00 元

版权所有　翻印必究

目 录

导 论 ……………………………………………………… (1)
  一、选题意义 ………………………………………………… (1)
  二、研究动态 ………………………………………………… (8)
  三、研究方法 ………………………………………………… (11)

第一章　远古藏族婚姻观念的萌芽 ……………………… (13)
  第一节　关于藏族起源的神话传说 ………………………… (15)
    一、猕猴与逻刹女的神话传说 …………………………… (15)
    二、苯教的"卵生说" ……………………………………… (23)
  第二节　藏族早期的生殖崇拜 ……………………………… (30)
    一、早期岩画中的生殖崇拜 ……………………………… (32)
    二、苯教及民间神话传说中的生殖崇拜 ………………… (33)
    三、"箭"、"纺锤"是藏族生殖图腾的间接表现形式 …… (35)
  第三节　藏族婚姻观念的主要传承形式 …………………… (36)
    一、谚　语 ………………………………………………… (37)
    二、卜　辞 ………………………………………………… (38)
    三、《礼仪问答写卷》 ……………………………………… (42)
    四、民间故事 ……………………………………………… (44)

第二章 藏族传统婚姻制度 …………………………… (47)
第一节 藏族传统的婚姻形式 ………………………… (48)
一、一夫一妻制 ……………………………………… (48)
二、一夫多妻制 ……………………………………… (50)
三、一妻多夫制 ……………………………………… (53)
第二节 藏族传统婚姻的通婚范围 …………………… (63)
一、阶级内婚 ………………………………………… (65)
二、等级内婚 ………………………………………… (66)
三、血缘外婚 ………………………………………… (67)
四、部落内婚 ………………………………………… (68)
五、民族内婚 ………………………………………… (69)
第三节 藏族传统的婚姻程序 ………………………… (69)
一、提亲 ……………………………………………… (70)
二、占卜合婚 ………………………………………… (70)
三、订婚 ……………………………………………… (71)
四、结婚 ……………………………………………… (72)
五、婚礼 ……………………………………………… (72)
六、谢婚 ……………………………………………… (73)
第四节 婚姻的缔结与解除 …………………………… (74)
一、传统的求偶方式 ………………………………… (74)
二、婚姻的缔结方式 ………………………………… (76)
三、离婚与再婚 ……………………………………… (79)
四、藏族传统婚姻制度的特点 ……………………… (80)
五、藏族多偶婚制产生的社会历史原因 …………… (81)

第三章 藏族传统的婚姻礼仪 …………………………… (84)
第一节 婚姻礼仪 ……………………………………… (85)
一、婚礼与箭 ………………………………………… (85)

二、婚礼与"拉玉"……………………………………（87）
　　三、婚礼与"比嘎"……………………………………（89）
　　四、婚礼与"央"………………………………………（91）
　第二节　藏族婚礼祝词………………………………………（95）
　　一、婚礼祝词……………………………………………（96）
　　二、赞词…………………………………………………（101）
　　三、婚宴十八说…………………………………………（105）
　第三节　苯教婚姻仪式及其象征意义………………………（125）
　　一、苯教婚姻仪式………………………………………（125）
　　二、婚姻仪式中象征物及象征意义……………………（129）
　第四节　形式多样的藏区婚礼习俗…………………………（133）
　　一、环青海湖地区农牧民婚俗…………………………（134）
　　二、青海玉树婚俗………………………………………（137）
　　三、西藏日喀则婚俗……………………………………（140）
　　四、云南中甸、迪庆婚俗………………………………（142）

第四章　藏族部落婚姻……………………………………………（145）
　第一节　藏族部落概述………………………………………（146）
　　一、藏族"部落"的含义…………………………………（146）
　　二、藏族部落组织的基本结构…………………………（147）
　第二节　藏族部落传统婚姻习惯法…………………………（149）
　　一、藏族部落婚姻习惯法的主要内容…………………（150）
　　二、藏族部落婚姻习惯法的特征………………………（153）
　第三节　藏族部落婚姻道德、婚姻禁忌及惩处传统………（157）
　　一、藏族部落的婚姻道德与婚姻禁忌…………………（158）
　　二、违反婚姻禁忌的惩处传统…………………………（159）

第五章 旧西藏的等级制度及其婚姻形式 (162)
第一节 西藏历史上王公贵族的婚姻 (164)
一、吐蕃王室贵族的婚姻 (164)
二、萨迦款氏家族的婚姻 (174)
三、帕竹朗氏家族的婚姻 (182)
四、西藏新贵族的婚姻 (187)

第二节 西藏平民的婚姻 (195)
一、差巴、堆穷的婚姻 (195)
二、朗生的婚姻 (202)
三、西藏平民的婚姻特点 (203)

第六章 藏族传统的婚育观念 (205)
第一节 藏族传统的婚姻观 (205)
一、严格禁止血缘内婚 (205)
二、择偶自由观念 (211)
三、门第观念 (213)

第二节 藏族传统的生育观 (214)
一、分娩与诞生礼 (214)
二、生育意愿 (215)
三、婚外生育 (216)

第三节 藏族传统的生育目的与行为 (217)
一、多育 (217)
二、早育 (218)

第四节 藏族传统生育文化的社会功能 (219)
一、保证藏族人口的增长 (220)
二、提供藏族的族性认同 (221)
三、维持藏族内部的社会秩序 (222)
四、延续藏族的宗教信仰 (222)

第七章 藏族传统婚姻的变迁 …………………………（223）
第一节 藏族传统的婚姻价值观念 ……………………（223）
一、藏族传统的婚姻禁忌 ……………………………（223）
二、藏族传统婚姻形式的道德评价 …………………（224）
第二节 藏族传统婚姻的变化 …………………………（226）
一、传统婚姻观念的变化 ……………………………（226）
二、离婚、再婚观念的转变 …………………………（235）
三、传统生育观念的转变 ……………………………（239）
四、现代法律意识对传统婚姻观念的影响 …………（251）

结　语 …………………………………………………（254）

参考文献 ………………………………………………（257）
一、汉文 ………………………………………………（257）
二、英文 ………………………………………………（261）
三、藏文 ………………………………………………（263）

附录一：吐蕃七赤王及王妃一览表 ……………………（265）
附录二：吐蕃王朝赞普及王妃一览表 …………………（266）
附录三：萨迦款氏家族世系表 …………………………（268）
附录四：帕竹朗氏家族世系表 …………………………（273）
附录五：藏族部落婚姻习惯法选录 ……………………（276）
附录六：婚礼诵词 ………………………………………（280）

后　记 …………………………………………………（320）

导 论

一、选题意义

当人类步入阶级社会,家庭、部落、民族、国家、法律、科学、技术、风俗、艺术、伦理等,应运而生,人类群体的结合方式进一步受到政治利益、经济利益和群体利益的支配,以经济基础与上层建筑之间的矛盾作为一切社会的基本矛盾,贯穿于人类社会史的全过程。整个社会的有序运行,则借助于平衡系统的整合功能。这种平衡系统就是社会制度,主要由政治、经济、思想文化等方面组成,是人类社会活动的规范体系,是相对持久的社会关系的定型化。

家庭是人类共同生活的基本单位,它以一定的婚姻关系、血缘关系或收养关系组合起来。婚姻构成最初的家庭关系是夫妻之间、父母和子女之间的关系。我们现在的家庭形式,是一夫一妻制,即一男一女结为夫妻的婚姻和家庭形式。这种家庭的形成经历了各种形式的演变,学术界通常认为家庭演化经历了血缘家庭、普那路亚家庭、对偶家庭、父权家庭,最后才是一夫一妻制家庭。家庭的产生、演化、发展,是随着社会的进化逐步由低级阶段向高级阶段发展,由低级的形式演进到高级形式的。

1. 藏族社会的婚姻文化是藏族传统文化的一个重要组成部分

藏族文化博大精深，卷帙浩繁。从物质层面到精神层面，无不体现着丰富的文化内涵。藏族婚姻文化是藏族传统文化的重要组成部分，是研究藏族文化的重要内容，它可以使人们更加全面、系统地了解和认识藏族文化及其社会生活。

文化是一种精神产品，是社会存在的反映。藏族传统文化，是代表历史上藏民族的特点，反映其精神风貌、心理状态、思维方式、价值取向和人格追求等精神成果的总和。藏族学者丹珠昂奔曾给了藏族文化这样的定义："藏族传统文化是藏族人民在漫长的自然斗争和社会实践活动中形成的物质文明和精神文明成果的总和，是一种以原始信仰和苯教文化为基础，以藏传佛教哲学为指导，并吸收了其他民族文化的独特文化。"[1]

丹珠昂奔在其专著《藏族文化发展史》"导论"中，对藏族文化的分类及其基本特征，作了如下的阐述：

> 以社会发展形态划分，藏族文化可分为原始社会的藏族文化；奴隶制社会的藏族文化；封建农奴制、封建社会的藏族文化；社会主义社会的藏族文化。
>
> 以社会发展阶段划分，藏族文化可分为：史前时期的藏族文化；象雄时期的藏族文化；吐蕃王朝时期的藏族文化；分裂割据时期的藏族文化。
>
> 以地域划分，藏族文化可分为：卫藏地区的藏族文化；安多地区的藏族文化；康巴地区的藏族文化。
>
> 以生产方式划分，藏族文化可分为：藏族游牧文化、藏族农耕文化、藏族城镇文化。

---

[1] 王尧、陈庆英等主编：《西藏历史文化辞典》，西藏人民出版社、浙江人民出版社，1998年，第328页。

以社会阶层划分，藏族文化可分为：藏族贵族文化、藏族贫民文化、藏族僧侣文化。

以宗教信仰划分，藏族文化可分为：史前原始宗教文化、苯教文化、藏传佛教文化。

以青藏高原流域划分，藏族文化可分为：卫藏地区的雅鲁藏布江—雅砻河谷流域文化、尼洋河流域文化、吉曲河流域文化、年楚河流域文化、四河流域（孔雀、狮泉、象泉、马象河）文化、藏北湖泊地区文化、多康地区的澜沧江流域文化、金沙江流域文化、黄河流域（上段）文化、湟水流域文化。

以藏传佛教的内容划分，藏族传统文化可分为：以《大藏经》为代表的经籍文化、以"政教合一"为主体的制度文化、以活佛转世制度为特点的寺院僧侣文化、以颂扬神佛和阐释佛理为主体的文学艺术、以礼佛转经为主体的民俗文化。①

从上述的论点不难看出，藏族文化丰富多彩，其特点鲜明地表现出藏族文化发展的多样性，即物质文化与精神文化并存、宗教文化与世俗文化并存、历史文化与现代文化并存、民间文化与贵族文化并存。但是，无论怎样划分，藏族传统文化中始终有一个一以贯之的文化特质，那就是宗教。

长期以来，由于藏族社会特殊历史文化的影响及宗教观念的渗透，藏族历史的记录呈现出"重宗教文化而轻其他文化"的特点，使得藏族历史文献中极少涉及有关婚姻、家庭等问题，即使有文献记载，大多也是对少数贵族阶层婚姻状况的描述，在《贤

---

① 丹珠昂奔：《藏族文化发展史》导论，参见《藏学研究》（第九集），民族出版社，1998年，第143—144页。

者喜宴》、《西藏王臣记》、《西藏王统记》等藏族历史文献中，不同程度地反映出"一夫多妻"等现象，这无非是想渲染贵族阶层及达官显贵们的权力与财富。然而，在上述的历史文献中，却很难看到对社会底层农牧民的婚姻、家庭的记述，甚至没有。值得庆幸的是，婚姻、家庭是人类的历史文化现象，也是一种社会现象。人类在社会发展的历史进程中，除了进行物质资料的生产，还进行自身的生产，即繁衍后代。藏民族也不例外。尽管没有更多的史料记载藏族社会的婚姻、家庭状况，但这一制度文化却随着藏民族的发展而演进，不断习俗化、理性化、社会化、规范化，进而制度化。这无疑对我们研究藏族社会的历史与现实提供了一个新的视角。因此，从婚姻、家庭制度入手，考察藏民族社会、经济、文化乃至人际间的相互关系，显然是一个十分有意义的课题。

2. 藏族特殊的家庭结构和婚姻形式，从不同角度折射出藏民族的道德观念和价值取向

藏族社会家庭结构的特殊性体现在一夫多妻制与一妻多夫制并存，这很早就引起了世人的关注。进入20世纪，特别是20世纪下半叶以来，调查研究逐渐增多，然而深入系统的调查研究成果并不多见。诸多问题，如多偶家庭内的生活，多偶家庭与一夫一妻家庭的关系，多偶家庭、一夫一妻家庭与藏族的社会、经济、文化的关系等均不甚清楚。这一时期的调查研究，大多属于民俗现象的记录，资料零星简略。有些学者由于受自身价值观的影响，甚至认为这一现象是原始群婚的残余，是有失偏颇的。

价值观念和思维方式是民族文化研究的深层问题。不同民族文化以及民族性格的差异，主要表现在价值观念和思维方式方面。在传统的民族心理结构中，价值观念作为其核心内容，总是从民族主体尺度出发，指明本民族应该如何判定、选择和改造客体以满足自身需要，从而确定民族精神的理想状态，这就涉及哲

学、宗教、道德、审美等一系列精神文化的根本问题。价值观念的特点，基本反映了民族精神的特点。因此，研究藏民族文化，也必须深入研究其传统的价值观念。

藏民族传统的价值观念和道德评价体系，是伴随着漫长的藏族历史、文化而产生、形成和发展的。它经历了原始宗教文化——朴素的万物有灵观念、苯教文化——巫术崇拜仪式以及藏传佛教文化——经典化、理论化、系统化的超人间力量的信仰，逐渐形成一种以牧业和农业为主体的自然经济条件下的朴素的感性经验层次的社会意识。长期以来，它成为直接引导和支配藏民族的思想情感和生活方式的行为准则，对藏族社会的凝聚和稳定，对藏民族性格的形成和民族精神的铸造曾产生过十分巨大的影响。

藏族道德价值的核心是"重义轻利"的观念，这种价值观不同程度地反映在藏族社会婚姻、家庭制度中，便是"一夫多妻"与"一妻多夫"制的并存。在藏族社会，无论是兄弟共妻、朋友共妻、父子共妻，还是姊妹共夫、血缘外共夫，不但能被全社会普遍认同和理解，而且还把它作为一种衡量和谐家庭的道德尺度和行为规范，使藏族社会特殊的家庭结构和婚姻形式得以存续并发展至今。

3. 从社会、经济、文化等方面进行多层次、多角度的研究，深入、细致地考察藏族社会的婚姻、家庭状况，避免片面性

早期关于婚姻、家庭的研究，可以追溯到19世纪。这一时期"进化学派"中最早研究家庭史的代表人物巴霍芬、摩尔根，都深受达尔文生物进化论的影响。他们从人类社会发展史的角度，科学地论证了人类婚姻、家庭进化与发展的历史。巴霍芬首次提出了人类社会由早期存在着的不受限制的性交阶段，逐步向一夫一妻制过渡的理论，同时还提出了母权制先于父权制的论点。摩尔根则把婚姻进化的理论推到了最高阶段，他对世界上许

多民族的婚姻家庭和亲属制度进行了比较研究，对人类社会的经济生活、生产技术、社会组织、婚姻形式等发展过程和阶段作了比较科学的论述。恩格斯对于他们在婚姻家庭问题研究上的成果都曾给予科学的评价，提出西藏的多夫制不是"群婚"，而是"普那路亚家庭"的看法。19 世纪末，著名社会学家和人类学家韦斯特马克（Westermarck，1862—1939），于 1891 年出版的成名之作《人类婚姻史》对这一时期西方学术思想曾产生过广泛而深刻的影响，他在该书中介绍和分析了西藏的一妻多夫制，认为西藏的多偶家庭，是与男女人口比率分布不均以及土地、家产不分散等经济因素有关。[①]

西方学者对藏族多偶婚姻的研究，由最初的现象研究逐渐深入到田野调查的研究模式。他们"试图对西藏的婚姻问题开展深入、系统的专题实地调查，在实证性资料和田野工作的基础上分析形成这种特殊婚姻的各种社会和经济原因，并努力运用实地调查的材料把婚姻类型同社会分层体系和土地制度、继承制度等制度性安排联系起来"[②]。20 世纪 60 年代以后，西方几位学者以实地调查为基础对藏族多偶婚的研究较深入系统，很有参考价值。而国内学者 50 年代以来的调查研究，也涉及多偶婚姻与藏族社会、经济、文化之间的关系，提出了一些有价值的观点。

亲属制度的研究，长期以来一直是人类学研究的一个基本领域，具有十分重要的地位。对藏族婚姻家庭的研究，必然也要涉及它的血缘和亲属关系。

任何一个民族的婚姻制度都与它的社会、经济、文化有着密切的关系。藏族的多偶婚制也不例外。它与藏族的社会分层、亲

[①] 韦斯特马克著，李彬等译：《人类婚姻史》（全三卷），商务印书馆，2002 年。

[②] 马戎：《试论藏族的"一妻多夫"婚姻》，载《民族研究》2000 年第 6 期。

属关系、居住原则、家族观念、村社组织与管理、继承制度、土地与差税制度、牧区经济与劳动力、人口增减等因素都有关系。藏族的多偶婚姻之所以长期存在并延续至今，一定有它的社会根源和历史背景，只有从社会、经济、文化等方面进行多层次、多角度的研究，才有可能真正理解藏族多偶婚姻这一特殊的文化现象，揭示这一文化现象背后的深层原因，避免走入简单化、片面化的误区。

4. 以科学的精神研究藏族社会婚姻、家庭制度，以理性的态度审视藏族社会和藏族文化

对于藏族婚姻制度，特别是一妻多夫制，有些学者认为它是一种落后的习俗，是原始群婚制的残余。之所以得出这样的结论，是与人们的价值观念和道德评价体系不同有关。对此马戎教授有着不同的见解。他认为"在人类社会中，究竟哪一种性关系和婚姻关系更'道德'、更'先进'？这是不能简单地根据某一个社会的传统标准来衡量的"①。对藏民族而言，一妻多夫的婚姻形式是藏民族特有的一种生活方式，也是被藏族社会的道德评价体系和伦理观念普遍认可和接受的。因此，在对一个民族的婚姻家庭形式作出价值判断之前，首先应当深入、细致地考察其社会历史背景和文化现象，进行科学的调查研究和理性的分析评价，尽可能避免被不同文化的价值观影响而产生歧义。

史学研究的原则告诉我们，任何社会现象都有其价值。这就要求从事社会科学研究的学者研究社会的客观现象，研究社会结构、社会制度之间的功能关系，做出正确的阐释。从这个角度来看，客观性是社会实践对社会科学的根本要求，也是社会科学研究的基本规范。对于史学研究来说，尊重历史，实事求是，通过对纷繁复杂的社会现象的理性分析，探究社会发展的一般规律，

---

① 马戎：《试论藏族的"一妻多夫"婚姻》，载《民族研究》2000年6期。

是普遍认同的价值准则。本选题正是遵循这一原则，在前人研究的基础上，搜集历史资料，参阅各种观点，条分缕析，纵观源流，钩沉索隐，整体研究，提出自己的见解。同时，以科学的精神和理性的态度研究这一选题，正视藏族社会的婚姻形式和家庭结构，分析这一制度产生的深层历史原因和社会因素。对于人们更深入地认识藏族历史和藏族文化具有重要意义。

二、研究动态

（一）国内的相关研究

国内对藏族多偶家庭的研究，最早见于我国的一些地方志中。如《四川通志·西域志》、《巴塘县志》、《理化县志稿》等，都有一些零星记载。还有一些是属于日记、游记形式的记录，大多是到过藏区的官员、僧人的所见所闻。如日本游僧河口慧海记述了他1900—1902年在西藏的经历，对西藏当时"一妻多夫"形式的婚姻，特别对兄弟共妻、朋友共妻、父子共妻的现象加以描述。[1] 尽管河口慧海的记述不属于国内的研究范畴，但他首次以游记的方式披露这一文化现象，在当时信息封闭的时代，还是在国内引起了许多学者的关注。清末代理川滇边务大臣傅嵩炑（1869—1929），在《西康建省记·说番人弟兄共妻》中记载："惟汝等户口太少，究厥由来……半由弟兄共娶一妻之故……番人曰，弟兄各娶一妻，生人众多，衣食难谋，不将流为乞丐，而不能求保暖乎。"[2] 可见，他当时已经看到了藏族一妻多夫家庭与经济生活的关系。另外还有不少书刊记载了藏族的多偶家庭的情

---

[1] ［日］河口慧海著，孙沈清译：《西藏秘行》，新疆人民出版社，1999年。
[2] ［清］傅嵩炑：《西康建省记》，中国藏学出版社，1995年。

况，如著名人类学家柯象峰所著的《西康社会之鸟瞰》（1940年）、民国时期蒙藏委员会调查室编著的《青海玉树囊谦称多三县调查报告书》（1941年）等，这些资料属于早期民俗现象的记录，较为简略，但对于了解西藏多偶家庭的地区分布和历史状况也有一定的参考价值。

20世纪50年代末60年代初，国务院民族事务委员会和各有关少数民族地区，为了开展民族工作，就曾组织民族研究方面的学者和民族工作者，对当地少数民族的社会历史情况进行过调查。1956年，全国人大民族委员会和国务院民族事务委员会，进一步组织了若干调查组，对各少数民族的社会和历史进行了大规模的调查研究。1958年，在国务院民族事务委员会和中国科学院哲学社会科学部的领导下，中国科学院民族研究所、中央民族学院和各少数民族地区的有关单位，在编写《少数民族简史》、《少数民族简志》、《民族自治地方概况》三套丛书的过程中，又做了必要的调查。这些调查都不同程度地涉及了藏族的婚姻和家庭，特别是在《藏族社会历史调查》中，阿巴部落、囊色林溪卡、下涅如地区、托吉溪卡、柳溪卡、资龙溪卡等几篇报告较为详细。这批调查资料在20世纪80年代陆续出版，对于了解多偶家庭的形式、分布等有重要的参考价值。部分学者依据这些调查资料，结合一些档案材料发表了一些论著。如陆莲蒂在《中国少数民族婚姻家庭》一文中，介绍了多种形式的藏族多偶家庭，认为这与藏族社会经济发展和社会因素有关。① 吴从众、宋恩常、严汝娴、欧潮泉等也曾撰文，提出藏族的婚姻形式和多偶家庭是"原始群

---

① 陆莲蒂：《藏族》，载《中国少数民族婚姻家庭》（严汝娴主编），中国妇女出版社，1986年。

婚的残余"① 的观点。孙怀阳、程贤敏在《中国藏族人口与社会》中指出，"只有母权时代，妇女才有在社会上的多夫权利和在家中的主导地位"②。张权武在《近代西藏特殊家庭种种试析》中，把藏族的"一妻多夫"形式看做"是西藏封建农奴制度特殊腐朽作用的结果"③。

20世纪80年代中期以后，一些学者从社会学、人口学、人类学的角度，对西藏进行社会、人口等方面的调查研究时，也不可避免地涉及藏族的多偶家庭。尤其是由北京大学社会学人类学研究所与中国藏学研究中心合作进行的"西藏社会发展"课题，深入西藏拉萨、日喀则、山南三大地区，进行入户访问，抽样调查，掌握了第一手资料。北京大学马戎教授和华东师范大学王大奔副教授等人组织西藏大学藏族学生假期回乡开展的"西藏藏族妇女的婚姻与生育"的问卷调查，获得了西藏藏族多偶家庭的新资料，并加以统计分析，取得了可喜成果。

（二）国外的相关研究

国外关于藏族的多偶家庭的研究，始于20世纪60年代到80年代期间，美国著名藏学家梅·戈尔斯坦（Goldstein, Melvyn. c.）、社会人类学家阿吉兹（Barbara N. Aziz）和南希·列维妮（Nancy E. Levine）采用人类学的参与调查法，以社区为单位，对喜马拉雅周边藏族进行了系统、深入、细致的调查，并且将多偶家庭与

---

① 吴从众：《民主改革前西藏藏族的婚姻与家庭——兼论农奴制度下存在群婚残余的原因》，载《民族研究》1981年第4期。宋恩常：《藏族中的群婚残余》，载《民族学研究》第二辑，民族出版社，1981年。严汝娴：《藏族的着桑婚姻》，载《社会科学战线》1985年第3期。欧潮泉：《论藏族的一妻多夫》，载《西藏研究》1985年第2期。
② 孙怀阳、程贤敏：《中国藏族人口与社会》，中国藏学出版社，1999年。
③ 张全武：《近代西藏特殊家庭种种试析》，载《西藏研究》1988年第1期。

藏族的社会、经济、文化结合起来研究，提出了自己的见解。虽然他们三人研究的侧重点有所不同，但总体看来还是很有价值的。戈尔斯坦的调查对象主要是从西藏江孜迁徙到印度的藏民；阿吉兹的调查也是针对从西藏定日移居尼泊尔索卢—昆布地区的藏民；南希·列维妮在尼泊尔调查的宁巴藏族是居住在印—藏文化交会边缘的小规模的人群。由于他们的调查研究都不是在西藏本土进行的，调查对象尽管在家庭结构方面表现出藏族类型的特征，但由于他们长期远离故土西藏，并远离藏族的主流生活方式，处于印度、尼泊尔多民族社会的大环境之中，受印度、尼泊尔的土地、法律和税收制度支配，在文化方面已明显带有自己的特点，与西藏的藏族不尽相同。[①] 因此，这些调查研究成果既有重要的理论价值，又体现出与在西藏本土的调查研究的差异性。

三、研究方法

本论著是关于西藏婚姻文化的研究，是在前人研究的基础上，结合自己的田野调查，在动态中寻求藏族的婚姻形式及家庭组织和社会变迁的联系性，分析藏族整体社会和文化传统的关系。

指导思想：立足马克思主义的唯物史观，把藏族社会的婚姻、家庭制度作为藏族制度文化的一部分进行深入、细致地研究，以实事求是的态度，客观、公正地考察和分析藏族社会的婚姻形式和家庭结构。

研究思路：笔者的研究基于两种思考，一是以具体研究对象的特殊性为出发点，二是这一具体研究对象本身与整体社会和文

---

① 南希·列维妮著，玉珠措姆译：《藏族一妻多夫制中父子间亲属关系的价值及其确认》，载《国外藏学研究译文集》第十三集，西藏人民出版社，1997年。

化的关联表现在何处。对藏族婚姻文化的研究，离不开它的历史、政治和社会文化背景。而藏族社会特殊的政治体制和宗教文化观念是藏族社会婚姻制度多样化形成的原因。只有立足藏族社会本身，结合藏族文化，才能揭示藏族婚姻制度形成的历史背景。同时，藏族的婚姻形式与家庭结构又与其整体社会和文化相关联，在宗教观念的影响下，藏族的道德观念和价值取向直接或间接地反映在他们的婚姻形式和家庭结构中，对整个藏族社会的经济发展和社会进步产生了一定影响。

研究视角：婚姻、家庭的研究属于文化人类学和社会人类学范畴，以往关于藏族婚姻和家庭的研究，大多是从婚姻史和家庭史的角度入手，研究藏族婚姻家庭的历史沿革和发展状况。也有学者从社会学的角度研究藏族的婚姻形式和家庭结构，目的在于论证旧西藏封建农奴制度的落后与腐朽。本论著将结合哲学、文化人类学、历史学和社会学的方法，以科学的态度研究藏族社会的婚姻、家庭制度，对藏民族的伦理道德和价值取向进行深入的研究，以新的视角研究藏族婚姻、家庭这一文化现象。

研究方法：尊重历史史实，结合历史文献和田野调查的方法，分别走访西藏的贵族家庭、农牧民家庭，有针对性地选择卫藏、安多和康区的普通家庭进行个案调查。以比较研究的方法，横向比较三大藏区婚姻形式和家庭结构的异同；以历史研究的方法，纵向研究藏族婚姻观念、家庭观念形成的历史背景以及对藏族社会产生的影响。

第一章　远古藏族婚姻观念的萌芽

据考古发现，被称为"世界屋脊"的青藏高原，早在5000多年前，就世代繁衍生息着藏族先民。"博大的青藏高原养育了博大的藏民族，博大的藏民族创造了博大的藏族文化。藏族文化是古老的，从5000年前的西藏新石器时代的遗址中我们找到它的源头和根须；藏族文化是丰富的，无论在衣食住行、风俗习惯，还是在哲学、宗教、伦理道德、语言文字、典章制度、天文历算、文化教育等诸多领域，在长期的文化积淀中她都取得了极为丰硕而灿烂的成果。"[①]

藏族文化博大精深，卷帙浩繁。藏族先民早在远古时代就创造了丰富的物质文化和精神文化。马克思在谈到古代民族的思想文化历程时曾经写道："古代各民族是在想象中、在神话中经历了自己的史前时期。"[②] 神话是属于宗教文化的范畴，宗教文化不仅是人类文化的重要组成部分，而且是人类文化的源头之一。藏民族古老的文明正是诞生于神话传说与宗教信仰之间。

据《西藏王臣史》、《土观宗派源流》等藏文典籍记载，藏族社会在没有文字之前，赞普和各地的首领用"仲、德乌、苯"三

[①] 丹珠昂奔：《藏族文化发展史》导论，载《藏学研究》第九集，民族出版社，1998年，第130页。

[②] 《马克思恩格斯选集》第1卷，人民出版社，1995年，第6页。

种方式来管理百姓，治理国政。

"苯"（Bon），就是苯教，是古代藏族的一种原始宗教，早在原始社会末期，即纪元前后，就在藏族地区传播开了。苯教在古代藏族社会中起着很重要的作用。藏文史料记载，从第一代赞普聂赤赞普起，有26代赞普都是用苯教来维护国政的。

"德乌"（lDe′u），解释为谜歌，类似猜谜，是一种游戏。当时人们是通过这种类似猜谜的游戏来传授有关生活知识和自然常识的。但它的内容要广泛得多，不仅包括一切文娱活动，还采用猜谜、问答等吟唱形式，传播知识和文化。懂得"德乌"的人叫"谜歌师"，他也是一种"占卜师"，在当时被认为是知识渊博的人，赞普和大臣都很看重、敬仰他们。

"仲"（sgrung），就是民间故事，包括史诗。当时究竟有哪些民间故事和史诗，讲故事的艺人通过什么形式参与国政，史书上并没有记载。但流传至今的历史鸿篇巨著《格萨尔》为我们传递了这样的信息：藏族民间文化的传承，早已通过这种"口口相传"的形式延续至今。"仲"通过"仲巴"的演绎，传播思想观念，弘扬传统文化。这与当今人类学、社会学领域中"口述历史"（Oral history）的研究方法有着异曲同工之妙。赋予"仲"、"德乌"、"苯"三者很重要的地位，至少可以说明一点，就是史诗和民间故事在古代藏族社会流传很广，在政治生活中占有很重要地位。

强大的吐蕃王朝建立后，在松赞干布的大力倡导和积极支持下，吐蕃制定了沿用至今的藏文，写下了大量的文献典籍，记录了很多古代神话、诗歌、传说及故事，并从梵文和汉文翻译了大量的典籍和佛经，繁荣和促进了古代藏族文化的发展。

第一节　关于藏族起源的神话传说

藏民族与世界其他民族一样，都有属于本民族文化形成、发展的童年时代。在人类文明尚处于蒙昧和半蒙昧状态下，藏族先民对大自然的种种现象知之甚少；对社会生活现象不甚理解；生产水平低下，生产工具简陋；对客观事物的认识能力和判断能力也很幼稚。自然界所发生的各种现象，如天、地、山、川的形成，风、雨、雷、电的产生，鸟、兽、鱼、虫的出现，日、月、星、辰的生降，春、夏、秋、冬的更替，水、火、旱、涝的灾害以及人类的生、老、病、死等，都使他们感到神秘惊奇，迷惑不解，甚至恐惧不安。这些现象都和藏族原始先民的生产、生活以至生命安全等有着密切的关系，并产生巨大的影响。因此，他们便渴求了解和认识这些现象，希望对其更进一步加以控制和利用，以达到减轻劳动、增加收获、改善生活的目的。但是，由于思维水平的相对低下，他们缺乏对这些现象的科学解释和正确判断，只能以人类自身和人类社会为依据，把各种客观事物和人联系起来加以推想和猜测，赋予自然事物以生命、意识，认为一切事物的产生、发展、变化和消亡等，都是受着一种异己的、超自然的神秘力量——神的控制和支配。这样一种认识和解释，充满藏族原始先民的朴素观念和天真幻想，再经过他们不自觉地艺术加工，形成原始先民的智慧结晶——神话传说。

一、猕猴与逻刹女的神话传说

关于藏族的起源，在藏族地区广泛流传着一则猕猴演化成人的神话。在《松赞干布传》（Srong – btsan – sgam – po'I – rnam –

thar），也就是俗称为《嘛呢全集》（Ma-ni-bka-'bum）的一系列作品集中收录了这一神话传说故事：

> 无上正等觉着无量光（阿弥陀佛）对观世音菩萨说："被称作有雪国 Bod 的王国，世尊释迦牟尼未踏入足迹，未普及佛语的光芒，且未达到佛心加持的此国。观音菩萨啊！您应该去教化，故先繁殖人，以后给予东西和法而趋向一致，而且请圆满他们的心（相信佛教）。"因此圣观音（Tara）自在听从无量光佛的吩咐，前往由布达拉山（Potalaka）顶上的多宝所构成的小城堡，在御览等待教化的有雪国之人们时，预见（将来）生于该地的诸有情，处于类似堵住入口的铁箱内，没有从恶趣逃出之余地后，从左手掌放出一道光芒。它变成菩萨猴，在有雪国的森林内修习禅定。圣观音也为了让有雪国的人们解脱，化身为岩魔女。当时，在上方地区的山崖与雪之间有猛兽和野兽，在中部的森林与岩石之间有猴子和岩石妖精，在下方地区的高原与河川，有象与各种鸟类自由活动，被呼做人类的有情，连它的名称也没有。在那期间的某个时候，某岩魔女渴望爱欲，将身体变成雄性猴子面貌，七日之间来到猴子之前，显示要行爱欲的姿态；不过，那只猴子不因欲念而动心。以后，该岩魔女来到猴子面前，说："我想要和你结成夫妻。"猴子说："我不想和你结成夫妻。"岩魔女说："猴子王啊！体谅我请听一下。我因业力生为岩魔女。由于爱欲的力量迷恋着你。以迷恋的力量希望环绕着你的四周。你如果不跟我结成夫妻，我要与岩魔女们合成一体，无限量地生魔子，（他们）每天晚上各吃一千个生物，每天杀掉一万个生物。有雪国的这些各国本身，在

变成具有魔性之后，妖魔进而要吃别国的生物。我依业力死后，有情也要陷入大地狱的状态。所以，体谅我的话，请以慈悲心照所说来做。"因此，这猴子以无贪恋的慈悲站起来，向圣观音许愿说："啊！有情的主人，慈悲之主哟！魔族的妖精具有贪恋，不久出现来打扰我。针对此，我该怎么办？请指示。"圣观音吩咐说："请与岩魔女结成夫妻。繁殖你的子孙，最后成为人类会变成佛教的支持者。"因此，那猴子遵照圣观自在的话，与妖精结成夫妻，故产生了六族转世的六子。一人由神转世，所以悠闲而性情温顺；一人由非天（阿修罗）转世，所以喜怒、粗暴；一人由人类转世，所以贪爱很深；一人由畜生转世，所以理解力与智力都很差；一人由饿鬼转世，所以嘴馋得很，又吝啬；一人由地狱转世，所以凶恶，是能耐苦楚的人们。这些孩子，父亲是猴子所以全身覆盖着毛，脸部红色；母亲是岩魔女所以尾巴簇生，喜爱肉与血，发出声音会说话。那只父猴，带着孩子们到南方有孔雀群的森林之猴子处去见习。过没多久去见习时，增加了很多既不是猴子，也不是人的物种。他们某些部分也有类似父亲一族，率直、努力、智慧高，具有深厚感情等的长处。是成为稍具善根，具有不完全的菩萨之素质者。（其中）有些部分类似母亲的一族，喜好杀生与伤害，肉体上和精神上都很粗野，成了宛如手、脚都不能宁静的肉食之罗刹。那时，圣观自在对那只猴子授予宝物与五谷，且吩咐说："你的子孙，请以这些作为食物。你的子孙变成人类时，归根到底要以金银财宝等谋生，且有时将会发现财宝的矿脉。"请求加持（Bod 的）大地成为财宝的矿脉以来，这菩萨猴在有雪国 Bod 的国内，撒种这些五谷使它成熟时,就呼唤来小猴子们,说:"梭当!"(意为"吃吧!")所以此地被命名为泽当(zo–dang)。①

此后,圣观自在显现出带有佛面貌的少年给众猴子看,众猴子向少年质问,要怎样方能得到那样漂亮的面貌。少年回答说,停止十不善行,行十善,因此能够获得,而向他们说教。众猴子也依该(说教)奉行,故渐渐地变成了漂亮的人类的面貌。

这则神话在藏区广为流传,家喻户晓。除上述《嘛呢全集》中有记载外,还在一些藏文史籍《西藏王统记》、《贤者喜宴》、《西藏王臣记》等书中也有或简或详的记载。14世纪索南坚赞在其名著《西藏王统记》"讲述藏族人种出自神猴及岩山魔女之情"中写道:

> 观自在菩萨,为一灵异神猴授具足戒,令其往雪域藏地修行。神猴遵命,至扎若波岩洞中修道。彼修习大慈大悲圣菩提心,且于空性甚深法门方生胜解,尔时忽有宿缘所定之岩山罗刹,来至其前,作种种媚态蛊惑诱引。继而女魔又变为盛装妇人,谓猕猴言:"我等二人可结为伉俪。"猴言:"我乃圣观自在菩萨之持戒弟子,若作汝夫,破我戒律。"女魔答言:"汝若不作我夫,我当自尽。"于是倒卧猴前。已而女魔复起,向猴作如是言:
>
> 异哉!嗟尔猕猴王,
> 请于我语稍垂听。
> 我以业力成魔种,

---

① [日]山口瑞凤著,许明银译:《西藏》(上、下),上卷,台湾全佛文化事业有限公司,2003年,第308—310页。

情欲炽盛钟情汝，
爱欲驱使恳求汝。
苟我与汝不成眷，
后必随魔作伴侣。
一日即可伤万灵，
一夜即可食千生。
若产无量妖魔子，
则此雪域境土内，
悉将变成罗刹城，
所有生灵被魔吞。
故请怜我发悲悯。

说如是悲痛之词，眼眶流泪。尔时猕猴菩萨便作是念："若作夫，坏我律仪。设拒不取，将造极大罪业。"遂于刹那顷，来布达拉山圣观自在菩萨前而作启白云：

盛哉！众主大慈悲。
我护具戒如护命。
罗刹女魔怀欲想，
说出诸多伤感辞，
纠缠于我思夺戒。
将如何处护律戒，
请大悲主赐察照。

如是白已。圣者赐言"汝可作岩魔之夫。"彼时怒纹佛母和救度佛母二位尊者，亦自空中语云："如是甚妙。"于是圣者并为神猴岩魔，赐予加持，使其成为夫妇。盖此加持乃为雪域将具三种功德：于未来世，如来教法，将大显扬，常驻世间；诸大善知识相继出现，开珍宝藏；福善利乐，遍满十方，有如是等故也。

自神猴与岩魔结为夫妇后，即有六道有情死后前来投胎，产生六猴婴。六婴秉性彼此各不相同，由有情地狱趣来投生者，面目黝黑，能耐劳苦。由饿鬼趣来投生者，容貌丑陋，贪啖饮食。由畜生趣来投生者，愚蠢冥顽，形色恶劣。由人趣来投生者，聪俊慧敏，内心慈善。由阿修罗趣来投生者，温良和蔼，心向善品。

此六幼猴，由父猴菩萨送于甲措森林多果树处中，放置三年。迨满三岁，父猴菩萨前往观之。乃由业力繁衍成为五百小猴。然果实已尽，又无其他食物。父母虽未取食，犹问其父，将何为食。又问其母，将何为食。高举双手，状至凄惨，盖乏于食也。于是父猴菩萨心自思维，"我虽未入烦恼道中，乃遵从圣者慈命，然竟生若许猴裔！"刹那之顷，即至布达拉山，面叩圣者，作启白云：

"吁！不知牢狱三界家，
昧于魔妇作蛊惑，
子女陷我轮回泥，
贪为毒叶弗能悟，
由怜成爱欺诳我，
遂为欲缚苦山压，
食烦恼毒业渐牵，
唯有苦聚相恼缠。
呜呼伤哉！慈悲主！
我将如何育儿女，
遵圣者嘱至于此，
今乃变成饿鬼域，
将堕地狱应无疑，

故恳大悲救度我。"

如是白已。

圣者告曰："汝之后裔由我抚育。"尔时圣者起立，从须弥山缝间，取出青稞、小麦、豆、荞、大麦，播于地上。其地即充满不种自生之香谷。于是父猴菩萨引领猴儿，来于其地，并授予不种自生之香谷，命其食之。因此其地遂名为灼当贡波山。幼猴等食此谷食，皆得满足。毛亦渐短，尾亦渐缩，更能语言，遂变成为人类。从此即以不种之香谷为食，以树叶为衣。

如是此雪域人种，其父为猕猴，母为岩魔二者之所繁衍，故亦分为二类种姓：父猴菩萨所成种姓，性情驯良，信心坚固，富悲悯心，极能勤奋，心喜善品，出语和蔼，善于言辞。此皆父之特性也。

母岩魔所成种姓，贪欲嗔恚，俱极强烈，从事商贾，贪求盈利，仇心极盛，喜于讥笑，强健勇敢，行不坚定，刹那变易，思虑繁多，动作敏捷，五毒炽盛，喜窥人过，轻易恼怒。此皆母之特性也。当时，山野尽属山林，江河盈溢洪水。盈满之水，开为支道，水即流归支道，原野之上，从事稼穑，营建城邑。尔后未久，即有聂赤赞普者出，来为吐蕃之王，从此始有臣民之分焉。[①]

在藏族英雄史诗《格萨尔》中，也有猕猴与岩魔女结为夫妻的篇章。在西藏布达拉宫和桑耶寺中，都藏有岩魔女和猕猴成婚繁衍雪域最早人类的壁画。

[①] 索南坚赞著，刘立千译注：《西藏王统记》，西藏人民出版社，1987年，第30—32页。

猕猴演化成人的神话，是藏族先民对人类自身繁衍、进化的朴素观念，是早期朴素唯物史观的萌芽。

第一，神话中人与神的结合，充分体现了人与自然的关系。对于藏族原始先民来说，青藏高原严酷的自然环境和生存条件，无时不挑战着他们的心理防线和意志底线，他们不得不从神话中寻找生存的依据。在"适者生存"的自然法则中，与自然抗争需要借助"神力"。面对自然，顺从、依赖是人的一种生存的方法，而利用、整合更是一种必不可少的手段。在蛮荒年代，群体的社会生活才能保证部落、民族的整体性和延续性，也是人性对自然界的一种抗争。

第二，神话作为一种文化现象，它的发展是社会发展在神话中的一种反映。猕猴由最初六只繁衍成五百多只，进而演化为一个部落、民族，从一个侧面反映出藏族先民形成、发展的历史痕迹。把民族的繁衍与婚姻形式联系起来，是藏民族早期原始群婚制形成的一个佐证。

第三，人与神结合的神话，是藏族先民尚处于混沌、半混沌状态的世界观。所谓混沌状态，并非藏族先民生理上"迷迷糊糊"，而是指当时投射到他们意识中的自然界尚未得到分解，尚未序列化。藏族先民们不但不知道人与动物的根本区别，也不知道有生物与无生物之间的区别。而他们认识世界的第一步就是认识自己，然后又推己及物。这就为"物活论"（认为一切事物都是有生命的）和"变形论"（认为任何动物、有生物和无生物都是可以互变的）提供了认识上和心理上的依据。因此，在藏族原始先民的意识形态中，猕猴（人）与岩魔女（神）结为夫妻是神圣的最高的真实。

第四，神话是人类创造的第一个文化综合体，是人类各种文化萌芽共存的一个胚胎。藏族起源的神话中，"不种而收的野谷"有着明显的"自然崇拜"的印记，"靠天吃饭、靠神赐予"既表现了藏族先民对强大的自然规律的一种顺从、依赖，也表现了一种无奈。这为他们的自然崇拜观念——原始宗教的产生提供了心理依据和信仰前提。

第五，神话中植入的"因果"、"业力"、"轮回"等佛教思想、观念，为藏民族的形成打上了深深的宗教印记，也蒙上了一层神秘的面纱。

"善恶二元"的观念已开始萌芽。父猴是"神猴"，也是菩萨的化身，代表"善"；母猴是"罗刹魔女"，代表"恶"，他们"分为二类种姓：父猴菩萨所成种姓，性情驯良，信心坚固，富悲悯心，极能勤奋，心喜善品，出语和蔼，善于言辞。母岩魔所成种姓，贪欲嗔恚，俱极强烈，从事商贾，贪求盈利，仇心极盛，喜于讥笑，强健勇敢，行不坚定，刹那变易，思虑繁多，动作敏捷，五毒炽盛，喜窥人过，轻易恼怒。"

母猴"作种种媚态蛊惑诱引"父猴，从一个侧面折射出当时社会对女性的歧视和怨怼。

父猴与母猴共同诞育的六只幼猴，分别代表着六道轮回中的"三善趣"和"三恶趣"："六婴秉性彼此各不相同，由有情地狱趣来投生者，面目黝黑，能耐劳苦。由饿鬼趣来投生者，容貌丑陋，贪啖饮食。由畜生趣来投生者，愚蠢冥顽，形色恶劣。由人趣来投生者，聪俊慧敏，内心慈善。由阿修罗趣来投生者，温良和蔼，心向善品。"

二、苯教的"卵生说"

苯教（bon）是藏族的本土宗教，亦称苯波教。约于公元前 5 世纪，由古象雄（zhang－zhung，即今西藏阿里地区）王子辛饶米保（Shenrab mibo，意为"辛世系的人"，其主要中心在古格、琼隆）创建。在他之前，象雄存在着各种原始宗教仪式，辛饶米保统一了这些原始的苯，改变了一些原有仪式中杀生祭祀的劣习，创建了雍仲苯教（g. yung‐drung‐bon）。

（一）早期苯教宇宙观和生命起源

苯教继承了藏族远古原始宗教的基本信仰，早期主要崇拜天地山川、水火雪山、土石草木、日月星宿、雷电冰雹、禽兽生灵等自然物，事猭羝为大神，并崇尚念咒、驱鬼、占卜、禳祓、重鬼佑巫等仪式。苯教以后随着生产力的发展和氏族社会的嬗变演绎，对守护神和神灵的崇拜逐渐成为主要的信仰。

苯教传说认为，世界是由一个或几个巨大的卵演变来的。在一部标题为《部族的口头传说或起源》的苯文献中，论述了各部族由卵生起源的问题：

> 作为五行之精华的一个卵诞生之后，从外壳中诞生了上部神仙的白色岩石，其内部液汁形成了大海螺的白色湖，所有生物都是从中间黏液部分诞生的。卵的软体部分共变成十八个卵，其中中间的那个（或六个）是一个海螺卵。这是一个无形的人，既无四肢又无感官，但却具有思想。根据他的心愿，感觉器官生出来了，他变成了一个漂亮的年轻人，这就是益门赞普或桑保不木赤赞普。①

在这则传说中，"白色岩石"代表阳性，"白色湖"代表阴性。

在苯教的另一宇宙起源论中，把第一对夫妇藏巴（梵天王）

---

① 石泰安著，耿昇译：《西藏的文明》，西藏社会科学院西藏学汉文文献编辑室编印，1985年，第201页。

和秋江木置于生物和非生物之间的对偶性,也就是光明与黑暗之后。第一对夫妇共有九个儿子和九个女儿。九弟兄首先与他们所创造的九位女子婚配,而九姊妹则与她们所创造的九个男子成婚,由此而诞生了大量的神和魔,也诞生了藏族祖先。

根据一部苯教经典《金钥——苯教源流史》的记载,辛饶米保的诞生也极富传奇色彩。曾有一白一红两束奇妙的光线,分别从辛饶米保父母的头部进入身体,于是,辛饶米保的母亲便奇迹般地有了身孕。据说由辛饶米保父亲头顶射入的光线是以一支箭的形式出现,代表着阳性因素(精液);由母亲头顶射入的光线以纺锤的样子出现,代表着阴性因素(经血)。

如上所述,苯教有着各种关于宇宙起源的版本,其中也不乏借鉴印度教和藏传佛教的观念。但它无论怎样变换形式,都离不开"阴阳"的概念。不管传说中把世界、宇宙、藏族的起源说得多么神秘、离奇,但始终不能背离"阴阳两性的结合"这一自然法则。在苯教观念中,万事万物都有阴阳两性,都由阴阳而生。苯教的圣址、圣地一般都配对成阴阳两性,他们常常把代表男性神的山、岩或树和代表女性神的湖、泉、江对应、配对,使之婚配结合在一起。神山冈仁波切与圣湖玛旁雍错就有一段生死相依的爱情故事。此外,念青唐古拉山与纳木错湖,宁金抗沙峰与羊卓雍错,达尔果雪山与当惹雍错等都是被人们赋予生命的神山圣湖,在人们心目中,他们不仅见证了藏族的起源和历史文化,也是藏民族的保护神,时刻护佑着藏民族,使之繁荣、昌盛。

(二)苯教创世神话的特征

苯教拥有庞大的神话体系。与其他文化现象一样,苯教神话从出现到成熟,从"独立神话"到"体系神话",有一个漫长的发展过程。这一过程伴随着藏族先民的意识形态,由原始思维形式逐渐过渡到逻辑思维形式。苯教创世神话作为一种特殊的意识形态，是藏族社会一定历史阶段的产物，它除了具有一切神话现象所共有的特征，即集体性、具象性和幻想性以外，还具有自身的鲜明特征。

第一，丰富的想象力和具有奇幻色彩的神话故事，是藏族先民智慧思想和浪漫情怀的具体表现。

马克思在谈到古代民族的思想文化历程时曾经写道："古代各民族是在想象中、在神话中经历了自己的史前时期。"[①] 苯教的创世神话，是藏族原始社会集体幻想的产物，也是藏族先民原始经验和智慧的结晶。

神话的核心是信仰，也就是说，原始人类相信神话的真实性、可靠性。藏族先民在其理性思维、逻辑思维尚未成熟的状态下，本能地运用形象思维、直觉思维，把个人情感和所体验的"事实"投射到神话创作之中，使苯教的创世神话奇幻诡谲，超乎想象。

他们大胆猜想世界起源于"巨卵"、藏人起源于"生物与非生物的结合"，并赋予这些神话经久不衰的艺术魅力。这显示出他们无比丰富的想象力，也显示了藏族先民的活泼思想意识和儿童般的天真烂漫。而大量神魔的诞生以及辛饶米保母亲奇迹般的怀孕，又从一个侧面反映出他们的浪漫主义情怀。这是"十分强烈地促进人类发展的伟大天赋"[②]，这种伟大的天赋，饱含着人类对美好未来的憧憬和期望，从而把人类引向科学以及对大自然的征服和利用。[③] 藏族的祖先，正是沿着这条追求幸福的道路，一代又一代地征服和改造青藏高原。

第二，借鉴印度教和藏传佛教的观念，是苯教创世神话形成

---

① 《马克思恩格斯选集》第 1 卷，人民出版社，1995 年，第 6 页。
② 佟锦华：《藏族文学研究》，中国藏学出版社，1996 年，第 402 页。
③ 佟锦华：《藏族文学研究》，中国藏学出版社，1996 年，第 403 页。

的必然。

在远古时代，神话、传说和历史这三者，本来就连在一起，很难分开。作为西藏土生土长的原始宗教，苯教一开始就以口授的方式传承历史、文化。据《西藏王臣史》、《土观宗派源流》等藏文典籍记载，藏族社会在没有文字之前，赞普和各地的首领用"仲、德乌、苯"三种方式来管理百姓，治理国政。在那个特殊时代，"仲巴"（sgrung-ba）可以通过说唱史诗、讲述民间故事来"参与国政"。如果说苯教的巫师用占卜、观星象、讲神的"预言"等形式参与国政，那么说唱艺人们则通过讲故事的办法，"以史为镜"，对统治者施加影响。

苯教的文献、典籍"都诞生于一个相对较晚的时代，它们明显是在佛教的影响下诞生的……在吐蕃前弘期佛教时代，苯教教理也开始接受一种文学形式，如把仪轨习惯编纂成典。"[1] 苯教文献大多以"伏藏"的形式出现，因此它的典籍中难免融入其他文化的影响。法国学者石泰安在其论著《西藏的文明》中就谈到苯教卵生创世神话受到印度宗教的影响："苯教这一自卵诞生的宇宙起源论是印度外道（婆罗门教）的一种信仰。实际上，我们在《摩诃婆罗多》中也发现了这种理论。"[2] 同时，他也谈到藏传佛教对苯教的影响："事实上，苯教著作在有关起源问题上提供了与喇嘛教传统相同的神话。最早的一对夫妇桑保和秋江木与朗氏家族中最早的一对夫妇完全相同。"[3]

印度创世神话中万物创造者梵天（Ts'ans-pa）诞生于一

---

[1] ［意大利］图齐著，耿昇译：《西藏宗教之旅》，中国藏学出版社，1999年，第316页。

[2] ［法］石泰安著，耿昇译：《西藏的文明》，西藏社会科学院西藏学汉文文献编辑室编印，1985年，第202页。

[3] ［法］石泰安著，耿昇译：《西藏的文明》，西藏社会科学院西藏学汉文文献编辑室编印，1985年，第254页。

枚卵的说法，在《往事书》、《摩奴法典》、《摩诃婆罗多》等典籍中多有记载，这与苯教和藏传佛教中卵生神话如出一辙，这种相似性是早期印度文化与藏族文化彼此交融的结果。

（三）苯教神话的文化价值

人类文化发展史表明，任何一个民族，建立在其童年时代社会历史条件基础上的最初文化形态，对这个民族成年以后文化发展的影响是非常重大的，它以先入为主的作用方式直接影响该民族主体的基本格局和发展趋势。① 苯教神话对藏族文化的深远影响，不仅体现在藏族世界观的形成过程中，而且也渗透在藏族精神文化和物质文化的各个层面。

1. 苯教神话是藏族世界观形成的思想基础和理论依据

所谓世界观，就是人们对整个世界总的根本的看法。世界是怎样形成的？人是从哪里来的，又将到哪里去？生命、死亡又意味着什么？等等。这一系列的问题无不困扰着人们，激发人们不断探索生命的价值和意义。

苯教神话关于宇宙、生命的起源，就是藏族先民朴素的世界观的一种现实反映，也是藏民族对世界的最基本认识。对早期藏族先民而言，严酷的自然环境、恶劣的气候条件和极其低下的生产力水平，都时刻挑战着他们的生存能力，也考验着他们的生活方式。因此，生存和发展就成为早期藏族先民的首要任务。而苯教神话的产生，是早期藏族先民认识世界的产物，也是藏族社会发展的必然。

苯教的"卵生说"，是早期藏族先民对生命起源的最初认识。对当时处于认识水平相对低下的藏族先民来说，能够大胆地猜想世界由"巨卵"而生，实属难能可贵。把"卵"看做"五行之

---

① 乔根锁：《西藏的文化与宗教哲学》，高等教育出版社，2004年，第4页。

精华"，充分反映出早期藏族先民的博大智慧。苯教神话不仅触及"感官"、"思想"的概念，也涉及"阴阳"、"两性"的观念，这使得早期藏族先民的认知水平上升到了理性思维的高度。

2. 苯教神话为原始宗教的产生提供了心理依据和信仰前提

首先，神话中人与神的结合，充分体现了人与自然的关系。对于藏族原始先民来说，青藏高原严酷的自然环境和生存条件，无时不挑战着他们的心理防线和意志底线，他们不得不从神话中寻找生存的依据。在"适者生存"的自然法则中，与自然抗争需要借助"神力"；面对自然，顺从、依赖是人的一种生存的方法，而利用自然规律、整合部落组织更是一种必不可少的生存手段。在蛮荒年代，群体的社会生活才能保证部落、民族的整体性和延续性，也是人性对自然界的一种抗争。

其次，神话作为一种文化现象，它的发展是社会发展在神话中的一种反映。第一对夫妇藏巴（梵天王）和秋江木最初生育了九个儿子和九个女儿，九兄弟首先与他们所创造的九位女子婚配，而九姊妹则与她们所创造的九个男子成婚，由此而诞生了大量的神和魔，也诞生了藏族祖先，进而演化为一个部落、民族。从一个侧面反映出藏族先民形成、发展的历史轨迹。

最后，神话是人类创造的第一个文化综合体，是人类各种文化萌芽共存的一个胚胎。苯教关于宇宙和生命起源的神话，归根结底就是"阴阳两性共生共存"的结果，这有着明显的"自然崇拜"的印记，也是藏族先民对宇宙万物、生命繁衍的既朴素又理性的一种认识，表现了藏族先民对强大的自然规律的一种顺从、依赖，也表现了一种无奈。这无疑为早期苯教的产生提供了心理依据和信仰前提。

3. 苯教神话的"善恶二元"观念是自然、社会的二元对立在神话中的反映

意大利学者图齐在《西藏宗教之旅》中有过这样的论述：

"从创世者的呼吸中发出了两个音节 hu – hu –，逐渐又出现了整个世界。有关世界中的所有物的创造问题，向两个方向发展，即由一个行善的父亲和一个作恶的父亲之作用。其一诞生于一枚白卵中，其二诞生于一枚黑卵中；其一为生灵（有）之主，其二为非生灵（无）之主和魔鬼势力之源泉。"[1]

苯教创世神话中始终贯穿着善恶二元论思想，并将善恶观念绝对对立起来。藏族原始先民就是用这种善恶分明的二元论思想去规范天界的神性，并赋予他们非善即恶的单一神性，即善神不作恶，恶神不行善。这一方面表明在人性善恶尚不明朗的原始思维阶段，藏族先民已经有了"人性趋善"的朦胧意识，他们相信人性是和谐自然主导的结果；另一方面表明藏族原始先民对自然既有敬畏感，又有着强烈的征服愿望。敬畏感既能引起崇拜、迷信，也能激发揭示、征服的欲望。这是潜藏于人性中自我发展、自我实现的要求。

藏族先民正是在不断地征服时间、征服空间的实践和认知中逐渐完善自我，形成这一善恶分明的价值观念，以致整个民族在其性格上都明显地表现出"乐善好施"、"与人为善"、"积德行善"、"善恶有报"等宗教文化价值观。这对整个藏族文化的形成以及藏民族性格和民族文化心理的铸造有决定性作用。

第二节 藏族早期的生殖崇拜

生殖崇拜和祖先崇拜是原始宗教较为普遍的崇拜形式，是自然崇拜、动植物崇拜进一步发展的结果，产生于母系氏族社会后

---

[1] ［意大利］图齐著，耿昇译：《西藏宗教之旅》，中国藏学出版社，1999年，第319页。

期。母系社会时期，人类对自身生存和繁衍的奥秘知之甚少，可是在与自然和猛兽的斗争中，迫切需要自身的生存和发展，因此，大量繁殖人口就成为当时的社会生产和发展必不可少的条件。

原始人在对生育奥秘的探索过程中，发现女性有了经血才能怀胎生育，于是尚红就成为母系氏族社会的重要观念。这表明人类在同自然界作斗争的过程中，自身意识增强，开始对人自身的生理现象和精神活动有了模糊的认识。

死亡和新生是原始人最感困惑不解的现象之一。随着自然灵力崇拜的发展，人们对生死的理解，特别是梦境中与死人相会的现象，也认为是一种超自然力量的结果，于是产生了灵魂崇拜。在这种观念下，人们对人口的繁殖，氏族的兴盛，种群的延续，有了强烈的祈愿。生殖崇拜和祖先崇拜正是原始人类进一步摆脱自然界，崇拜生命价值的具体体现。

生殖崇拜是以男女生殖器官为崇拜对象，属于特殊的自然崇拜现象，是原始人类重视生活、繁衍后代在宗教观念上的反映。在母系氏族社会的中后期，群婚制逐渐被对偶婚所取代，氏族内部的血缘关系得到加强，氏族首领即母权的地位进一步提高，女性在氏族群体中占有支配地位，并被认为是人类繁育后代的主要承担者，于是便产生了对女性和女性生殖器官的崇拜。进入父系氏族社会以后，随着男性地位的上升和父权地位的确立，人们对人的生殖现象也有了更多的了解，男性生殖器官开始受到崇拜。

生殖崇拜曾在远古时期的藏族先民的信仰体系中占据过重要地位。这与藏族先民经历从采集、狩猎过渡到农耕、游牧的经济生活方式，以及从母系氏族社会发展到父系氏族社会的社会经济体制是分不开的。藏族先民的社会存在，决定了他们的宗教意识形态的形成和发展也必然遵循人类社会历史发展的共同规律。

一、早期岩画中的生殖崇拜

藏族先民的生殖崇拜大都表现于早期的岩画、雕刻中。在青藏高原发现的一些远古藏族先民的洞穴岩画中，都有生殖崇拜的痕迹。青海卢莽沟洞穴岩画上，绘有包括动物、人物、狩猎、放牧、植物、舞蹈以及性爱等方面的内容。卢山岩画中有生殖、战争等场面。在卢山岩画中，最生动、形象的是描绘生殖崇拜的车猎和生殖图。画面中的一男一女，女的正面，双腿微曲向两边分开。在两腿之间、臀部下面，打凿出一直径约3厘米的圆点，以象征女性生殖器；男的在女的左面，从侧面绘制，生殖器很突出。紧接着男女图的下面，有一条打制得很规范的曲线，两边分布有许多圆点。与内蒙古阴山石刻中大胆表现男女交媾的岩画不同，卢山岩画则采用象征性的符号（圆代表女性，曲线代表男性）的集合来体现生殖崇拜的观念。这幅象征交媾的画，无疑带有刺激牲畜生产的巫术意义；而符号象征的表现方式，则使我们对如何理解所有岩画形象有所启示。我们在这幅画中已经看到，制作者借"有形"的交媾，来表达"无形"的生殖概念。

进入父系社会时代后，男性生殖器官越来越受到崇拜，这与男性在社会上的支配作用密切相关。在西藏日土县塔康巴、八宿县拉鲁卡等地点的岩画中，多处出现两腿之间外露男性生殖器的人物形象，而且塔康巴岩画中这些生殖器外露的人物通常都显得比一般人高大，或姿态怪异，或兽首人身，其生殖器被夸张成一条很长的线，延伸到远处。在这条长线上还画有若干行进的人物，这应该是反映了一种对有非凡生殖力形象的崇拜。[1]

---

[1] 西藏自治区文物管理委员会编：《西藏岩画艺术》，四川人民出版社，1994年，第7页。

二、苯教及民间神话传说中的生殖崇拜

在前文"早期苯教宇宙观和生命起源"一节中,我们谈到过有关苯教神话中神人的结合,阴阳的观念,无不印证着藏民族生命的起源、繁衍的进程。苯教经典《金钥——苯教源流史》中所记载的辛饶米保的诞生,就具有奇幻色彩。那"一白一红两束奇妙的光线,分别从辛饶米保父母的头部进入身体,于是,辛饶米保的母亲便奇迹般地有了身孕。据说由辛饶米保父亲头顶射入的光线是以一支箭的形式出现,代表着阳性因素(精液);由母亲头顶射入的光线以纺锤的样子出现,代表着阴性因素(经血)。"

在苯教神话中,箭和纺锤频繁出现,正好符合苯教文化的"阴阳"、"两性"的观念。作为一种原始宗教形式,苯教同那一时期盛行的萨满教、祆教和琐罗亚斯德教(拜火教)一样,崇尚万物有灵的观念,认为世界上的一切生命都是相互依存的,都有阴阳两性,生命在两性的交合中孕育、诞生。无论是生物之间还是有生物与无生物之间都可通过两性交合完成生命的再创造。藏族的"箭"在这一文化背景下就不仅是用于战争的武器,它也是代表阳刚的"生命之箭"。

噶尔梅在其论著《概述苯教的历史及教义》中有关"婚姻仪式"的篇章中,对《兄妹分财与祈神》这部神话进行了详尽的论述。神话分为两部分,《兄妹分财》中记载:

> 女神叫什坚木楚谋且,是神索章(又名桑波奔赤)及其妻贡赞玛(又名曲坚木杰谋)的女儿。她的哥哥叫拉塞涓巴(又名什杰章喀)。嘉国之主叫林噶。这位女神美丽动人,所有的人和神都想娶她为妻。
>
> 当她动身之时,其父送给她一支箭作为分别纪念,

母亲送给她一支纺锤,其兄送给她一块绿松石。在分手之际,她向众神、祭司、父母双亲及兄弟致谢告别。新郎的七位男亲属在新娘衣裙的右边系上一个白丝线球,把她领到尘世。此时,祭司托木拉噶在主神的房前举行招福仪式。①

《祈神》中这样叙述:

> 在仪式中,把羊毛捻成的线"穆"绳贴在新郎的前额,一根蓝色吉祥结贴在新娘的前额。新郎手持一支箭,向五位主神供奉"羌"(酒)和"多玛"(供神的食品)。新娘手持一支纺锤,供上奶酪和"切玛"(糌粑和奶油的混合物)。祭司交给新郎一件金物(戒指或耳环),称作拉色尔("魂金"),交给新娘一块绿松石,称作拉玉("神魂")。新婚夫妇坐在一块白毡毯上,上面摆放着呈卍字形的青稞粒。尔后,祭司和新婚夫妇一起开始举行仪式并诵经。

在"穆绳、箭和吉祥结的起源"中讲到:箭是男子的象征,纺锤是女子的标志。"穆"绳最初与早期赞普有关,呈光的形式。当赞普去世时,他的遗体会渐渐地从脚向上分解成光。这种光和"穆"绳结合在一起散发到"穆"天国里。藏王祖先的古老起源有时是"穆",有时是"恰"。噶尔梅认为,"穆"绳与祖先起源有着密切的联系。在伯希和藏文写卷126.2中写道:一名"恰"国信使到"穆"天国要求派"穆"国国王统治黑头百姓。

---

① [英]桑木旦·噶尔梅:《概述苯教的历史及教义》,载《国外藏学研究译文集》第11辑,西藏人民出版社,1994年,第112—114页。

……在天上的一条峡谷里,有一位名叫恰冈央扎的法师和一位叫作什贝东桑玛的母亲。他们结合在一起,生下三个神奇的卵。从金卵的裂口处蹦出一支带有绿色羽翼的金箭。这就是箭的来源,也是新郎的宝石。从青绿色的卵的裂口蹦出一支带金色羽翼的青绿色箭,这是新娘金光闪闪的箭。从半圆形的白卵的裂口处蹦出一支纺锤。从天空的光和雾海中出现了苯教的白色物质,风把它拉了出来,纺织成线。它被缠绕在一棵树上。这根线被命名为"穆"绳和吉祥结……①

三、"箭"、"纺锤"是藏族生殖图腾的间接表现形式

图腾是一切民族在采集狩猎经济阶段,由信仰和群体观念诞生的一些崇拜物和图案。图腾用可见的物质形式与行为习惯来表现隐秘的意识活动,并以象征、指代、对照等方法作为族种创造的教化手段。在原始神秘状态的社会活动中,人们以自然界中的某种植物、动物或象征物加以模拟,使之演变成为部落、族群特定的图腾,并加以崇拜、祭祀,甚至供奉、敬仰。人们赋予图腾生命的含义,并坚信图腾有着神秘的、强大的力量。它为族群赐福免灾,保障人丁兴旺,食品充足。这无疑满足了人类"趋乐避苦,趋利避害"的心理需求。

对于生活在青藏高原恶劣自然环境下的藏族先民而言,崇拜祭祀、巫术迷信早已成为他们生活必不可少的内容,久而久之便习俗化为一种生活方式。"箭"与藏族的生活息息相关,密不可分。最初它用于狩猎,是原始先民获取食物的必要的基本生存手

---

① [英]桑木旦·噶尔梅:《概述苯教的历史及教义》,载《国外藏学研究译文集》第 11 辑,西藏人民出版社,1994 年,第 115—119 页。

段。随着部落联盟的发展、壮大,争抢地盘、掠夺财富的战争此起彼伏,"箭"又成为射杀敌人的有力武器。因此,"箭"在藏族先民的生产、生活中有着不同寻常而又无法取代的地位。这一崇高地位,给了藏族先民无限的想象空间,所以有了关于"箭"的美丽传说:"在天上的一条峡谷里,有一位名叫恰冈央扎的法师和一位叫作什贝东桑玛的母亲。他们结合在一起,生下三个神奇的卵。从金卵的裂口处蹦出一支带有绿色羽翼的金箭。这就是箭的来源,也是新郎的宝石。"在这里,"箭"已不再局限于狩猎、征战,它间接表现了男性生殖崇拜。"箭"的速度很快,目标也很明确,象征着创造生命的力量源泉。

同样,"纺锤"是藏族妇女纺织毛线的劳动工具,如果说"箭"是藏族先民获取食物的工具,那么,"纺锤"就是他们抵御严寒的"武器"。藏族先民的衣、食大事,就是通过"箭"和"纺锤"直接获得的。"纺锤"圆鼓的形状,恰似怀胎的母体,是生殖旺盛,多产多育的象征。这也成就了神话的观念:"从青绿色的卵的裂口蹦出一支带金色羽翼的青绿色箭,这是新娘金光闪闪的箭。从半圆形的白卵的裂口处蹦出一支纺锤。从天空的光和雾海中出现了苯教的白色物质,风把它拉了出来,纺织成线。它被缠绕在一棵树上。这根线被命名为'穆'绳和吉祥结……"

由此可见,早期苯教观念中"箭"和"纺锤"不但分别代表男性和女性,也有生殖崇拜的特殊含义。

第三节 藏族婚姻观念的主要传承形式

众所周知,藏族历史是与藏族宗教相伴的。从原始宗教的多神崇拜、图腾崇拜,再到具有巫术性质的本土宗教——苯教,进而发展到具有庞大理论体系和多种教派的藏传佛教,都不同程度地影响着藏族文化的产生和发展。这种影响有积极的一面，也有消极的一面。佛教文化极力排斥世俗生活的这一特性，使得有关藏族婚姻观念、礼仪方面的记述就只能到民间故事中去寻找一些蛛丝马迹。

在敦煌文献的若干少数民族文字的手卷中，藏文文献的数量最多，内容也极为丰富。其中包括历史著述，辑录的民间文学，抄写的佛教经典，翻译的汉文史料和故事以及印度的佛经和故事等。

民间文学作品方面有谚语、卜辞、诗歌、故事等，所有这些古藏文文献，大部分是吐蕃时期的遗卷。它们是迄今为止人们所见到的最早的古藏文文献之一，又是当时藏族学者所撰写的第一手资料，所以是比较可靠和可信的。它们对研究藏族的社会历史、宗教信仰、文学艺术、语言文字、风俗习惯及民族交往等都具有极高的价值。

一、谚　语

敦煌发现的谚语，按其标题称为《松巴谚语》。除前面数则略有残缺外，其余基本完整。共有三四十则之多。内容多是讲为人、处世、治家等道理的。其中有一则谚语是这样写的：

> 善言相睦，是家庭的根本。
> 恶语相伤，是魔鬼的入门。

这则谚语运用正反对比的方法指出家庭成员之间要相互尊重，语言得体，和睦相处，家庭才能幸福安宁。

还有：

儿子比父亲贤德，家道兴旺如火在草原上燃烧。

儿子比父亲恶劣，家道破败如血被水冲刷掉。

这是说要教育子女后代比先辈更贤德有为，才能使家庭不断兴旺发达。推而广之，对一个国家，对整个人类都是如此。

再如：

母贤子聪明，犹如金饰镶宝玉。

母恶子顽劣，恰似破屋堆粪便。

还有若干则谚语都像上举两则一样，从各个角度阐明教育子女使之贤能向上，对家庭的兴衰有着重要作用和意义。说明当时人们对家庭组织的重视，也说明人们观念中已经有了责任意识。家庭虽小，但它是社会集团和组织的最小单位。"修身、齐家、治国、平天下"，只有小家的和谐安定，才有国家的稳定兴旺。

二、卜　辞

占卜，是苯教仪式中最重要的巫术形式。上至国家，在藏文产生前，吐蕃王朝曾以"苯"、"德乌"、"仲"三种方式管理百姓，参与国政；下至民间，占卜几乎与人们日常生活息息相关。藏族百姓的大事小情，包括生老病死、婚丧嫁娶、衣食住行等，都是通过占卜吉凶才完成的。至今在藏族民间还保留着婚前占卜的习俗。

敦煌发现的古藏文写卷中，有份7—9世纪期间的卜辞。写卷的首尾部分均有残缺，仅有30段卜辞比较完整。我们选择两段卜辞，比较一下"吉"卦与"凶"卦之间的不同。

啊！子嗣呢如金宝，
金水呢流滔滔。
流水呢弯又曲，
仇敌呢纷纷逃。
地位呢日日升，
这是呢幸福兆。

这是诗体的卜辞正文。后面用散文对卜辞解释："此卦应的是游览风景之卦。若卜家宅和寿命，善神或女神们在游玩山水和观赏风景，好好供奉之，有求必应。卜经商则获利，卜游子则归，卜病者则愈，卜财则大发，卜敌人则无，卜子嗣则有。此卦无论占卜何事皆吉。"

啊！小鸟呢飞技低，
难道呢高天际。
小人呢没本领，
不能呢报恩情。
手中呢刀不强，
难把呢敌人降。
小驹呢跑得慢，
不能呢飞速赶。
小鹿呢腿脚软，
难以呢翻大山。

这段卜辞的解释中说：这是一个不吉利的卦，无论做什么都不成功。

上述两段卜辞，虽然没有直接与婚姻相关的文字描述，但字里行间却饱含着与百姓生活息息相关的人情世故。

王尧、陈践先生曾于 1986 年共同发表论文《三探吐蕃卜辞——伦敦印度事务部图书馆所藏藏文占卜文书译释》，其中就有关于婚姻的卜辞。

　　啊！在那草坪上方，
　　公鹿成群栖居。
　　七只猎犬相围，
　　紧围脱身无望。
　　七个猎人相围，
　　脱身那有指望。

　　此为美女"协来"之卦：汝得此卦，问家人与寿数，魑魅深居家宅，百事无成。若不驱之，办事不成。行商无利。问敌，相遇。娶亲不成。问出行人，不归。失物不觅。诉讼，不胜。问何事皆凶。

　　啊！雪山三棱角上，
　　野牛傲然挺立，
　　永是雪山之王。
　　青蛙昂首远望，
　　永是青苔之饰。
　　松鸟鹧鸪母子，
　　"色立"婉鸣悦耳。
　　一只小兽羚羊，
　　犹如化身一样，
　　毛泽闪闪发亮。
　　此乃吾之财宝，
　　永远关进圈里，

不让去山遨游。

此乃福泽少女之卦：问家人与寿数，因有母族善神来佑护，有庇护人与降神人，祈祷，即有如母子相遇之佳音。成亲得子。问财，进大财。诉讼，能胜。行商盈利。问出行人，归。问何事皆吉。

啊！"吉"山雄壮耸立，
宽广丛林茂密。
一只羚羊孤兽，
纵身跳下山头，
虽壮仅有一只。
女神开口言道：
此乃山中财宝，
将它收入圈里。

此乃美女成亲之卦：问家人与寿数，汝大有益，毫无（危险）。神不悦，速供奉，所思如愿。求王事，许准。不求乞，别人施舍。办事，能成。行商，盈利。娶亲，能成。病人能愈。问灾祸，神（不）加害。问何事皆吉。①

藏族百姓笃信宗教，他们相信"预言"，因此占卜问卦成为他们生活方式的一部分。只要关乎生命、生活的大事，事先都要占卜吉凶。"婚姻成与不成？可以看做婚姻求偶的事已经成为人们普遍关心的内容，而且婚姻与家庭已经脱离了早期形态，成为新的社会基础。P.T.1283号"礼仪问答写卷"，涉及婚姻、家庭

---

① 王尧、陈践：《三探吐蕃卜辞——伦敦印度事务部图书馆所藏藏文占卜文书译释》，载《藏学研究文集》第四集，第300—305页。

的伦理道德观念颇多。"①

三、《礼仪问答写卷》

在敦煌出土的吐蕃文书中,由王尧先生翻译并加注标题"礼仪问答写卷"的 P. T. 1283 号是一份十分有趣的卷子。"它是以对话形式来论述待人接物,应对进退,处理君臣、父子、师生和主奴乃至夫妻之间关系的绝妙文章。"②

婚姻家庭是人类社会发展的产物,随着一定物质生活条件的发展而变化。婚姻家庭的形式、结构和性质也在不断地发展变化。与此相适应,人类社会的婚姻家庭道德也在不断地发展变化。《写卷》所反映出的古老的藏民族在佛教传入以前所具有的婚姻价值取向,是既理性又实用的价值观。

1. 择偶价值观

在择偶问题上,人们往往会"以貌取人",这是人之本性,自然无可厚非。但在《写卷》中所反映出的藏族择偶价值观却是"以德取人"的理性的价值观:"无论表现怎样媚态,若是善好妩媚,应该相爱,别人不会耻笑。她无过错,顾虑别人讥笑而抛弃她,这怎么能行?若为人不厚道,无论怎么美貌,也不要结合。而说:'她没有过失,有些地方由于与自己不合,自己有权与她疏而远之。'但勿过分发怒。"这是在劝诫人们不要因为追求美貌而丧失理性,应该选择品貌双全之人做自己的妻子,这完全符合人们普遍的择偶心理。但现实中并不都是这种既有美丽外表,又

---

① 王尧、陈践:《三探吐蕃卜辞——伦敦印度事务部图书馆所藏藏文占卜文书译释》,载《藏学研究文集》第四集,第294页。
② 王尧、陈践:《敦煌古藏文〈礼仪问答写卷〉译释》,载《藏学研究文集》第二集,第109页。

有德行操守的人，这就需要理智取舍。对貌美但不厚道的人，不能与之结合，勿"过分发怒"，而应与她"疏而远之"。这里不但指出了择偶标准，而且还提出了"婉拒"他人的方法。

从"娶妻要选有财富与智慧者，若二者不兼备，应挑选有财富者，选婿要选有智慧而富裕者"中可以看出，婚姻关系对当时社会的人来说是增加财富来源和提高社会地位的手段。在"智慧"和"财富"的天平上，"财富"明显占有优势，这种对财富不加掩饰的赤裸裸的追求，是人性的真实写照，也说明藏民族率真、坦诚的个性。

2. "多子多福"的价值观

在《写卷》第69问中提出这样的问题："家中何者众多能致富？"答曰："家中子多能致富。"又问："如子多，有些不会成为败类乎？"答曰："无论何时，有低劣者，肯定也会有智慧者。谁也不能预料将来儿子中有许多坏劣者抑或有一个坏劣者。正因为怕出现劣种才需要多子。只要有一个聪慧者，能顶上百个低劣者。古语说：有一个儿子就是有一份财宝，有两个儿子就是有两份财宝。"这表明，当时藏族社会已经有了"多子多福"的观念，而这种观念是基于"养儿防老"、"家族延续"等传统观念而形成的，是符合当时社会现状的。

3. "一夫多妻"的婚姻价值观

在《写卷》第59问中，弟弟提出了如何处理自己与父亲妻妾的关系，答曰："应该一心调和，自己对生母和庶母要同样亲热，平等对待。有理无理首先要公正行事。大妻小妾合于当地风俗，表面要相等而不应有特殊……自己对她们要产生感情，都应和谐而无矛盾，彼此和睦相处。"从这一点不难看出，当时吐蕃社会已经存在"一夫多妻"的婚姻形式，并为社会认可和理解。同时，处理好子女与大妻小妾之间的关系，已成为当时社会这种家庭的主要矛盾之一。

4. 孝敬父母，尊老爱幼的道德价值观

藏民族非常重视家庭关系的和睦，把尊老爱幼看成是衡量一个人道德品质的最基本的行为规范。因此，在《写卷》中，多次出现关于家庭和睦，孝敬父母，尊老爱幼的道德价值观："若有情义，同心协力，不仅眷属和睦，行至何方相安无事，子与你同心，弟与兄民心……妻与夫同心。""父母年老，定要保护、报恩。养育之恩，应尽力报答为是。"表明孝敬父母、尊老爱幼是为人的重要道德。还提到如何处理、协调婆媳关系，"公婆对媳妇勿当面呵斥、指责……媳妇也应将公婆作父母看待……男人要美貌之妻，此乃可缺，但若以父母为敌，宁无过乎？……任何人年轻时为媳，年老时为婆。人生要经历两个阶段，要看到自己也会衰老为是……"

《写卷》中所反映出的"礼仪"，大多是普通老百姓的行为准则，涉及方方面面。尽管《写卷》中关于婚姻、家庭和对待夫妻关系的问题出现不多，但在当时宗教禁欲主义观念影响之下的西藏，已实属难能可贵。从《写卷》中所反映出的婚姻价值观来看，不是禁欲或纵欲式地扼杀或放任情感欲望，而是用理智来引导、满足、节制情欲。藏族社会崇尚正当的夫妻关系和夫妻生活，鄙视"轻浮者"、"淫荡者"和"亲近幼女"的行为；崇尚夫妻关系和睦、平等，提倡"夫妻同心"，这一点表明，婚姻关系和谐，家庭就平安。显而易见，这一时期藏族的婚姻观念，已经逐渐成熟并更加理性化。

四、民间故事

敦煌古藏文写卷中，除谚语、卜辞等诗歌外，还有两篇故事。一是《金波聂基兄弟俩和增格巴辛姐妹仨》，另一个是《白噶白喜和金波聂基》。两个故事总共六部分都与西藏人民出版社

1986 年出版的藏文《尸语故事》二十一章本中第九个故事《郎昂朗琼》的情节大体相同,是关于婚姻爱情的故事。

藏族的《尸语故事》最初来源于印度的《僵尸鬼故事二十五则》。据金克木所著《梵语文学史》①中讲:印度《僵尸鬼故事二十五则》是用一个大故事贯穿了二十四个小故事而成。其中大故事的内容是:健日王每天收到一个出家人献给他的一枚果子,果子里藏着一颗宝石。为了酬谢这个出家人,他答应夜间到火葬场去,替出家人把一具尸首搬到祭坛上去。当健日王搬着尸首往回走时,尸首便给他讲故事,又给他提出一个难以解决的问题。但当国王回答问题时死尸便回到火葬场。如此往复,共二十四次。最后,国王被难住,没有回答。僵尸鬼便告诉国王,出家人要害国王。国王便回去杀了出家人。

藏语《尸语故事》与印度的《僵尸鬼故事二十五则》的故事框架大致相同,只是某些细节和人物有所改变,其内容也被藏族化了。其中《王子变狗寻妃》、《夺心姑娘》、《鸟衣王子》、《柴朗与罗刹公主》、《朗昂郎琼姑娘》、《金翅鸟》都是关于爱情的故事。

《朗昂郎琼姑娘》、《王子变狗寻妃》的故事中都有相似的情节,即王子是金鸡或狗变成的。与金鸡、狗结合,是远古时代人兽不分观念形态的反映,也与动物图腾崇拜密切相关。故事中反映,妇女结婚后,哪怕丈夫是一条狗,也要予以恭敬侍奉。从这一观点表现出藏族社会进入父权时期的道德观念。

《金翅鸟》的故事,是讲铁匠、木匠、石匠、画匠、卦师、医生和乞丐的孩子,七人结为兄弟。一次,他们商量好分头出外谋生,约定三年后重聚。乞丐的儿子出去给人当雇工,和主人的女儿相爱、结婚,两人被主人赶出了家门。后来,国王抢了他美

---

① 金克木:《梵语文学史》,江西教育出版社,1999 年。

丽的妻子，并把他关在石洞里。三年后，六兄弟回来，不见七弟，卦师的儿子算卦得知七弟遭遇不幸，大家便赶去营救。七兄弟合力制造了一只金翅鸟，乞丐的儿子乘金翅鸟救回了妻子。后来，七兄弟都因救弟妻有功，为得到姑娘争执起来，互不相让。最终以"兄弟共妻"的形式解决了矛盾，众兄弟从此便和睦相处，过着幸福的生活。

这则故事反映了藏族社会已普遍接受"一妻多夫"的观念，社会舆论不但对"兄弟共妻"的婚姻形式认可，而且赞扬兄弟间友好相处，团结互助的品格。

至于藏族《尸语故事》产生的时代，据藏文史书《贤者喜宴》记载：在西藏山南地区雅砻部落的第九代赞普布代巩杰时期，就有《尸语故事》流传。推算起来，大约相当于公元前1世纪。这说明藏族社会在公元前1世纪就存在"一妻多夫"的婚姻形式。

第二章 藏族传统婚姻制度

人类社会发展的历史，是人类不断与自然抗争的历史，也是人类自身生存与发展的历史。人们生存的目的在于发展，而要求得发展，则必须先解决生存问题。不论是生存，还是发展，都离不开生产生活。这里所说的"生产"，显然具有两层含义，或者说包括两个方面，它既是物质资料的生产，也是人类自身的生产。在人类社会的发展过程中，物质资料的生产和人类自身的发展密切相关。如果离开了物质生活资料的生产，人类将无法生存，更谈不上发展；而人类自身的繁衍生息，如同自然界的所有生物一样，自然、有序地进行，从未停止进化的脚步。正是上述原因，长期以来，人们在注重物质生活资料生产的同时，也十分重视自身的繁衍，古今中外，概莫能外。

人类自身的繁衍往往通过婚姻的形式来实现。换言之，婚姻是人类延续生命、繁衍种族的必经之路。婚姻作为一种人类所独有的社会文化现象，与人类社会的历史发展同步进行。自从有了人，便开始了婚姻行为。随着社会的发展，婚姻在具体的实施过程中不断习俗化、理性化、社会化、规范化，进而形成一种文明的制度。然而，在不同的社会形态下，人类婚姻制度的内涵不尽相同，即使在同一社会，不同民族乃至地区，婚姻制度在表现形式等方面亦存在一定的差异。因此，从婚姻制度入手，可以研究一个民族乃至地区的政治、经济和文化现象。

婚姻形式是人类婚姻制度的重要内容之一。考察人类婚姻发展史，在不同地区，尤其是不同民族中，婚姻形式不尽相同。就藏民族而言，民主改革前，由于种种原因，藏族婚姻形式多种多样，主要有一夫一妻、一夫多妻和一妻多夫等形式。

第一节　藏族传统的婚姻形式

一、一夫一妻制

一夫一妻，也称"专偶婚"，是一种一男一女结成夫妻关系的婚姻形式，它是人类社会发展到一定历史阶段的产物。民主改革前，尽管藏区多种婚姻形式并存，但一夫一妻始终是主要的婚姻形式。这种婚姻形式在安多地区占优势，在其他地方分布也很广，而且这还是一种比较晚期的婚姻形式。从1958年对藏区各地进行的社会历史调查状况来看，"一夫一妻"通常占婚姻总数的60%—80%。而在农业区和民族杂居地区，这种比例则相对较高，一般均在95%左右，甚至更高。

据1958年《藏族社会历史调查》显示，一夫一妻制婚姻家庭有三种形式。① 其中，娶妻、赘婿两种形式多存在于农区，自立帐篷的形式大多存在于牧区。

（一）娶妻

即男方通过一定程式，将女性娶到自己家中，建立一夫一妻

---

① 《藏族社会历史调查》之江孜康马下涅如地区调查报告，西藏人民出版社，1988年5月。

家庭。民主改革前婚娶是藏区一夫一妻制婚姻的主要形式，普遍存在于藏区各地。

（二）招赘

女方家中无子，没有男子当家，便招赘夫婿顶立门户，继承产业。民主改革前，此类婚姻，在农区多见于差巴等级中。根据当地习俗，如果女方有姐妹数人，只许长女招赘，如若姐姐去世或姐妹同意，妹妹方能与姐夫同居。入赘婚不同时与姐妹数人结婚，开始时是限于一夫一妻婚配。在西藏无论哪个等级的家庭组织中，只要有女无男，便可招赘夫婚。入赘现象在牧业区比农业区更为普遍。

（三）自立帐篷

脱离双方父母而结合的家庭，可以叫做"自立帐篷"婚的家庭。这种婚姻藏话叫做"卡突"，意思是碰嘴。男女双方各自带一部分财产，建立帐篷生活，这种结合大约分为两类：一类是子女在外面找好了对象，父母觉得家里人口多，就分一点财产给他们，让男女双方出去立帐篷成家生活。另一类是自己找了对象，父母不欢喜，双方离家另立帐篷生活的。这种结合在一定程度上，也反映了部落恋爱婚姻的自由程度。这种婚姻除了领主的代理人和牧主中没有外，在劳动人民的各个层次中都有。据统计，在那曲阿巴部落，有68对，136人，占总对数的25.49%。[①]

自立帐篷婚是离开父母而结合的家庭，得到社会公认的数量也不算少，在各种婚姻形式中都有，一般说来是好事情，而且这种家庭也多半是和睦的，只有少数的富裕家庭中因为父母和子女

[①] 《藏族社会历史调查》之那曲宗孔马部落调查报告，西藏人民出版社，1988年5月。

不和，使得家庭父母不满，社会舆论不太好。但是这些对于男女恋爱和婚姻的自由是束缚不住的。

二、一夫多妻制

所谓"一夫多妻"，指一个丈夫同时与两个或两个以上的女子结为夫妻，组成家庭。藏区一夫多妻婚姻的类型主要有姊妹共夫、血缘外共夫和母女共夫等形式。

1. 姊妹共夫

姊妹共夫是民主改革前藏区一夫多妻的主要形式。姊妹共夫，并非姊妹同时嫁给（或入赘）同一丈夫。一般情况下，姐姐出嫁后因不能生育或劳力不足，便携妹妹来与其同住，构成姊妹共夫的事实。也有的则由姐姐赘婿，后妹妹介入，与姐夫发生关系，建立一夫多妻家庭。一夫多妻家庭一般都能团结和睦，分工协作，姐姐负责操持家务，妹妹从事农牧业生产。与兄弟共妻一样，姊妹共夫深受人们称赞。

根据《西藏社会历史调查》，托吉谿卡44户中，18户差巴内有3户为姐妹共夫家庭，占谿卡总户数的7%（托吉谿卡差巴加措，原为姐妹共夫家庭，后因两个妻子被人骗走，故此户姐妹共夫家庭，未计算在内）。产生这种婚姻家庭的原因，系男方家中缺乏劳力，便将其妻之妹接至家中，从而一夫一妻转化为一夫多妻的姐妹共夫家庭。据调查，农区的一般妇女愿做差巴之妻。差巴虽然亦为农奴，但等级和社会地位略高于农奴中的其他等级，经济上可领种"差岗"地或"玛岗"地，不缺生计来源。

姐妹在家庭中的地位，当地习俗是以先娶者操持家务，后来者管理农田事务，亦可反之。这主要根据丈夫的宠爱决定姐妹在家庭中的地位。一般男人多喜爱年轻的妹妹。

居住情况：两个妻子各居一室，丈夫轮流与其居住。

姐妹共夫家庭所生的孩子，依照母亲亲属关系称谓，对非生母称姨母。对这类婚姻家庭，社会上反映是良好的。

2. 血缘外共夫

血缘外共夫，即两个或两个以上毫无血缘关系的女性与同一男人确立夫妻关系，建立一夫多妻家庭。藏区血缘外共夫的婚姻形式大多存在于贵族、农奴主、头人等家庭，也有少数百姓家庭为了传宗接代（前妻不能生育），或弥补家庭劳动力不足而实行血缘外共夫的婚姻。血缘外共夫家庭大多不能团结和睦、平等相处。妻子之间相互嫉妒，矛盾纠葛较多。

3. 母女共夫

母女共夫，即母女与同一男人共同构成夫妻关系。民主改革前，母女共夫在藏区不仅很少，而且都是非公开的。与父子共妻一样，母女共夫亦有两种情况：一种是丈夫死后，妻子携女儿再嫁，女儿长大后与继父发生关系；另一种是寡妇为女儿赘婿，后又与赘婿发生关系，从而构成母女共夫家庭。在母女共夫家庭中，一般以母亲为主，所生子女一般称母亲为"嫫啦"（即姥姥），称女儿为母亲。

关于母女共夫婚姻，社会舆论褒贬不一，有赞同，也有非议，甚至鄙视。

根据1988年《藏族社会历史调查》中江孜康马下涅如地区调查报告，"母女共夫"有两种情况：

> 男子丧偶，可再娶妻。一种是续妻携有适婚龄的女儿，只要母女二人同意，名义上与其母结婚，实际母女可共有一夫。另一种是续妻携有幼女，待幼女长大，母亲将妻位让与女儿。托吉豀卡的差巴甲乌，属于母女共夫的婚姻家庭。此地只有此一户，占总户数的2%。舆论不反对，母女共夫家庭中成员之称谓，母女之间仍是

母女之称，母女与男人皆称夫妻。女儿所生之子女称其母为莫拉（姥姥），母亲所生之子女称其女儿为阿妈。据调查，母女共夫家庭关系和睦，由其称谓上看，亦说明这类婚姻家庭是母亲愿意让女儿与自己共夫，并在夫妻关系上令其女儿为主。母女在家庭的地位，母亲一般以料理家务为主，女儿年轻者则管理田间农事。

托吉谿卡一夫多妻的婚姻家庭，诸妻间皆为姐妹或母女。不存在诸妻间无亲属关系的一夫多妻家庭。当地对此类婚姻反映良好。①

4. 姨甥共夫

上面所说的多吉见布的父亲因妻子多病，没生过孩子，眼看要绝后很发愁。他妻子怕他娶外边的人当小老婆对她不利，故和她妹妹商量好把她妹妹的女儿即她的外甥女接过来做第二个妻子（外甥女家很穷）。但她也没生孩子，故多吉见布又把异母之弟接来合为一家。所以这一组的婚姻关系是最复杂的。

人们从传宗接代上着想，对这种形式的婚姻无异议，但对待次妻不像对正妻那么重视。

5. 姐妹共夫

柳谿卡共有两对是姐妹共夫的。这两对都是姐姐结婚后，妹妹和姐夫有了关系，经姐姐同意后三人在一起。舆论对这种关系产生的根源归罪于妹妹，认为她是"鸠占鹊巢"。

6. 外室（素莫）

与有妇之夫正式同居的妇女被称为素莫，意为一旁的妇女。这种当外室的妇女与情妇还有所不同，她是经男方在她巴珠（头

---

① 《藏族社会历史调查》之江孜康马下涅如地区调查报告，西藏人民出版社，1988年5月。

饰)上戴了边玉的,所以是公开的。当外室的妇女都是单身妇女,如堆穷、尼姑、佣人。有外室的都是家里有妻,但是兄弟共妻,或是因门户不相当而不能娶女方为妻,便作为外室的。给人当外室的妇女堆穷占 6/7,另一个家里虽是差巴,但她本人是独立生活的尼姑。

舆论对这种结合不置可否。

7. 情妇(夏雪)

露水夫妻是最不正当的关系。男方多半是由于兄弟共妻而自找情妇,或是奴隶(囊生)不能结婚,或是做佣人到处为家,自己成不起家。女方大多数是尼姑。

从下面几首民歌看舆论对这种关系是不赞同的。

> 将自己的爱人放在一边,
> 那么水都要花钱买,
> 橡木也会变细,
> 扫帚也会倒过来站了,
> 情妇就像石头上的唾沫,
> 对她没啥可怜,
> 父母兄弟是没处找的,
> 可是要找个情人一定能找到。

三、一妻多夫制

一妻多夫婚在藏族社会是仅次于一夫一妻婚的另一种婚姻形式。在传统的西藏社会,这种婚姻形式占的比重较大。"无论是在农业人口中,还是在牧民中,几乎到处都通行这一制度,仅仅是在安多未曾出现过。"①

一妻多夫家庭绝大多数都是兄弟共妻形式，只有极少数是朋友共妻，而父子、叔侄等共妻形式仅是特例，不具普遍性。共妻家庭中，以两兄弟共妻最为普遍。

（一）一妻多夫制的形式

在一妻多夫家庭，鉴于丈夫间的身份和关系的差异，一般可以分为如下几种方式：

1. 兄弟共妻

一家几弟兄共娶一女，即兄弟共妻。大部分地区由于兄弟不愿意分离家庭及其财产而形成，也有由兄长出面，娶妻婚配，弟弟成年后，与嫂子发生性关系，形成兄弟共妻。在兄弟共妻家庭中，长兄是主夫，有权处理家庭内外的一切事务。关于子女归属，不论生父是谁，一律称长兄为父亲，其余为叔叔。民主改革前，兄弟共妻是藏区（尤其是牧业区）一妻多夫制家庭的主要形式。

据《西藏社会历史调查》，托吉谿卡有三户差巴是兄弟共妻的家庭。占谿卡总户数的7%。据调查，差巴认为家中若有兄弟数人，各娶一妻分居，将会使家业分成若干份，以致使家中无力应付领种差地的差役。反之，兄弟共妻，家中对外有能力向领主支应每年繁重的乌拉和差税；对内亦有劳力管理田间农事。此类家庭，大哥先以长兄出面结婚，以后其他诸弟逐渐加入进来。他们认为都是同一父母所生之子，生活在一起，是最大的幸福。这种家庭中没有妯娌之间的纠纷，一家和睦，父母喜欢，社会称赞。本谿卡有三户兄弟共妻的家庭，皆为兄弟二人共妻。当地习

---

① ［法］石泰安著，耿昇译，王尧校：《西藏的文明》，西藏社科院编印，1985年，第93页。

俗，兄弟二人各有一居室，妻子轮流与之居住，或者妻子与兄或弟同宿，房门外挂有标记。兄弟共妻家庭，生下第一个孩子为长兄所有，第二个孩子归属弟弟，以后再有孩子对分，若生有三个孩子，兄弟两人商量决定，归谁所有。关于兄弟共妻家庭的社会反映：差巴认为这种婚姻家庭好。反之，则如民间谚语说的"大户若分成两个小户，犹如一个糌粑口袋挖了两个洞"，是不好的。而堆穷认为兄弟共妻不好，如民间谚语说的"一个锅里若有两个杓，生活怎会有幸福"。①

实际上在一妻多夫制的家庭中的妻子，是非常痛苦的，每个丈夫都可以支使她，打骂她。而妻子对诸丈夫的情感亦会有厚薄和偏爱之分，故诸兄弟中必然有不幸福者，他们就会在外另寻新欢。

在对柳谿卡的调查中发现，兄弟共妻的形式占25%，仅次于一夫一妻形式。差巴中兄弟共妻的比例较堆穷大。其中又分两兄弟共妻、三兄弟共妻、五兄弟共妻。如：日不加·才仁和门康·巴桑家过去都是五兄弟共妻。后来日不加五兄弟分了家，有的入赘出去，有的自立门户另行娶亲。门康五兄弟分成两户，长兄次兄与妻子成一户，下面三兄弟再娶一个妻子成一户。

总之，这个类型的婚姻是不管兄弟有多少就娶一个妻子。如家夏·多不吉共有八个儿子，现在的儿媳妇是属四个大儿子，另四个儿子还太小没加入这个配偶集团。家夏·多不吉很感慨地对我们说："如果不解放，将来我的八个儿子照样只有一个儿媳妇！"

这类婚姻都是由长子出面娶来，然后让弟弟们加入。老妇少夫的现象由此产生。生下的孩子管主娶者叫爸爸，其他的称

---

① 《藏族社会历史调查》之江孜康马下涅如地区调查报告，西藏人民出版社，1988年5月。

叔叔。

群众公认为这是多兄弟中最好的婚姻形式，这样才可以保证家庭的延续发展。人们把这类媳妇比喻为石磨的磨心，有了她，石磨才能顺利推动，他们赞美地唱：

> 熊熊燃烧的，
> 幸福的草坯火三兄弟，
> 使炊烟像五色的彩虹，
> 袅袅升上了房椽。

此歌用以赞美兄弟合户，兄弟分家被认为是败家，人们叹息他们：

> 额头呈现白色，
> 大户分成两小户，
> 即使家有一大袋糌粑，
> 却连一小袋也分不到，
> 好似将酸奶水做了奶渣，
> 就在这一代里败干净。

有的人自己说什么也要从大户中分出来，和心上人自立门户。但却要求他的儿子合娶一个妻子，不愿意让他们分家。

2. 朋友共妻

朋友共妻是一妻多夫的另一形式，藏语称"坡加"，意思是一个人骑在马鞍上，后面又骑上了另一个人。朋友共妻往往是主人早有妻子，以后又来一人，或与主妇发生了关系，但又与主妇丈夫的关系很好，慢慢造成共妻的事实，得到人们的承认。或者是主人家里缺乏劳动力，觉得此人很好，愿意合并成一家后，两人共妻，并在家庭中和社会上得到承认。朋友共妻因为有一人是后来的，所以后面参加进来的这个人，就不再举行婚礼，也没有举行婚礼的特例。

从丈夫们的关系考察，相互间不存在任何血缘关系。它与兄弟共妻一样，先由一人与女性婚配，另一人随后介入，形成一妻多夫。朋友共妻一般由于前夫贫穷，或丧失劳动能力等，家庭缺乏劳力，经夫妇商议，同意与后者共同生活。

3. 父子共妻

父子共妻之女方被称为"半橡半栋"。人们对这种婚姻形式的看法有两种。

一种认为，母亲病故，父子俩共娶一个妻子是好事。这样家里和睦，否则如各娶各的会引起纷纠以至闹分家。

另一种情况是公公有妻子，又和儿媳发生关系，会被大家认为是无耻的行为。

父子共妻很少，都出现在儿子的生母死了之后的家庭。造成这种事实，大部分是儿子娶了媳妇，无妻的父亲再和儿媳发生关系；也有少数是儿子和继母发生关系的，总不是以父子名义共娶一妻。这种家庭，当事人并不对外隐瞒，但人们是看不起的，说他们是"脑浆和血液混起来了"。这种家庭也不易搞好团结，有人引用《鹦鹉的故事》中的话说："媳妇在丈夫和公公面前卖乖装巧，是挑拨父子关系，使彼此成为眼中钉。"其实造成这种罪过，一般都应由男人负责，而不是媳妇故意卖乖弄巧。这种婚姻关系的子女，一般称父子共妻的父亲为"祖父"，称父子共妻的儿子为"爸爸"。

以托吉豁卡为例，有一户差巴为父子共妻家庭，占豁卡总数的2%。此类婚姻家庭不仅在托吉豁卡占极少数，就是西藏地区亦为数甚少。据调查，这类婚姻家庭产生之由来，有两种情况，一种是男人丧偶后，儿子正适婚龄，为了祖业不致分成两份，家中有劳力支付乌拉和差役，父子双方议妥，以儿子出面娶妻，然后形成父子共妻。父子各有一居室，妻子轮流与父、子居住，但较多的是与子常住。这类家庭父亲掌权为户主，父子间的称谓，仍是父子。子与妻之间是夫妻，所生的孩子称父为"波拉"（爷爷），称子为"爸拉"（爸爸）。从称谓上看，此类父子共妻，实际是为了娶妻，而后形成父子共妻。另一种是男人丧偶后，续娶年轻妻子，前妻留下之子称呼继母为阿姐，不称阿妈，待子长大成人后与父共妻。托吉豁卡差巴××父子共妻，即为后者。据调查，他们父子关系尚和睦，家庭没有争吵。

4. 异母兄弟共妻

札几·多吉见布的父亲有两个妻子，但都没生孩子。所以他把他父亲的私生子接到家来（一般私生子都由女方抚养，长大后男家如想要就可以要去，私生女则归女方），和他共同拥有那两个妻子。对此，人们的看法与兄弟共妻相同。

5. 义父子同妻

差巴桑珠康萨兄弟俩在其妻死后又娶了一个年轻姑娘。这姑娘与桑珠康萨买来的义子发生了关系。桑珠康萨起初很火，后来想想自己年龄已大，又没孩子，要是和妻子吵，她会更讨厌他们，义子也不会卖力干活，于是干脆三男一女正式结合为夫妻。人们认为这是团结的象征。

6. 叔侄共妻

来马·尼玛次仁娶妻后又加上他弟弟、叔叔同他妻子同居。这种情况决定于男方的年龄。年龄接近的就合在一起。生下的孩子称主娶人为父亲，其他人以父亲的辈分依次称呼。

7. 堂叔侄共妻

札江·普布登珠给他的侄孙娶了亲，然后把自己的两个儿子也加上。情况同上。

8. 好朋友共妻

男子去和他的好朋友夫妇合在一起被称为"阿姆朵"。如：牧羊人穷拉和堆穷尼玛顿珠夫妇合在一起。从前有个谿本代理再念、大头和农奴主代理人札西布巴夫妇合在一起。末任谿本旺秋加喔曾和九世班禅的弟弟"贡"夫妇合在一起。

人们轻视这种做法，认为他们这样做是目无法纪，而且是由于贪财之心造成。

(二) 一妻多夫制形成的社会历史原因

不同的婚姻形式，是不同的婚姻观念在婚姻行为上的一种具体表现，也是不同民族婚姻价值观念的现实反映。藏族传统的婚姻形式，特别是"一妻多夫"的婚姻，之所以引起人们的极大关注，除了人们的好奇心理外，国内外学术界的研究和渲染，无疑起到了推波助澜的作用。一时间，铺天盖地的评论纷至沓来，各种观点莫衷一是："原始群婚制的残余"、"封建农奴制的悲剧"、"性道德败坏、性关系混乱"等，这对本已神秘、敏感的藏族婚姻文化而言，更是雪上加霜。

幸运的是，近些年国内外的人类学、社会学专家、学者对西藏的婚姻制度进行了深入细致地调查研究，对这一制度文化进行了客观的、历史的、科学的评判。

作为西藏特有的婚姻家庭形式，一妻多夫婚姻的产生具有多方面的因素。它与藏族的生产、生活方式，道德观念，宗教信仰，历史传统，地理环境密切相关，具有鲜明的民族性和地域性。

1. 封建农奴制经济是一妻多夫婚姻存在的必然

7世纪初，由于私有制的不断发展，西藏历史上第一个统一的中央集权制社会——吐蕃王朝形成，这标志着强大的奴隶制政权的建立。随着奴隶制经济的发展，男人参与社会经济活动和产品分配的机会越来越多，社会地位也逐渐提高。而女人虽然承担着繁重的家务劳动和生儿育女的责任，但却被社会和制度边缘化，家庭地位和社会地位相对较低。表现在婚姻家庭关系方面，就是"一夫一妻"制和"一夫多妻"制的婚姻较为普遍。尽管没有资料显示这一时期"一妻多夫"制婚姻是否存在，但以当时的社会经济条件，奴隶依附于奴隶主而生存，没有人身自由，更不可能有婚姻自由，"一妻多夫"的婚姻还缺乏存在的根基和土壤。10—13世纪，随着奴隶起义爆发，吐蕃王朝逐渐分裂，各地开始出现封建割据势力。这种"各霸一方，互不统属"的局面导致西藏社会制度的改变，封建农奴制下的领主庄园经济确立。占西藏人口总数5%的农奴主占有西藏的全部耕地、牧场、森林、山川以及大部分牲畜，而95%的西藏农奴却一无所有。广大农奴在"三大领主"（官家、贵族、寺院上层僧侣）残酷压榨和剥削下，生活极为贫困，这根本无法保证他们的婚姻生活及婚姻质量。

农奴在严格的等级制度下，被划分为包括差巴、堆穷和囊生的三个阶层。由于他们的地位有所不同，导致其婚姻形态也呈现出差异，出现了与一夫一妻婚姻并存的一夫多妻和一妻多夫两种婚姻形态。"一妻多夫"的婚姻形式主要出现在差巴阶层中，这是为了避免家庭财产的分散，继续巩固其社会地位。

差巴分为内差和外差两种，内差主要负责庄园内生产资料的经营和管理，外差则多为兵差、徭役等。作为小私有者的代表，差巴处于中间阶层。他们的经济收入较之堆穷和囊生要高一些，具备建立个体家庭的基本条件。但旧西藏繁重的差税大多以户为单位征收，差巴如果分家，就会承担更多的赋税，这显然不是明智之举。因此，同一户中多个兄弟共娶一妻，一方面可以避免分家带来的财产分割和差税负担，另一方面也可以保证大家庭的团结、和睦、稳定。

2. 自然环境的影响

西藏地处青藏高原,平均海拔在 4000 米以上,地形复杂,气候恶劣,人畜的生存环境极其艰苦。尤其是在广大牧区,人烟稀少,游牧的生活方式使得许多家庭不得不"逐水草而居",这种类似"居无定所"的流动的生活方式和恶劣的自然环境不仅限制了人们之间的交往和接触,而且也对其婚姻行为产生一定影响。长此以往,人们选择配偶的范围就会越来越狭小,加之血缘、等级等诸多婚姻禁忌,进一步缩小了人们的通婚范围,导致兄弟共妻的婚姻形式。

3. 生产方式的制约

在西藏,农业和畜牧业一直是藏族的主要生产方式。然而,不论是农业,还是畜牧业,一般都以家庭为基本单位。这样,生产力的发展,往往与家庭劳动力的多少有一定的联系。在藏族家庭中,主要依靠男性劳动力发展生产。因此,"一妻多夫"的婚姻形式,使家庭中众兄弟共享妻子、房屋、土地和家产,这有效地避免了兄弟分家、财产分割等不利因素,有利于家庭社会势力的扩大和门第不衰。

4. 传统观念的影响

婚姻观念,包括性观念、家庭观念、需求观念、价值观念等,它们都是社会意识的表现形式,同属于文化范畴。社会存在决定社会意识,也就是说,有什么样的社会存在就有与之相适应的婚姻形式及婚姻观念。藏族的婚姻观念就是在藏族传统文化影响下产生的,具有相对独立性的观念意识。

在藏区,人们普遍认为,同胞兄弟或姐妹生活在一起是一件好事。兄弟不分家,财产不外流,大家有福同享,有难同当,团结互助,和睦相处,从而使家庭幸福,家族兴旺发达。在藏族的传统观念中,"央"(福气)会随人或物走动,兄弟聚,"央"则聚,兄弟分家,"央"则分离。正是在这种传统观念的影响下,一妻多夫的婚姻形式不仅受到父母的赞同，而且也得到社会的普遍认可。

（三）社会舆论对一妻多夫制的看法

一妻多夫家庭的日常劳作和生活同一夫一妻家庭相比具有自己的特点。在全家的管理方面，一般是长兄当家，各兄弟间在务农、放牧或经商等生产经营活动中有大致的分工，根据每人的特点各有侧重，妻子多是操持家务、带小孩和干一些农牧活。在日常生活中，妻子处理好兄弟之间的关系是至关重要的，贤惠是对妻子最主要的要求，关键是妻子对兄弟要一视同仁，不能偏心，使家庭团结和睦。如果妻子能搞好兄弟间的团结，一家人和睦相处，则是贤惠的，舆论会称赞；反之，如果弟兄婚后闹分家，则认为妻子偏心，舆论会指责。

兄弟两人或几人共娶一妻的情况，在各阶层中都有，但是贫穷的家庭，一般是弟兄两人共娶一妻。在富裕的家庭里，则为几个弟兄同娶一妻。据说兄弟共妻的家庭，在人们的印象中，大多数是和睦团结的。一家的和睦团结关键在于妻子的态度。妻子对待两夫没有偏心，表现在吃的、穿的和其他生活方面都一视同仁，没有厚此薄彼的现象，那么兄弟两人就会团结得很好，一家人也就没有什么争吵了。相反，如果妻子对一方有偏心，那么就容易引起纠纷。

对于一个和睦的家庭，人们便会夸其妻子有本事能团结诸夫。所生的孩子，据说只有母亲知道，子女是不知道谁是自己生父的。但是子女们都只叫父辈的长兄为"阿爸"，叫父辈长兄的诸弟为"阿枯"（即叔叔）。

社会上对于兄弟共妻家庭的舆论是普遍认可的。他们认为，这样做对整个家庭的生产劳动，发家致富有利。在传统家庭中，兄弟各有分工，有的下地生产，有的出外做生意，有的在家里照料内务（在民主改革前还包括有人在外支应繁重的乌拉差役），若兄弟几人共娶一妻，既能照顾到家庭的方方面面，也不会造成兄弟分家与不和。在他们看来，财产集中起来才能发家致富，兄弟分家不仅分散家里的财产，而且对生产劳动不利。

朋友共妻是一妻多夫的另一种形式，藏语叫"撒松"。它直译为三个人在一起。诸夫不一定是要好的亲戚和朋友，也可以是陌生人，大家在一起处一段时间，如果互相信得过，加之劳动力又好，就可能成为这样的家庭。也有两家合成一家的。无妻一方和有妻的一方合成一家之后，慢慢变成诸夫共妻的家庭。

人们对朋友共妻的看法，认为这样做主要是为了劳动力。人们对这种家庭在劳动力的看法上，与兄弟共妻的看法没有区别；人们对这种家庭在夫妻生活的看法上，认为不相识的人能够处得好，团结得好，实在是可贵的事情。总的说来，人们对朋友共妻的看法仍然是赞同的。

第二节 藏族传统婚姻的通婚范围

人类进入文明时代之后，原始的群婚制逐渐向以一夫一妻为代表的专偶婚过渡。关于人类社会与婚姻发展对应的有关问题，恩格斯在《家庭、私有制和国家的起源》中作了精辟的论述："群婚制是与蒙昧时代相适应，对偶婚制是与野蛮时代相适应，以通奸和卖淫为补充的一夫一妻是与文明时代相适应。"所以说，在人类婚姻史上，群婚和专偶婚是两种最基本、最普遍的婚姻形式。在群婚制下，一群男子与一群女子共为夫妻。这样，两性间既不存在巩固的婚姻联系，也没有更多的禁例。然而，以一夫一妻为代表的专偶婚则不同。人们在婚姻实施过程中，常常人为地划定某种范围，形成许多禁例。倘若突破这种范围，违反这些禁例,则被视为反道德现象,甚至大逆不道,必将受到社会舆论的谴责,乃至各种残酷的处罚。

《藏族社会历史调查》中对托吉豀卡调查,有过这样的总结:

> 和西藏其他地区一样,这里的婚姻实行阶级内婚,血缘外婚的制度。西藏封建农奴制社会中,农奴主阶级只能在同等级内互相通婚,严格实行阶级内婚制,被统治阶级中的各个阶层通婚,亦受门当户对的限制,但不甚严格。据反映,在托吉豀卡中,差巴子女一般只愿意和差巴的子女结婚,而不愿和堆穷、手工业者、铁匠、银匠、屠夫等人的子女结婚,不论娶妻、嫁女或招赘皆同。但家境贫穷的农奴,这种偏见略为淡薄。虽然差巴亦是受剥削的农奴,但等级地位较高,若不在同阶层内通婚,则会认为自己降低了身份。可是这种历史上遗留下来的封建传统界限,也不能完全束缚青年男女热望恋爱婚姻自由之心。托吉豀卡有一户差巴有五个儿子,依照传统习俗,多子家庭要按规定数出家为僧,支应喇嘛差;其他兄弟就实行一妻多夫,形成兄弟共妻的婚姻家庭。然而,这户差巴只有长子和次子共娶一妻,其他三兄弟有的出家做喇嘛,有的不畏封建旧俗的制约,宁愿离开差巴家庭另立小户,由差巴降为堆穷,放弃继承领种"差岗"地的权利。

坚持血缘内禁婚的习俗,只要知道是同一祖先的后代,绝对严禁通婚。托吉豀卡的民众认为,姑表、姨表、舅表、堂兄弟、堂姐妹等,即使发展为远亲亦应严禁通婚。若出现有违背者,舆论斥责他们是有罪之人,要受歧视,并会将他们立即驱逐出本豀卡。异辈之间,则更不能通婚。①

民主改革前,由于受生产力和生产关系、经济基础和上层建筑等诸多因素的制约,尤其是传统习惯势力和道德观念的影响,藏族婚姻制度较为复杂。然而,从总体上考察,以一夫一妻为代表的专偶婚始终是藏族婚姻的主要形式。但这并不意味它是藏族婚姻的唯一形式。事实上,除一夫一妻,尚有一夫多妻、一妻多夫等。不论是哪一种婚姻形式,都曾历史地形成了一定的通婚范围和禁例。主要表现在如下几个方面。

一、阶级内婚

在阶级社会,大都存在较为森严的等级制度,其中阶级等级是一个重要内容。阶级间等级差异作为婚姻的限制机制之一,始终对各阶级成员的择偶行为产生深刻影响,甚至成为不同阶级成员之间联姻的一道不可逾越的鸿沟。关于这一点,古今中外都是一致的。就藏族而言,民主改革前,曾普遍实行阶级内婚制。换句话说,不同阶级间禁止通婚。造成阶级内婚现象的原因固然很多,但主要来自不同阶级成员的社会地位、经济实力以及传统观念的影响。作为农奴主阶级,人数虽然很少,却占有大量的生产和生活资料。在他们看来,农奴们身份卑微,地位低下,天生是下苦力的坯子。因此,根本无法与上流社会相提并论,自然就谈不上联姻了。禁止与奴隶通婚。藏区虽然存在极个别跨阶级联姻的现象,但绝大多数地区的社会成员都恪守阶级内婚制。

这里成亲都是同等级内的"门当户对"亲,穷人不向富人攀

---

① 《藏族社会历史调查》之江孜康马下涅如地区调查报告,西藏人民出版社,1988年。

亲；但有个别贵族霸占农奴女子为妻的现象。

农奴"嫁"给农奴主，人们是不赞成的。农奴对农奴中"上攀"（其实有的是强迫）的女子，当面叫她们太太，背地里却有议论。至于贵族阶级，则认为娶农奴女子为正式妻子的贵族，有伤官家等级的"尊严"，是要责怪的。农奴主任意凌辱农奴妇女，那就另当别论了。

"贱人"等级的人，他们只在内部结亲，一般人根本不和他（她）们成亲，怕"玷污"自己的血统，变成受人歧视的"贱人"。

农奴之间的婚姻，常常要受农奴主的干涉，特别是不同领主的农奴之间的恋爱，往往是恋爱至深不得结合为家，成为终身痛苦，有一首民歌这样唱道：

要心早已给您，
身子却没有闲空，
权势强大的官家，
已经把他（她）记入了奴隶的名册。

二、等级内婚

前述"阶级内婚制"，实际上是阶级等级限制婚姻行为的一种表现形式，我们这里所说的"等级婚制"则与之不同。它是一种在同一阶级内部存在的以等级为基础的婚姻限制机制。民主改革前，藏区等级虽不像印度社会那样森严，但是，不论统治阶级内部，还是一般农牧民之间，都存在一定的等级差异。旧的观念认为，人的骨头有贵贱之分、高低之别。而骨系上的这种贵贱高低则是一脉相承的，子子孙孙都无法改变。因此，在婚姻关系中，"高贵骨系"的人通常与自己门当户对的人联姻，否则将有辱其骨系。而作为"低贱骨系"者也只能在同类中寻找配偶。同时，阶级内部等级限制还表现在人们从事的职业方面。大部分地区认为，铁匠、天葬师、屠夫、猎人等是最下贱的职业，因此，一般人都不愿和他们联姻。有的地区一旦发现与上述人员婚配，双方便被驱出部落，终生四处游荡。此外，阶级内婚中的等级限制还在家庭经济势力等方面亦有反映。大部分地区人们在联姻中都较注重对方的经济实力，富的娶富的，穷的嫁穷的。民主改革前，贫富差别尽管也是婚姻的主要限制机制之一，但是，与其他等级差异相比较，则较为松弛一些，尤其是被剥削阶级内部更是如此。一些人尽管经济拮据，或家境不佳，但由于能干、善良、美丽，也能成为经济富裕家庭的乘龙快婿或儿媳。

三、血缘外婚

进入文明时代之后，人们在联姻中，自觉地排除血缘内部的婚配行为，实行血缘外婚制。所谓"血缘外婚"，即在一定范围内，以血缘为内核，建立婚姻的生物限制机制，其结果，即使人们只能在血缘外其他集团内寻找配偶。婚姻行为中的血缘限制机制在藏区各地普遍存在。虽然藏族禁婚范围不是以"血缘"划分，而是以"骨系"确定的。藏族普遍认为，骨头系父传，肉为母所育。因此，亲骨肉间绝不能发生性关系，更不得婚配。否则，便是自相蹂躏，有悖于人伦。基于上述认识，在婚姻过程中，各地都坚持"烂亲不烂族"的原则，在同一骨系内部，不仅杜绝婚配，而且也禁止其他性行为。倘若违犯这种禁例，将受到社会舆论的谴责，轻则额头上烙特殊印记，驱出家族乃至部落；重则装入牛皮袋内，沉入河心溺死。一旦同血缘成员发生婚媾行为，双方当事人或自杀，或远逃他乡，以躲避惩罚。藏族血缘外婚限制机制不仅十分严格，而且范围较为广泛。禁止对象既包括父系血缘（如兄妹等），而且也适用于母系血缘（如舅表、姨表等）。诚然，在具体实施过程中，对上述两支血缘系统的限制程度往往不一。相比而言，对父系血缘的限制十分严格，只要知道双方属于同一骨系，不论隔离多少代，都禁止结婚。而对母系血缘的限制则不同，大部分地区规定，母系血缘延续一定时间（有9-7-5代等说法）之后，血缘限制机制将不复存在。届时，即使同一母系血缘的成员，亦可以婚配缔姻。

四、部落内婚

民主改革前，藏区各地都分布着无以数计的大小部落，这些部落在一定意义上可以说是一个个"独立王国"。因此，许多部落头人往往对其属民的婚姻等横加限制、干涉，规定某些禁例，强迫属民遵行。例如许多部落内属民的婚姻必须征得头人同意，方可联姻，否则，将被视为"不合法"，予以罚处；与外部落属民婚配，事先必须交纳一定的钱物，以作赎身之用，不然，即使嫁往（或入赘）其他部落，亦要交纳"人头税"。

综观婚姻制度史，藏族长期以来一直遵循着严格的内婚制，讲究门第，极力排斥庶民百姓如农奴、差巴、娃子与土司、千户、百户、领主、部落头人的子女发生婚恋关系，轻者受罚，重者处死。在一般情况下，实行较为严格的族外婚，但禁止与有纠纷或血仇关系的部落通婚。通婚范围及禁例往往因阶级（层）的差异有所不同。[①] 考察人类婚姻发展史，在进入阶级社会之后，人们的婚姻行为便受到一定的限制，其中一个重要因素则是等级限制。究其原因，既与阶级剥削和压迫密切联系，同时也受到人们传统观念的影响。人们往往在各自的阶层中发生婚姻行为，跨

---

① 杨士宏：《藏族传统法律文化研究》，甘肃人民出版社，2004年，第214页。

阶层的婚姻行为虽比跨阶级婚姻多一些，但也绝非普遍现象。另外，社会地位与等级的差异，使婚姻限制机制不尽一致。相比而言，在牧主、头人等统治阶级中，等级限制较为严格一些，大致表现为非同等级不嫁不娶（少数头人强娶民女例外）；而在一般群众中，等级限制机制则相对松弛一些。只要男女双方当事人相亲相爱，且家长同意，一般都可以婚配，建立新的家庭。

五、民族内婚

这是藏族婚姻限制机制的主要内容之一。即只能在本民族范围内寻找配偶，禁止女性外嫁，或男性外赘，藏民族亦不例外。造成民族内婚的原因很多，长期以来，由于统治阶级推行民族压迫和民族歧视政策，致使造成民族隔阂，互不信任，从而影响人们在异民族中择偶。其次，藏民族世代在青藏高原繁衍生息，这里特殊的地理环境使人们与外部的联系受到很大限制，尤其是高原腹地，与其他民族间的交往则更少。这样，没有为人们在异族间进行择偶提供更多的机会和条件。再次，不同民族在语言交际、生活习惯以及观众意识等诸多方面存在一定的差异，这对民族间的择偶行为亦产生一定的消极影响，等等。民主改革前，民族内婚制虽然普遍存在于藏区各地，但相比而言，青藏高原周边地区及其他民族杂居地区，这种限制较为淡化，而其他地区则相对严格一些。同时，族外婚中，与自己宗教信仰、生活习惯相同或相近的民族间婚配现象较多，反之则很少。

第三节　藏族传统的婚姻程序

俗语云，"十里不同风，百里不同俗"。婚俗作为民风的重要内容之一，不同民族甚至同一民族的不同地区亦存在一定差异，婚俗的差异一般主要表现在婚姻程序上。民主改革前，藏族婚姻程序由于受生产方式、阶级压迫，以及人们的审美观念等诸多因素的制约，不仅不同地区（如农业区与牧业区）不同，而且不同阶层（如牧主头人与普通农牧民）亦差异很大。因此，很难作全面、系统的阐述。

一般来说，藏族婚姻大致经历以下几个程序，即提亲、占卜、订婚、迎娶、婚礼、谢婚等。

一、提亲

提亲这种求婚方式，在安多藏区，特别是农业区较为流行。在包办婚姻制度下，父母之命，媒妁之言，是婚姻成功与否的重要前提，即使在青年男女自由恋爱的情况下，通过媒妁之言向女性父母提亲（通常不仅是一种形式），这在各地亦普遍存在。一般情况下，当男方看中某一姑娘，聘请媒人（如果双方家长十分熟悉，则可直接提亲），到女方家求婚并详细介绍男方的情况，征求女家的意见，女方如同意亲事，便收入聘礼。否则便拒收，由媒人带回。一般来说，影响婚姻的因素很多，例如，男女双方当事人属相是否相克，男方家庭的经济条件好坏，社会地位高低，尤其是男女青年的人品、相貌、能力等。不过，相比而言，后者则相对重要一些，尤其是普通农牧民阶层更是如此。

二、占卜合婚

男女通过介绍或认识准备求婚时，要通过高僧活佛算卦、占卜，藏语称为"念孜"，是"婚算"之意。占卜是看双方八字和命相是否相合。相合则视为有缘分，可以订婚；相克，则视为无缘分，不能订婚，除非双双逃离家乡远走高飞到他乡谋生。

婚姻是否缔结，还要看男女双方生肖的五行和纪年的十二属相的生辰是否相克或相冲，人们十分忌讳生肖和属相相克相冲，认为生肖相克婚姻不会幸福，夫妻间会吵架、打架或离婚。这一禁婚原则并不十分严格，城镇、农村和牧区以及不同的地方在遵行时也有松和紧的差异，有时生辰属相不合还可请僧人或咒师做法事以求化解。

三、订婚

经占卜合婚结果满意，男方或女方请亲友或媒人（媒人多数为亲友或村中有威望的人）带一条哈达和一坨茶叶等礼品，到对方家正式提出求婚，如对方家长收下礼品则表示同意，拒收礼品则表示不同意这门亲事。

说亲或提亲是整个婚姻缔结过程中第一个带程式化的仪礼，各地在习俗礼仪的细节上略有不同。一般为父母包办，媒人介绍，男方家长向女方家长求亲时，要送哈达、青稞酒。若女方家长同意，双方选择吉日，男方送来给新娘的服装、首饰、鞋子等，并备酒庆贺，作为订婚仪式。彩礼多少，要以男方家产状况决定，一般要送上150两藏银作为彩礼。结婚一般选在藏历的正月，他们认为一年中的开头月份最吉利。

结婚年龄，男女在18—20岁，一般男大于女，反之认为不好。提亲人一般不由家人担任，而多由男家亲朋中或村中有较高威望的人充当。如果男女青年感情好，两家关系又熟悉，也可由男方家长直接去提亲。"巴米"（媒人）或男方家长择吉日带酥油茶、青稞酒和哈达去女家，向女方家长摊牌说明来意，如果女家同意结亲，会接受男家敬献的酒、茶或哈达，反之则表示拒绝这门亲事。双方同意后，便要请人卜卦择算男女的生辰属相是否相合，预测婚后祸福吉凶。吉利便确定，不吉时则有两种选择，一是就此罢休另择佳偶，一是请喇嘛作法事驱邪消灾。

四、结婚

结婚喜日，男方要派人到女家迎亲，新娘的父兄及舅父要陪同新娘到男家，当地风俗认为新娘的母亲参加婚礼不吉利。路程远的新娘得骑马到男家，路近的徒步便可。婚礼开始，首先一对新人要向特邀主持婚礼的喇嘛献哈达、敬酒，然后由喇嘛为新婚夫妇祈祷祝愿，亲邻好友也向新郎、新娘庆贺。男方须备丰盛餐宴招待宾客，一般须要热闹五六天。如家境富裕，须宴请宾客半个月或一个月。宴请日期的多少，以其经济情况决定。女方家长送亲者要待宴请结束，方能还家。

五、婚礼

清晨把女儿或儿子打扮好，安排送亲人三至五人，送亲人一般是自己的姑姑、舅舅，或者自己的好朋友。太阳初升对方的迎亲人就来迎娶了，一般是三至五人。女方家人以酥油茶、青稞酒招待，迎亲人向女方家中老少每人献哈达一条，有的还送上几两藏银。新人临出家门时，女方的兄弟姐妹或其他亲友要和迎亲的人对歌，对得好才能接新娘走。为了顺利接走新娘，迎亲一方往往向娘家对歌者送上点儿银子求情，这种对歌形式叫做"果谐"（意即门歌）。

新人出门即上马。新娘子一般头上要蒙上一块很长的红布（从头拖至脚面），领子后面插上用绸缎装饰五彩飘带的彩箭。新娘上马后一定要弯身伏在马背上。当新娘来到婆家门口不远的地方要遭到一次无情的"袭击"，即婆家来贺喜的亲友们站在入口处两旁，用湿土块、湿牛粪、破鞋、破布烂衣等脏东西准备着向新娘身上扔。这时送亲人立即下马，给各位亲友们送上点藏银，以示求饶，否则就真的要扔过来。新娘到门前即下马，由婆婆递过来一只背筐，里面装有半筐干牛粪、一小壶青稞酒。新娘背上筐子后，右手将领后的彩箭取下来，左手拿着一块糌粑团，弯下身子进入大门。先到家中存粮食的库房里将背筐及手中的东西放下。然后出来和亲友们见面，向客人们敬青稞酒和酥油茶。富人家则设有酒宴招待送亲人及亲友们。酒宴之前由婆婆给两个新人及送亲人每人一碗人参果汤。饭后，两个新人同上房顶平台上，在四角插旗烧香敬神，之后，新娘则回到新房中仍用红布蒙脸静坐，新郎则出来陪客，客人们尽情地喝酒，欢歌起舞，这种庆宴有的人家延续到五至十天之久。入赘的新郎与新娘则有所不同，出门时不蒙红布，彩旗插在腰上，入门时不背筐子，入门后立即与亲友们会面共饮青稞酒、人参果汤等。

六、谢婚

婚后新娘有回门的习俗。根据《藏族社会历史调查》，在托吉黏卡的托林地区，女子婚后一般15—20天，新娘可回娘家居住，时间可长达15—20天。转回夫家后，就得长期居住。而托吉黏卡的吉如地区，婚礼宴请宾客只有三天，新娘没有回门的习俗。这就是说，同一地区的两个庄园习俗就有差异。①

婚礼之后，为了感谢媒人及其他热情帮助和辛勤操持婚礼的人们，由男方长辈或同族中能说会道者向媒人和其他操办婚事的人们致谢，并赠送礼品（如哈达、砖茶、布料及酒等），设宴

---

① 《藏族社会历史调查》之江孜康马下涅如地区调查报告，西藏人民出版社，1988年。

款待。

总之，民主改革前，藏族婚姻程序不仅因地区的差异而繁简不一，而且还受到男女双方的社会地位、经济条件的不同而存在差异。一般来说，牧主头人等婚礼场面十分隆重，程序繁杂，甚至十分奢侈；而一般贫苦农牧民则较为简单，既没有丰厚的聘礼，也不举行繁杂的仪式。经男女双方家长协商，通过简单的仪式（有的甚至不举行任何仪式），男女双方便合住一处，建立新的家庭。

第四节 婚姻的缔结与解除

一、传统的求偶方式

藏族传统的求偶方式很多，最常见的是男女自由恋爱，相互倾慕。另一种与其说是求偶，不如说是父母包办。男女双方互不了解，甚至婚前也未曾谋面。这两种方式将在后面的"婚姻缔结方式"中谈及，此处不再赘述。

（一）"涅邦"说亲

在西藏，没有所谓的促成婚姻关系的"中介"——"媒婆"这种专职人员，即使是在西藏的贵族阶层，相互建立婚姻关系，也仅需要一名结婚证明人"涅邦"。也就是从亲朋好友中选择一个年纪稍长或威信较高的人来担任"涅邦"，此人可以是男性，也可以是女性。建立婚姻关系的男女双方是通过"涅邦"传递相关信息并达成共识的。

(二) 比武争偶

比武争偶和斗智决偶是藏族原始社会和奴隶社会时期流行的特殊婚姻习俗。比武争偶是两个或多个男子争娶某个他们心目中共同的恋人或美貌超群、出身高贵之才女为妻,通过比试各种武艺决出胜负,胜者将占有女子的一种婚姻形式。这在藏族民间故事和传说中到处可见。英雄史诗《格萨尔王传》主人公格萨尔王通过比武斗智争得王妃珠姆。

(三) 斗智决偶

斗智决偶与比武争偶有相同之处,但它与比武争偶要文明得多。这充分体现了藏族社会进入文明时代,也是藏族人民智力发达的一大标志。

斗智决偶娶亲的故事和事例很多,其中众所周知的是唐贞观十四年（640年）吐蕃大相噶尔·东赞域松到唐朝求婚,唐太宗李世民面对众多各国求婚使臣,采取斗智娶亲办法,许言胜者可娶公主。噶尔·东赞域松在七次斗智中均一一巧胜各国使臣,唐朝文成公主终为吐蕃所得。在《西藏王统记》中,作者索南坚赞用了大量的篇幅记述这一历史事件,展现了惊险、刺激,悬念不断的整个求婚的过程。

(四) 抢婚娶亲

抢婚是指男女双方经自由恋爱,私订终身,但女方父母不同意,男方家就以"抢婚"的形式先将女子抢走,第二天托媒人到女方家求婚,直到女方父母应允后,再举行结婚仪式。在某些藏区,至今仍流传着抢婚的习俗。

抢婚现象可分为两类:一是跨部落的抢婚,也是完全违背妇女意志的抢婚。前提条件是在部落之间的争战中,将对方部落的女性掠来做妻妾。"鲁赞魔王抢格萨尔的妃子梅萨,白帐王抢格萨尔的王后珠姆,晁同抢松巴部落的公主等。"① 二是部落内部的抢婚,也是不违背妇女意志的抢婚。前提是缔结婚姻的双方男女彼此倾心,男方长辈亦同意,只是女方家人不同意,由男方采取先抢后和好的方式解决矛盾,或者是在男女双方家长及男方当事人都同意,只是女方当事人不同意的情况下采取的强制婚姻行为。刚察部落法明确规定可抢婚"家庭贫寒,无力娶妻,允许抢亲。抢到女子如藏在千户家中,女方父母便不能追回,但夫妻二人终身给千户充当牧工;或者逃离本地,远走他乡。"②

二、婚姻的缔结方式

旧西藏的劳动阶级内部也分为四个阶层:一是平民阶层,他们有自己的一点土地,在社会地位上介于贵族和农奴之间,有一定的人生自由;二是差巴,他们领种农奴主差地,支相应的差税,他们占旧西藏人口的大多数;三是堆穷,其多为手工艺匠人和流浪打工者,他们在经济和社会地位上居于差巴朗生之间;第四类就是朗生,他们是各级贵族的家庭奴隶,在旧西藏处于社会最低层,缺乏起码的人身自由。一般而言,贵族内部、劳动者内部各阶层之间也是互不通婚的,当然这种禁婚只是相对的,并不像贵族和劳动者之间那样的严格。劳动阶级内存在着包办婚姻的同时,也存在着大量的自由婚姻。

在劳动阶级中,不同的阶层其婚姻也有着很大的区别。首先,那些较富的,或者是正在分化上升的家庭,他们的婚姻一般

---

① 李绍明、刘俊波主编:《尔苏藏族研究》,民族出版社,2007年,第38页。
② 张济民主编:《源源流近——藏族部落习惯法法规及案例辑录》,青海人民出版社,2002年,第86页。

也是由父母包办的，但是双方往往以财产、陪嫁、聘礼的多少为条件，具有买卖婚姻的一些特征。

农奴中的差巴阶层的婚姻，亦多为包办婚姻。其形式一般都是父母在本庄园外，看中一个姑娘后，便请一个媒人提亲，如果双方家庭都没有什么异议，便可以订婚、结婚。农奴中堆穷的婚姻受家庭的影响较小，但是要受一定的封建农奴制的约束。不同领主的堆穷结合时，需经各自领主的同意，接受婚姻的一方要向离开方领主缴纳赎身费，或以其他一个奴隶作为交换条件，以补偿其奴隶的流失。因此，如若一方的领主不同意，就势必造成有情人难成眷属。农奴中的朗生，由于缺乏起码的人身自由，因此基本上没有婚姻可言，即使同庄园中的朗生之间结合，也没有什么烦琐的婚姻过程，相爱的两人搬到一起居住即算结婚。但是，从婚姻结合的过程来看，他们之间的婚姻基本上都是自由婚姻，他们之间的结合也有他们的标准：对男青年，要求其劳动好，尊敬老人，能说会算，精明能干；对女的而言，则要求其能团结家里的人，能勤俭持家。

（一）包办婚姻

西藏民主改革前，包办婚姻普遍存在于藏区各地，尤其在农业区十分流行。子女的婚姻大事由父母或长辈做主。一般来说，都是根据男方家长的意愿，请媒人上门求亲，征得女方父母的同意，议定聘礼、婚期等，迎娶成婚。

在富户中，父母包办婚姻比较多，有的甚至还是孩提就订了婚。贫穷人家的婚事，一般是男女自由婚配的，父母不加干涉。有情的男女，为了追求婚姻自由，不顾父母的反对，而始终忠贞于爱情的也很多，正如有首民歌所唱：

东边的山头再高，

挡不住灿烂的太阳，
父母的家法再严，
挡不住我和情人的恩爱。

（二）自由婚姻

自由婚姻是一种以择偶自主和性爱为基础的平等的婚姻形式。青年男女在共同的生产劳动中，相互帮助，相互关心，逐渐产生感情，进而婚配，建立家庭。但是，人们的婚姻行为又受到外部力量的某些制约。在大部分部落中，青年男女恋爱，尤其是婚配，首先要取得男女双方父母的同意，在有的部落，还要事先征得部落首领的许可。作为部落首领，可以从中收取一定的费用。[1] 例如，甘肃的甘加思柔、仁青部落规定，部落属民嫁娶招婿，都要给头人送钱2串（20—40元）。由此可见，藏族部落的"自由"婚姻实际上并非严格意义上的自由婚姻，而是婚姻当事人择偶的自主性与家庭（族）及部落利益相统一的婚姻形式。

男女之间的婚配，自由结合的较多，父母之命强迫成婚的很少。人们说：自由结合的像"嘎乌"一样贴身；父母强迫结合的是"用胶粘石头"。主张自由结合，反对包办婚姻。未出嫁的姑娘有了对象，经常来往接近，甚至有超过一般谈爱的行为，人们认为是正常的，不加责备。但来往的人过多，男女生活过于杂乱，要受到父母和人们舆论的斥责，甚至被骂为"妓女"。有夫之妇，人们都要求她严守贞节，一旦有了不轨，要遭到丈夫的毒打。

---

[1] 张济民主编：《诸说求真——藏族部落习惯法专论》，青海人民出版社，2002年，第302页。

三、离婚与再婚

纵观藏族的习惯法，我们不难发现，在藏族地区男女离婚较为自由。

离婚的事不多但也有，手续很简单。若是女方提出，男方不予补偿，只是让她将陪嫁的物品带走。如是男方提出，则除退还妆奁外，还要给予女方一定的补偿。所生孩子，男归父，女归母。

旧社会离婚有很大的自由，尤其是贫苦的差巴、堆穷们结婚时一切从简了，离婚更简单了，不用办任何手续，也不需谿卡出面审理。入赘的女婿和妻子的感情不和随时自行离去，嫁过来的新娘和丈夫不合也可以回娘家，或另嫁他人。但如果嫁到有钱的人家，情况就不同了，被遗弃者按规定，应由主家赔偿工资，男的每年粮食 30 藏升，女的每年 25 藏升。计算方法是自嫁人之日起，一天算二天，一月算两月，一年算两年，按时间长短发给作为在这家劳动的工资。如果发现其已有对象，并发生过关系者则一律不发工资，自行离去。双方如生有子女，一般男孩归父亲，女孩归母亲，没断奶的男婴暂由母亲抚养，长大了再交给父亲。

藏族民间对妇女改嫁、男人续弦都认为是很正常的，没有任何社会舆论压力。

改嫁。死了丈夫再改嫁的叫"细秀"（意即丈夫死亡后再嫁），和丈夫离异了再嫁的叫"洛秀"（意即另嫁一个丈夫）。娶再婚妇女为妻者，彩礼很轻，不用给岳母"努秀邦垫"，只送上几次青稞就可以了。

男子因妻子早亡，可以续弦；因离婚再娶，也有的因妻子不生孩子可以再娶一个小的"穷玛"（即妾）。男子再婚的结婚仪式隆重与否，以家庭贫富来决定，但一般的比第一次仪式简单得多。若因妻子不生养而娶妾者,彩礼及仪式都不得超过原配妻子的标准。有的是娶自己妻子的妹妹作妾的,可省掉送岳母"努秀邦垫"这笔开销,其他开支也略少一点。在牛豁卡,娶了姐姐又娶妹妹作妾的例子也不少。

四、藏族传统婚姻制度的特点

藏族婚姻制度是在长期的婚姻实践中不断得以充实、完善和发展起来的,它是人们在婚姻行为方面共同遵守的一系列规程和准则之和。藏族婚姻制度在其形成和发展过程中,由于受诸多因素的制约,形成了如下一些独自的特点。

(一)不同的阶层,通婚范围及其禁例不尽相同

在阶级社会中,人们的婚嫁活动往往受到各种因素的制约,其中一个十分重要的因素即是等级差异。民主改革前,藏族普遍实行等级内婚制。但相比而言,牧主、头人等统治阶级中,这种禁例(包括其他禁例)较为严格,而在一般群众中则相对松弛得多。只要男女双方相亲相爱,家长同意,且不违犯一些主要禁例(如血缘外婚等),即可建立新的家庭。

(二)不同地区、不同阶层中,各种婚姻形式所占比重不同

民主改革前,藏族婚姻以一夫一妻为主,多种形式并存。但是,在不同的阶层,各种婚姻形式的比重不尽一致。一般来说,一夫一妻制是藏族社会最基本婚姻形式,也是藏族婚姻形式的主体。虽然一妻多夫制在普通群众中颇为流行,但是,其比重只占10%左右。而一夫多妻则多在牧主、头人阶层中普遍存在。同时,婚姻形式的比重还受到人们所从事的生产方式的影响。在牧业区,在一夫一妻制的基础上,亦有实行一夫(妻)多妻(夫)

制婚姻形式，而在农业区，主要实行一夫一妻制，一夫（妻）多妻（夫）的比重较小。

（三）婚姻程序的繁简，往往受到人们经济条件、社会地位以及婚姻形式等诸多因素的制约

民主改革前，藏族婚姻程序的繁简，除地域的影响，拥有不同的社会地位和经济条件的人亦不相同。作为牧主、头人，其婚姻程序大都较为复杂，不仅场面十分隆重，而且花费十分奢侈。而一般群众连基本的生活都难以保障，自然没有足够的物质基础去摆阔挥霍了。大部分人只举行简单的仪式（有的甚至不举行仪式），男女双方合住一起，共同生活。同时，在不同的婚姻形式中，婚姻程序繁简不一致。在一夫（妻）多妻（夫）制下，一般初婚时婚姻程序较为繁杂，而后来介入者则大都不举行仪式。

五、藏族多偶婚制产生的社会历史原因

婚姻和家庭是社会生活的基本内容和组织形式，它是由一定经济基础和社会制度所决定的。自923年以后，强盛的吐蕃王朝解体。藏族社会走向互不相属、各自为政、群雄割据的分裂局面。时间相当长，其社会分工采取家庭分工的形式，经济规模采取家庭经济的形式。一夫多妻、一妻多夫家庭婚姻结构的选择，是为增强家庭安全和维护社会地位的需要。家庭安全包括家庭经济安全、社会安全、抗御自然能力方面的安全。一夫多妻、一妻多夫婚姻结构，形成家庭拥有多个成年男性和女性而增强了独立家庭存在的安全感。同时还有助于维护其在社会与其他家庭共处和生活竞争中的地位。因此，在社会上形成一种一夫多妻、一妻多夫家庭优越的风气。

藏族社会经济是以农牧为主的自给自足的自然经济，社会生

产力不发达，财产积累不易，加上差役和劳役多。一夫多妻、一妻多夫则姐妹或兄弟不分家，大家共娶一妻或共招一夫，家庭财产包括土地、房屋、草场、牲畜不分散，劳动力集中、抚养子女较一夫一妻少，家庭经济状况好，这种家庭所发生的经济活动可形成一定的分工协作。一夫多妻中丈夫成为姐妹团结和睦的向心力，一妻多夫则妻子成为兄弟们黏合力很强的纽带，通过这一婚姻家庭形式，兄弟或姐妹们结合为一个利益共同体，防止了兄弟姐妹分家分业的倾向，维持了家庭的经济规模和财产的集中积累。

一夫多妻、一妻多夫的婚姻形式之所以能在藏区形成并长期存在，是有其深刻的社会根源和历史根源的。

第一，阶级剥削和阶级压迫是这一婚姻形式产生的社会根源。民主改革前，一些藏区虽已进入封建社会，但大部分地区则仍处于封建农奴制社会。阶级剥削极其沉重，各种差税名目繁多，大大超出了人们的承受能力。在这种条件下，兄弟间各自娶妻，即实行一夫一妻制，显然缺乏必要的物质基础。况且，有的地区则以家庭为基础单位摊派差税。这样，一夫一妻的单一个体家庭往往因为无力承受繁重的差税剥削而导致破产。相比而言，一夫（妻）多妻（夫）家庭则稍好一些。多一双手，多一个劳动力，承受负担的能力也就强一些。同时，作为统治阶级，自恃有权有势，纳娶三妻四妾，甚至强占民女。正是上述诸多原因，民主改革前，一夫（妻）多妻（夫）在藏区成为一种普遍存在的社会现象。

第二，男女性别比例失调，也是这一婚姻形式产生的社会根源之一。一般来说，人类社会的男女两性比例大致相等，或者说基本平衡，藏区亦是如此。然而，民主改革前，由于藏传佛教的影响，许多男性纷纷入寺为僧（女性入寺为尼者在藏区虽然亦存在，但数量要少得多），从事宗教活动，这样便导致男女两性比例失调。而女性的大量过剩，则为一夫多妻婚姻形式的形成提供了有利条件。

第三，生产方式制约着人们的行为方式。自古以来，农业和畜牧业一直是藏族主要的生产方式。然而，不论是农业，还是畜牧业，一般都以家庭为基本单位。这样，生产力的发展往往与家庭劳动力的多少有一定的联系。缺乏足够的劳动力，要发展生产则只能是一句空话。考察藏区社会，农牧民群众之所以实行一妻多夫或一夫多妻，缺乏劳动力则是一个不可忽略的重要因素。

第四，传统观念影响着人们的道德评价标准。在藏区，人们普遍认为，属于同一父母所生的兄弟或姐妹生活在一起，则是一件好事。这样，大家可以有福同享，有难共当，团结互助，和睦相处，从而使家庭幸福，家族兴旺发达。正是在这种传统观念的影响下，一夫多妻或一妻多夫的婚姻形式，在藏区不仅受到父母的认可，而且也得到社会的认同。

第五，自然环境限制着人们的交往。千百年来，藏族一直在世界屋脊——青藏高原繁衍生息。这里交通不便，地势高寒，而这种恶劣的自然环境不仅限制了人们之间的接触和交往，而且也对他们的婚姻行为产生一定的影响。因为人们长期在一定的地域寻找配偶，再加上血缘、等级等许多婚姻禁例，人们的通婚范围十分狭小。一些人宁愿兄弟共妻或姊妹共夫，也不愿与其他成员（尤其是低等级）联姻婚配，从而使一夫多妻或一妻多夫婚姻成为极少数而又普遍的社会现象。

第三章 藏族传统的婚姻礼仪

婚姻礼仪是婚姻观念的行为表现，也是体现民族文化特征，具有象征意义的一种行为表达方式。藏族传统文化深受苯教文化的影响，婚姻文化也无不打着宗教的印记。苯教的巫术、占卜、祭祀、象征等仪式都不同程度地表现在婚姻礼仪的过程中，使传统的婚姻文化不仅具备了制度化、规范化的礼仪，而且也蒙上了神秘、庄严的宗教色彩。

在藏区各地，至今仍保留着古老的婚礼习俗。夫妻双方从确立恋爱关系到最后成亲这一整套婚俗来看，总体上给人的感觉是欢快、热烈、幸福、美满。特别是藏族婚礼，可以说是在优雅的歌声和曼妙的舞蹈中进行的。在婚礼当中，酒是必不可少的，歌声中飘着酒香，饮酒时伴着歌声，再加上藏民族特有的诙谐与幽默，整个婚礼中，欢歌笑语不绝于耳，使整个婚礼场面从始至终都处在热烈与激昂的气氛中。这是藏族婚礼吸引人的一面，也是激动人心的一面。然而，同是藏族，因地区的不同而婚礼形式也有很大差别。从另一个方面来讲，藏民族有着根深蒂固的宗教观念，在他们的婚姻意识和婚礼仪式当中含有强烈的宗教色彩，构成了一种独特的、带有宗教因素的婚礼习俗。一般而言，婚礼婚俗可以分为定亲、迎亲、成亲三个过程，藏族婚俗也是如此，其中，迎亲这个过程的宗教民俗成分较多一些，在这里重点介绍一下迎亲。从中可以看到，在藏族婚姻习俗迎亲过程中，即有藏传佛教的影响，又有早期苯教的遗存。

第一节 婚姻礼仪

一、婚礼与箭

在藏区，迎亲之日，男方家要请一位有地位的人，带上一队迎亲人马，还要带上一匹供新娘骑乘的怀胎母马，这匹马被装点得十分漂亮，同时，还得带上彩箭，箭上有明镜。男方迎亲队伍进门之后，先把彩箭插在新娘背上，表示她已经属于男方家的人了。箭在藏族的婚礼中，扮演着十分重要的角色，这同苯教思想有着深厚的渊源关系。

当人们停止狩猎，停止部落战争以后，箭虽然不能被直接派上用场，但是为了人们的生计与存亡而立下功劳的箭却又被赋予了新的文化含义。

藏族的箭在苯教思想的影响下，发展到后期已不再是普通的武器，它已经被抽象化、被神圣化，成为支配人们精神生活的一种神化了的象征。与婚礼有关的箭在民间也有说法，据说很早以前在天上的峡谷里，一名叫恰冈央扎的男子和一位叫什贝东桑玛的女子结合，生了三枚卵。从金卵的裂口处带一支青绿色箭翼的金箭，青绿色卵的裂口处带一支金色箭翼的青绿色箭……可以看出，神在藏民族心目中的地位是非常重要的，而且人们对于箭的这份神圣感一直延续至今。在藏族社会生活中，箭的文化底蕴非常深厚。在这里，仅是透过藏族婚俗的一个窗口来探讨箭，婚礼上用箭来表示其象征意义的文化习俗延续至今。

在各藏区婚礼上，所用箭的数量不尽相同，通常情况下是三支箭,"那支白色羽毛尾翼的箭,是七位迎婚使者带来的聘礼的一部分,上面附着波拉、格拉、索拉、玛拉和尚拉五位主神;另一支有双重花环的箭是生命箭,是新郎作为男子的象征;第三支箭是一支金光闪闪的箭,这是女子随迎婚使者离开父母时,父亲送给女儿的分别礼物,但是这支箭象征着什么,谁都没有探究过。"[①] 在许多地方,举行结婚仪式时,新郎家堂屋右上方的神位上会增添一支新箭。在西藏、康区和安多的婚礼上也是如此,或者在新娘动身到新郎家去时衣领上插一支箭,或是系有彩色哈达、小镜、绿松石等饰物的彩箭。如卓尼藏族在新郎娶亲时,女家阿爷赐给一支金箭(竹箭被涂为金色),新郎无比虔敬地把它供奉在自家神龛里,披上哈达。另外,有些藏族地区,箭也被用在祝寿仪式上。在藏戏中,也有一种五股彩箭作为道具。家中添丁,做舅舅的要送一支箭给小外甥,供在神龛里。箭往往被看成是福运的象征,在藏区几乎每户藏人家都要供一支九节福运箭,藏语称"央达",藏族认为一切事物都有相应的"央"(福运),只要"央"存在,就会家境兴旺,而且是人畜两旺。后来,随着佛教的传入,苯的箭神崇拜也蒙上了佛教色彩,婚礼上的箭也是如此,比如西藏扎囊地方的婚礼上,男方家的"香钦"在往新娘衣领上插前要吟唱"达谐"(彩箭赞),其中有这样一段:

> 吉祥五色彩箭,
> 来自扎日雪谷。
> 彩箭每一节竹节,
> 都有三宝加持。
> 释迦佛祖用此箭,

[①] 常霞青:《麝香之路上的西藏宗教文化》,浙江人民出版社,1988年,第71页。

调伏了空行神女。
……

二、婚礼与"拉玉"

在藏族的婚俗中,男方送给新娘的一块璁玉也叫"拉玉"(意为"灵魂玉"),这块玉有着深刻的含义,它与藏族的原始苯教有很大关系。藏族婚俗是这样的,迎亲人马还要给新娘准备一块璁玉。马队到达之前,女方要举行敬"切玛"、敬酒等告别仪式,把璁玉放在新娘的头顶上,这样做表示男方的灵魂已托付与女方。有些地区是姑娘到了男方家后再由新郎的舅父为新娘戴这块璁玉。有的专家认为这一婚俗属于祈神范畴,也是藏族婚礼仪式的重要组成部分。

新娘的这块璁玉反映出藏族的灵魂观念,同藏族的原始苯教有很大关系。在《尸语故事》中有一则叫《真赛》的就谈到了这块灵魂玉。故事里讲:某地有个国王和他属下的一个平民的名字都叫"真赛"。"真赛"是聪明、机灵的意思。一天,国王把平民叫来说:"我叫真赛,你怎么也叫真赛,你既然叫真赛,一定很机灵。那么,你来偷我颈上挂的灵魂玉吧。若能偷去,我把半壁江山给你;如果偷不去,你的妻子和家产就全归我了。"平民真赛答应照办。于是巧施妙计,在国王重重防护下,还是将灵魂玉偷来了。谁料国王不但不给一半江山,反倒要杀死平民真赛。真赛气极,将灵魂玉摔碎,国王便死了。

自古以来,在藏族社会中就形成了灵魂崇拜观念,而且这种对灵魂的认识也是十分独特的。如果说一定有灵魂的话,那么我们所说的"灵魂出窍"一定是在人死后出现的情况,然而,藏民族的灵魂观却有着不同的认识。游离出人体的灵魂寄托到牛身上的叫"寄魂牛",寄托到树上的叫"寄魂树",寄托到石头或箭上的，则叫"寄魂石"、"寄魂箭"，等等。如果某人的灵魂寄托物，遭到了伤害和破坏，那么这个人的肉体和生命，也就会同样受到伤害，甚至死亡。故事中国王的灵魂就是寄附在他颈上悬挂的灵魂玉上面。所以灵魂玉被摔碎后，国王便死去了。同样，藏族婚礼中，新郎把自己的灵魂玉托付给新娘保管，表现出对新娘的信任，也表现出新娘对新郎的责任。最重要的一点，婚礼上的这块灵魂玉，反映出藏民族灵魂崇拜的一种方式。这一崇拜习俗几乎遍及所有藏族地区，婚礼上的这块灵魂玉也成为藏族灵魂崇拜习俗的见证。

灵魂玉和第一部分谈到的箭在藏族社会凝聚了深厚的文化含义，在婚礼上则表现得尤为突出。在噶尔梅·G. 桑木旦《概述苯教历史及教义》一文中记录了婚礼颂词，部分段落是这样的：

> 新郎的拉色尔（神黄金），
> 新娘的拉玉（神玉石）。
> 当他们最初降生的时候，
> 他们是单独降生的。
> 而后他们各自成长起来，
> 最后他们结成一体。
> 让我们把他们托付给众神。
> 让我们使他们依附于众神，
> 新郎的"穆"绳和新娘的吉祥绳，
> 当他们最初降生的时候，
> 他们是单独降生的，
> 而后他们各自生长起来，
> 最后他们结成一体，
> 让我们把他们托付给众神。
> 让我们使他们依附于众神，

新郎的镶嵌宝石的生命箭，
新娘的带有玉叶的金纺锤，
当他们最初降生的时候，
他们是单独降生的，
而后他们各自生长起来，
让我们把他们托付给众神。
让我们使他们依附于众神，
男子的生命依赖于箭，
女子的生命依赖于纺锤，
我们把他们托付给众神，
让箭和纺锤永远不分离。
让我们把"穆"绳和吉祥绳托付给众神，
让他们永远不被切断。
……

在婚礼颂词中出现灵魂玉和箭等几件物品是十分重要的，它们反映了藏族原始宗教的部分内容，在民间婚礼上得以体现。不过应该说明的是，随着历史长河的不断荡涤，有些习俗已是难寻踪迹，而像灵魂玉和箭在当今藏族婚礼上仍然频繁出现，延续着藏族古老的宗教习俗。

三、婚礼与"比嘎"

在一些藏区，藏民族的婚庆与其居所中的中柱形成了一定的关系。一般而言，在迎亲和送亲过程中，无论是新郎家还是新娘家都要围绕中柱做一些祭祀仪式。比如说，婚礼当天早上，送亲队伍到齐后，在经过出嫁训导（也包括男子去女方家入赘）等仪式后，拔本手捧哈达，要带领出嫁者和送亲队伍围房屋中柱转上三圈，边绕边唱"分别歌"，感谢父母的恩德，兄弟姐妹的友情，最后将哈达献于中柱箭旗上，然后出门上马。比如在青海海北的婚礼上，母亲送女儿出嫁，在离别歌声中，新娘由伴娘搀扶，手捧装有五谷杂粮的福笤，跟随着母亲围着房屋的中柱绕了三个圈，最后把哈达系在中柱之上，此时的新娘早已泣不成声。随后，女方跟随着男方的迎亲队伍上马出发。父母和其他亲戚送至门口，含泪而别。

中柱，藏语叫"比嘎"，立于屋子的正中。当今藏族的居住条件大为改善，室内格局一般由客厅、经堂、卧室等几个部分组成。中柱一般是立在客厅正中央的，中柱的直径大小不等，大的直径可超过一米，需两人才能合抱。据专家调查了解，当今迪庆藏族群众有以中柱的粗细论贫富的心理趋向，而且中柱往往被装饰得十分讲究。从建筑学角度而论，中柱上端托顶房梁，确有中流砥柱之势。顶两端称柱帽，所谓柱帽其实是中柱上端的一块既具有装饰目的，又符合建筑学理论的长近两三米的木料（建筑术语称之为"雀替"）。这块木料上"托"房梁，下由中柱相撑，由于它是经过精心雕琢和彩绘，与整个房屋装饰浑然一体，看上去十分协调。中柱的柱帽上一般绘有藏族风格的彩饰，但是题材不尽相同。笔者在康巴藏区调研时，看到的藏族民居中的中柱上方的柱帽是以蓝色为基调，代表的是天空，左侧是红日，右侧是弯月，弯月的颜色为黄色。中间上方是两朵白云。在柱帽的中间绘有一把丰收的麦穗，麦穗两旁各有一支黄色的彩带向上飘扬。中柱被漆以紫色，上端也绘有各式图案。几条哈达缠挂于中柱上端，再插上一把青稞麦穗。中柱在藏家居室中显得十分耀眼，同时，也显得很庄重。

藏族家居的中柱很重要，它承载着藏族悠久的民俗发展史。中柱又叫三锅庄（与帐篷的火塘同一名称），是从帐幕时代流传下来的家的主要象征，中柱代表家庭祖先的化身，尽管佛教后来传入西藏，藏族百姓改宗藏传佛教，并在后来的家居中还专门辟出一个房间作为朝佛的经堂，然而经堂也没有取代中柱，至今中柱依然存在，每逢年节或迎亲送亲，都要以中柱为中心做一些祭奠仪式。在藏族古老的习俗中，人们皆循规守矩，进门出门要绕着中柱走，不能从中柱和火塘之间穿行，以示对中柱的敬仰。可见藏族原始宗教在民间是根深蒂固的，时至今日祖先崇拜习俗依然在延续着。

四、婚礼与"央"

在藏族婚礼上有一个简单的招福仪式，这同前边"婚礼与箭"中提到的"央"有直接关系。这个仪式是在洞房前举行，招福的目的就是希望新娘将"央"带入新郎家。藏民族把"央"看得很重要，都希望它能够长久地留在自己家中，也更希望能够增加新的"央"，这就出现了一系列民俗现象，而且是颇具喜剧性。比如当送亲的娘家人要离开男方家时，新郎和他的父母以及刚刚加入这个家庭的新娘，都不能起身送客。他们要坐在垫子上压住福气，以免被女方家带走。送亲者出门了，男方家派"香钦"（舅舅）和客人跟在后面送别，敬酒、献哈达、唱送别歌，互道吉祥珍重。但走不多远，新郎的妈妈便出现在屋顶平台，摇晃着手中的羊腿，口中不停地喊："回来吧！""回来吧！"亲人折转回来，歌手又迎上去，敬酒欢迎。这样反复三次，意思是让送亲者把在男方家沾上的福运统统留下，然后才能离去。当新郎的妈妈叫第三次时，只有"香钦"一人返回，接过酒碗，一饮而尽，然后率领送亲队伍，头也不回，径直朝回家的方向走去。人们还认为，如果"香钦"回头了，还会丢了女方家的福运！无独有偶，女方送新娘出嫁时，情况也是如此，当姑娘出门时，女方家人也是一手拿彩箭、一手拿羊腿，站在房顶上高喊："不要把我家的福气带走呀!"反复多次,直到姑娘走远。双方家庭都在为"央"不被带走而用尽浑身解数,可见,藏族群众对"央"是何等重视。

藏族婚礼上的这些招福行为都属于宗教民俗现象,然而,这些是属于苯教习俗呢,还是更早些的习俗呢,目前还不好说。前面提到在藏族婚礼上还要挥动羊腿。为什么还要手持羊腿,在这里顺便解释一下,据专家常霞青所著《麝香之路上的西藏宗教文化》一书讲,在苯教中,还把羊看做"央"的标志。据说,第一只羊——神羊鲁拉哇泊钦是根据什巴叶曼杰波的意愿造出来的,他希望羊能满足人类生活的基本需要。《新唐书·吐蕃传》记载:古代藏族"重鬼右巫,事羱羝为大神"。看来婚礼上男女双方家人在招福时挥动羊腿的习俗,是同藏族原始先民"事羱羝为大神"的观念有关。

在云南香格里拉县尼汝村,婚礼上的招福仪式较之其他藏区更显得隆重一些。在婚礼的过程中,招福仪式必须由"仓巴"(即巫师)主持。"尼汝藏式民居正房火塘右侧楹,谓之'仓巴'楹,专供'仓巴'在此楹设福座,举行各种法事活动。成家婚礼的排座也设在此楹内。在此楹正面设福座及'仓巴'座位,左右两边来设两排长座,头座是送亲队的'拔本'(即喜官)人坐,接下来设新娘、伴娘的座位,其余送亲的成员,按年龄大小依次就坐。婚礼上,迎亲、送亲双方都要互致颂词,祝词中首先要赞颂'三宝',其次赞颂山神,接着依次赞颂田地、牲畜、房舍、长辈、福座等。"①"仓巴"向跪在面前的新郎、新娘诵经求福,与此同时,将两根红线分别系在新郎和新娘的脖颈上,作为消灾求福的灵异之物(护身符之类)。在这之后,一位长者站立于人群中,左手捧着一碗酒,用右手无名指尖轻轻蘸酒,弹散三下,

---

① 鲁永明:《魅力尼汝》,民族出版社,2005年,第107页。

诵起迎福赞词：

今日天上照吉星，
今日地上逢良辰；
新郎新娘结良缘，
婚礼喜筵暖人心；
香茶美酒汇成海，
奶酪糖果堆成峰；
龙纹彩缎穿在身，
亲朋好友聚一堂。
吉祥如意的日子，
福禄汇聚的今天；
小伙似虎崽彪悍，
姑娘如莲花鲜艳；
绫罗绸缎穿在身，
洁白哈达挂颈间；
祝福新郎和新娘，
相亲相爱比蜜甜！
携来甘露与琼浆，
斟满金边的龙碗；
祝福上坐的长辈，
多福多寿活百年；
祝福中席的同辈，
战神助你解危难；
祝福末席的女宾，
灶神为你保平安；
上敬佛法僧三宝，

幸福日子长又长！①

招福仪式接近尾声时，大家起身，跳起"央卓"，歌词大意是：

> 福来自蔚蓝的天空，
> 金色的财路宽阔平坦；
> 福来自白色的岩石，
> 矫健的体魄比石坚；
> 福来自绿色的江水，
> 福寿安康似水长。
> 用优美动听的赞词迎福，
> 用震撼人心的钹声迎福，
> 用飘渺弥漫的香烟迎福。
> ……②

歌声中，新郎手捧香炉，新娘抱着福箩，家人端着供品，绕中柱转三圈之后，将福箩送入库房。青海海北的刚察县在举行婚礼时也有类似的招福习俗，赘本（男方的喜官藏语称为"赘本"）将手中一根系有哈达的木棍放到新娘带来的福箩内，又将一盘酥油花交到新郎手中。然后，新郎的母亲手捧香炉，带着儿子和儿媳以及伴郎、伴娘，围绕着家里客厅的中柱转三圈之后，将福箩、香炉以及供品一齐放入库房，表示已将福分迎至家中。

在许多藏区，招福是十分普遍的习俗现象。例如，卖羊时，藏族群众就习惯从羊身上揪下一撮羊毛，存放在羊圈一角，象征

---

① 鲁永明：《魅力尼汝》，民族出版社，2005年，第108页。
② 鲁永明：《魅力尼汝》，民族出版社，2005年，第109页。

着羊虽然被卖出去了，但是"福气"却依然留在家中。婚俗中也有类似现象，无论是女子嫁人还是男子入赘，出门前都要把身上穿的一件衣服脱下，留给家里，表示把"央"留下。

在招福仪式中，要属新郎家人在自家门口迎亲时的场面最为精彩。在云南迪庆藏族自治州的藏族婚礼上，下马前要举行类似的招福仪式，在当地也叫迎福仪式。迎亲队伍派一名骑手，手持箭旗去离家门口较远的地方迎候，视为迎福。送亲队伍则唱着福歌而来，表明将福分带来了，呼唤迎福者迎接。迎福者听歌后骑马绕送亲队伍一圈，道一声辛苦，然后高喊："福分来了！"飞马返回村中迎亲方家，以示福分已经被迎来。

招福是藏族婚礼仪式的重要组成部分，在送亲和迎亲的整个婚礼过程中，我们看到，迎亲的和送亲的对"央"是非常重视的。送亲者渴望女儿把"央"留下，迎亲者企盼把"央"带走。双方大有争夺之意，各不相让。然而"央"这种无形的东西，似乎在各自主持的仪式中，顺遂了迎、娶双方的心愿。迎婚的认为带走了"央"，送亲的认为留下了"央"，双方皆大欢喜，各自守着身边的"央"兴奋不已。因为"央"能创作财富、运气，才能使家庭幸福、生活美满。这种招福习俗从形式到内容弥漫着浓郁的宗教气息，形式庄重，气氛活跃，仪程连贯，内容充实，表达了藏族民众对美好生活的追求和向往。

第二节　藏族婚礼祝词

藏族民间文学丰富多彩、形式多样。其中，民间长歌不容忽视。尽管早在吐蕃王朝松赞干布时代就已开始使用藏文，但悲哀的是，文字在那个时代却奢侈地定位权贵豪门的地位，普通百姓是无法学习和使用它们的。但是，"仲巴"的说唱，民间艺人的传诵，把藏族神话传说、民间故事、格言谚语和英雄史诗《格萨尔》传播开来，藏族民间悄然诞生，从此就有了"口口相传"的民歌、诵词。可以毫不夸张地说，"诵词"是藏族老百姓共同创造的"民间口头文学"形式，也是他们在漫长的生产、生活中歌颂生活、传承历史、普及文化、传播思想的有力武器。

诵词在藏区各地流布很广，风格、形式也不尽相同，内容分为婚礼祝词、赞词、折嘎颂词等。一般没有严格整齐的段落，句子长短也比较自由。

一、婚礼祝词

藏族婚礼祝词，也称婚礼歌，以青海海东地区"卓仓"最具代表性。它属于民间传统的习俗歌谣，在举行结婚仪式时朗诵或歌唱。它既有一定形式，又可即兴发挥，朗朗上口，容易记忆，随意性较强，深受老百姓喜爱。它由许多短歌和长歌组成，也可称"婚礼组歌"。每首歌都配合着一道仪式。

由于长期与汉族、回族、蒙古族等杂居，"卓仓"的婚俗除了保留有古老的藏族习俗外，还包含有非常浓厚的汉民族婚礼习俗，并形成了独具特色的婚礼组歌。

婚礼歌大致分为四个阶段，即哭嫁歌、迎宾歌、乐宾歌、送宾歌。歌中还有许多赞词，如赞茶、酒赞、碗赞、媒人赞等。每首歌配合一道仪式，每组歌又包括许多种不同的歌，如扬茶歌、敬茶歌、献衣歌、邀舞歌、祝福歌等。整个婚礼在歌声中开始，又在歌声中结束，这种习俗一直延续到今天。[①]

[①] 马学良、恰白·次旦平措、佟锦华主编：《藏族文学史》（上、下），四川民族出版社，1985年，第931—932页。

（一）哭嫁歌①

哭嫁歌，是新娘辞别父母家人时唱的，包括"参拜"和"加拜"。前者是新娘离家前的头一天晚上唱的，所以又叫晚歌。后者是新娘出嫁的早晨唱的，她从离开家一直唱到十多里外。晚歌中拜别阿爸、阿妈的歌中唱道：

> 我亲爱的阿爸呀，
> 你为我到风雪弥漫的西藏跑三趟，
> 买回美丽的氆氇给我做嫁妆。
>
> 我亲爱的阿爸呀，
> 你为我到万里迢迢的京城跑三趟，
> 买回美丽的锦缎给我做嫁妆。
>
> 购买锦缎的阿爸多艰辛，
> 出嫁的女儿我知情，
> 报不了阿爸的深恩我伤心。
>
> 我亲爱的阿妈呀，
> 你是我温暖和光明的日月，
> 你是给我乘凉的云朵，
> 我吃奶就像在山泉里喝水，
> 我想吃就吃，
> 奶汁好像比泉水还多。

---

① 本节中所引用的婚礼歌，是由藏族诗人伊丹才让搜集、整理、翻译、发表的，参见《婚礼歌》，上海文艺出版社，1963年。

> 阿妈的恩比天宽,
> 阿妈的情比海深,
> 阿妈养我的恩情比山重,
> 阿妈的恩情怎么报答?
> 如今女儿要出嫁啊,
> 只好把恩情装在心里。

歌中还有辞别阿舅、舅母、阿叔、阿婶、阿哥、阿嫂、弟弟、妹妹和感谢裁缝的歌。内容都是感激和祝愿,表示临别依依不舍之情。

(二) 迎宾歌

迎宾歌包括迎亲歌、迎亲颂、茶歌、茶赞、敬茶歌、献衣歌等。迎亲颂中献哈达一节这样写道:

> 啊!
> 西藏涌出黄金海,
> 金海岸上金树排,
> 金树顶上落金鸟,
> 金鸟给颂词添光彩。
>
> 北京涌出白银海,
> 银海岸上银树排,
> 银树顶上落银鸟,
> 银鸟给颂词镀光彩。
>
> 安多涌出碧玉海,

玉海岸上玉树排,
玉树顶上落玉鸟,
玉鸟给颂歌增光彩。

(三) 乐宾歌

乐宾歌包括祝愿歌、敬宴歌、邀舞歌、谢媒歌、祝福词等。邀舞歌中唱道:

我擦干眼泪来跳舞,
我强打精神来跳舞;
麦粒包在麦壳里,
清风使它们分离;
金沙混在沙子里,
清水使它们分离,
姑娘在阿妈的心坎里,
狠心的媒人要母女分离。

云雾终究要往天上升,
大风阻挡没道理;
河水终究要往海里流,
大山阻挡没道理;
姑娘终究要出嫁,
父母阻挡没道理。

云雾还未集成团,
单怕蓝天太高浮不到;
河水还未汇成江,

单怕大海太远流不到;
姑娘还未长成人,
单怕缝衣做饭无人教。

只要松树长得端,
圣洁的宫殿能修成;
只要马驹儿走得好,
再远的地方能跑到;
只要姑娘手脚勤,
勤快就能长成人。

(四) 送宾歌

送宾歌里有赞美诗和行礼、叮嘱等。以下是新娘的亲人赞美男方家热情好客:

……
给我们接风的马跑得好,
给我们洗尘的酒浓肉香歌又好。
还没到你们的门上,
欢乐已把村庄抬到天上。
前面迎来了人的大江,
后面已汇成人的海洋。
男人们迎亲的诵词说得好,
妇女们迎亲的桑阿洋唱得好。
青年们一碗一碗美酒敬得好,
门台上吉祥的青稞柏香撒得好。
浓酽的红茶白茶端得好,

满杯的烈酒端得好。
你们的肉堆成了高山,
你们的酒灌满了大海。
……

在藏区,尤其是安多地区,婚礼的重头戏就是唱赞歌、诵赞词。由于赞词内容丰富,涉及历史追叙、风土人情、衣食住行等,极具挑战性。因此,男女双方的家人都会使出浑身解数,竞相邀请当地"名嘴"来演绎、主持婚礼,有时迎亲和送亲的双方互诵赞词,高潮迭起。可以毫不夸张地说,藏族传统婚礼就是一幅藏区各地的风情画卷,它透露人们的思想感情,反映各地的风俗习惯,表达人们的美好祝愿。歌中既有亲人告别的悲戚,也有男女新婚的欢乐。藏族百姓正是在这样一种传统、热烈的文化氛围中欣赏、享受藏文化的丰富内涵的。

二、赞词

赞词内容很广泛,有阿妈赞、阿爸赞、新娘赞、新郎赞、媒人赞、刀剑赞、手赞、马赞、箭赞、帐篷赞等。赞颂人的大多用比喻的手法,赞美人品、美德等。赞颂物的大多与藏族百姓生活习俗息息相关,内容涉及物品的来源、功能及其制造过程等。

(一) 阿爸赞[①]

阿爸像庄严坚固的大山,

[①] 以下引用的几首赞词均出自藏族诗人伊丹才让翻译整理的《婚礼歌》。参见中央民族学院少数民族语言文学系、藏语文教研室藏族文学小组编:《藏族民歌选》,上海文艺出版社,1981年,第241—248页。

把俊俏智慧的神子降生人间。
献上这条吉祥的哈达，
愿神子生活幸福圆满。

(二) 阿妈赞

阿妈像无际的碧玉海洋，
生下这玉海一样的儿郎。
献上这条吉祥的哈达，
愿神子生活像辽阔的海洋。

(三) 新娘赞

美德俱全的姑娘，
像翠柏一样的姑娘。
性情和善不骄不躁，
就像大自在天的公主一样。
献给你这条洁净的哈达，
愿你财富、人口、运气三兴旺。

(四) 媒人赞

大河两岸一桥相通，
藏汉团结翻译有功。
吃饭助手是小汤匙，
为人帮忙永传美名。
汉话译给藏族兄弟，
藏语译给汉族兄弟。
功勋比齐天大山高，
口才胜过太阳光明。
感谢你的厚恩深德，

特将吉祥哈达献赠。

拿天空作比喻,
空中飞翔的是鸟类,
飞技出色的是那雄鹰,
雄鹰在空中飞翔时,
双翼不会碰山头;
拿草原作比喻,
从犏牛到野牛,
所有能跑的动物中,
跑得最快的是骏马,
骏马在草原奔跑时,
四蹄不会有闪失;
拿闹市作比喻,
老到八十岁,
小到七八岁,
最伶牙俐齿的是媒人,
智慧如天空广阔,
言辞如流水涓涓,
妙语如银铃声声。

(五) 瓷杯赞

右手端的瓷杯多么漂亮,
产自遥远的汉族地方。
感谢商人奴布桑珠,
跋千山涉万水运来西藏。
这是一个有福气的瓷杯,
吃茶喝酒都能如愿以偿。

杯外面有八大吉祥图,
杯里面有八大美丽画像。
杯柄上有王室七珍宝,
这瓷杯名声传四方。
瓷杯里的甘露美酒,
是最可口的佳酿,
里面有印度的白砂糖,
里面有中原的红蔗糖,
里面有波密的葡萄酒,
里面有锡金的米酒浆,
里面有西藏的青稞酒,
汇成美酒的大海洋。
这杯香甜无比的美酒,
请神子新郎一饮而光。

(六) 羊肉赞

莫说羊肉要说立家,
立家大事最为重要;
莫说羊腿要说丰满,
仓库丰满最为重要;
莫说臀部要说齐全,
人才齐全最为重要;
莫说腋窝要说进来,
一切进来最为重要;
莫说肋骨要说堆砌,
茶叶堆砌最为重要;
莫说双手要说优秀,
一切优秀最为重要;

莫说脖颈要说威风，
对敌威风最为重要。
肥山羊右痛饮泉水，
肥山羊左喜吃青草，
羊在草坪愉快睡觉，
羊在栏圈抵角嬉闹。
今天羊肉放在前面，
吉祥如意一起欢笑。

三、婚宴十八说

藏族婚宴十八说，是流传在青海省东部农业区藏族聚居区[①]的一种民间口头文学，它是以说唱或即兴表演等民间传统表现形式，将十八道婚礼祝词贯穿于当地藏族婚礼的始终。婚礼词内容丰富多彩，涵盖了藏族历史、神话、宗教、习俗等方方面面，一般由十几人分阶段完成，有时需要几天时间。

藏族婚宴十八说承载着悠久的历史传统和浓郁的民族特色，在藏族历史学、民俗学、民族学、语言文学方面的研究价值很高，已被列入中国第二批国家级非物质文化遗产目录。[②]

藏族婚宴十八说经过几百年的发展演变，按流传的内容，有祭神歌、梳辫说、梳子说、哭嫁歌、出嫁歌、父母教诫、马赞、土地赞、房屋赞、茶赞、酒赞、婚礼赞、腰带赞、新娘嫁衣赞、祝福歌、亲人嘱托、吉祥词等，内容丰富，言辞幽默风趣，具体

---

① 指青海省东部农业区的互助土族自治县、乐都县、民和回族土族自治县、化隆回族自治县、循化撒拉族自治县等地的藏族群众聚居乡。居住在这里的藏族基本上处在脑山和浅山地区，世代从事农耕，兼营畜牧业。
② 中国西藏新闻网。2008年02月21日（引用日期2013-01-9）。

如下:

(一) 祭神歌

姑娘出嫁之日的清晨,由其家人焚香祭祀山神及家神,保佑姑娘从此走上新的人生路程。

> 我将简要地诵说敬词,
> 敬上师本尊,
> 敬佛陀菩萨,
> 敬护法护教,
> 敬地方山神,
> 敬在座各位叔父们的守护神,
> 敬在座各位姨母们的守护神,
> 敬空捕白天神,
> 敬威猛金刚战神,
> 敬密母白螺女神,
> 敬在座男人们的战神。
> 啊!
> 现在我要敬蓝天,
> 若恭敬和敬畏蓝天,
> 那是天神梵天的领域,
> 有九十二万种天神,
> 大小行星运行之所,
> 是头顶狐尾帽者赞美之处。
> 现在我要敬天空,
> 若恭敬和敬畏天空,
> 那是鲁神顶上珍宝的领域,
> 有九十二万种鲁神,

作物植物生长的地方,
是脚蹬皮靴者赞美之处。
现在我要敬财神,
若恭敬和敬畏财神,
那是布绸茶氆氇的集聚地,
绿松石红珊瑚的宝库,
五谷作物的源泉。
现在我要敬盖通神,
若恭敬和敬畏盖通神,
那是保护神的居所和拉天绳之所,
延年长寿之地。
现在我要敬仙女,
若恭敬和敬畏仙女,
那是子孙后辈们出身之地。
现在我要敬灶神,
若恭敬和敬畏灶神,
那是烹饪和进食之地。
现在我要敬门神,
若恭敬和敬畏门神,
那是百头牦牛出入之地,
牛犊嬉戏处所,
幼儿成长之所。
我所说的敬词大致如此。

(二) 梳辫说

从部落中挑选手脚勤快、有夫有子女、容貌出众、口碑好的中年女子二至三人为出嫁姑娘梳辫,同时由其哥哥或其他长辈致辫发词。

戴了"涛热"的姑娘哟！
解开"涛热"就难了，
虽有千古流传的圣言：
太阳和月亮在空中结伴，
雌鹿和雄鹿在山林中结伴，
但姑娘还担心家中的父母、兄妹，
怎能高高兴兴地出嫁！
"瓦日哇"哟！请送来一百只羊、
一百匹马、一百尺氆氇，
我就能解开头发的"涛热"。
我有一匹雄竣的良马，
配备那鞍鞯有何困难；
我有海一样的酒量，
满腹的藏族谚语，
对付众人又有何难。

（三）梳子说

一般由梳辫的女子来说。

今早报晓最早的，
是那白色的公鸡。
白色公鸡知时辰，
姑娘我虽不知时，
今早不得不早起；
绿色布谷懂规矩，
姑娘我虽不懂事，
今天不得不受约。
雄鸡报晓头遍时，

父辈不睡早早起,
给姑娘穿新嫁衣,
美丽嫁衣穿身上,
穿上新衣真漂亮;
雄鸡报晓二遍时,
母辈不睡早早起,
给姑娘戴装饰物。
珍珠珊瑚戴身上,
戴上饰物真漂亮;
雄鸡报晓三遍时,
兄弟姐妹都起床,
给姑娘穿新鞋子,
穿上新鞋真漂亮。
姑娘头上要抹水,
要抹布谷口中水;
姑娘的头要梳好,
梳头要由母辈梳;
姑娘头上要抹油,
要抹金黄牛奶油;
分发要用金梳子,
黄金梳子像百马,
母马子马要一百,
百匹子马才能梳;
发饰要用红珊瑚,
珊瑚就像百头牛,
母牛子牛要一百,
百头子牛才能佩;
头顶要戴银云饰,

云饰就像百只羊，
母羊子羊要一百，
百只子羊才够佩。

"次日"① 是那黄金做，
黄金雕纹的"次日"，
见得多来解得少。
当着父辈解下来；
"次日"是那白银做，
白银雕纹的"次日"，
见得多来解得少，
当着母辈解下来；
"次日"是那黄铜做，
黄铜雕纹的"次日"，
见的多来解的少，
当着亲戚解下来。
背发要用金梳分，
右边要用银梳分，
左边要用钢梳分，
金银铜的梳子各一对。
绸衣需要十三层，
自己没有街上买，
现在就要快去买，
姑娘需要在此时。

---

① "卓仓"藏族姑娘在未出嫁前，发式是两根发辫上带一对手工刺绣的饰物，称为"次日"，上面缀着许多铜钱。当姑娘走路和奔跑时，发出清脆的叮当声，是姑娘的重要标志。

（四）哭嫁歌

姑娘即将出门时，由她或其姐姐等女性长辈说的分别词。

> 今早磕头向何方？
> 今早磕头向着天，
> 愿八辐法轮天吉祥；
> 今早磕头向何方？
> 今早磕头向未来，
> 愿未来护法神吉祥；
> 今早磕头向何方？
> 今早磕头向天神，
> 愿天神三宝都吉祥；
> 今早磕头向何方？
> 今早磕头向灶火，
> 愿招福的灶王吉祥；
> 今早磕头向何方？
> 今早磕头向大地，
> 愿八瓣莲花地吉祥。

一般认为姑娘出嫁，会把娘家的财气带走，为了不使娘家遭损失，要唱"招福歌"。歌中唱道：

> 姑娘我站过的地方，
> 那里有着羊毛团，
> 愿走后日子比毛厚；
> 姑娘我站过的地方，
> 那里有着白海螺，

愿走后日子比螺白；
姑娘我站过的地方，
那里有着坚硬铁，
愿走后日子比铁硬；
姑娘我站过的地方，
那里有着一团火，
愿走后日子比火旺。

(五) 出嫁歌

也是由姐姐等女性长辈说的一种分别词。

去年的今天这时候，
姑娘我在高高空中乐，
媒人你从远远地方来；
今年的今天这时候，
媒人你高高空中坐，
姑娘我大地路条条；
我是岩石山上小雕，
推我下岩的是猎人；
我是大海中的金鱼，
钓我起来的是渔人；
我是父母身边爱女，
嫁我出去的是媒人。
我那慈祥的父亲，
冒着严寒去上部，
上部卫藏买块布；
冒着大雨去下部，
下部内地买件冷，

不辞劳苦去尼泊尔,
尼泊尔地买块布;
三个地方买的衣,
穿在姑娘我身上,
父亲恩德我无法报,
无法报恩我心惆怅。
我那慈爱的母亲,
怀胎九月又十日,
双乳喂养暖全身,
香甜美食让给我。
小襟盖身像朵云,
大襟盖身像太阳,
母亲恩德我无法报,
无法报恩我心悲哀。
姐姐是那高耸的树,
高高大树根扎得深,
妹妹我是河边的露,
露珠不知该去何方?
姐姐已成家立了业,
妹妹我要去新地方,
新地方是那陌生地,
嫁出去的我真可怜!

(六) 马赞

送亲队伍骑马至新郎家附近时,由迎亲人员先赞颂送亲队伍的马,因马是以前结婚时最常用的交通工具,甚至对马鞍等都有相应的说词。

祝愿你吉祥如意!
这匹马似锦如花。
它的四肢像黄羊那样健壮,
它的双眼像闪电一样明亮,
它的尾巴又粗又长,
鬃毛又多又亮,
它的脊背闪耀着月亮的光芒,
它的额头迸发着太阳的光芒。

雄狮般的脖颈啊,
星星般的两眼,
猛虎似的啸声啊,
麋鹿般的矫健。
精狼似的耳朵啊,
凤尾般的毛管,
彩虹似的尾巴呦,
钢蹄踏碎千座山。
前额上面有个太阳,
太阳里面又有个太阳。
胯骨上打着经师的烙印。
大象般的头颅,
鱼鳞般的腭纹。
苍狼般的双耳,
明星般的眼睛。
彩虹般的长尾,
丝绒般的项鬃。
每个关节上下长满茸毛,
每根茸毛上流彩溢金。

（七）茶赞

当第一杯香喷喷的奶茶端到手里后，就要展开茶说，之后便可开饭。

> 啊！联姻茶！
> 好啊好啊今早好，
> 今早雄鸡叫得好，
> 今早的天亮得好，
> 山顶太阳升得好，
> 山腰佛塔建得好，
> 山下供品献得好，
> 父辈母辈聚得好。
> 啊！联姻茶！
> 马圈里面拴满马，
> 马匹发展到一千；
> 牛圈里面拴满牛，
> 奶牛发展到一千；
> 羊圈里面关满羊，
> 羊只发展到一千。
> 啊！联姻茶！
> 你是幸福的姑娘，
> 带来的幸福充满园，
> 你是吉祥的姑娘，
> 带来的吉祥充满园。
> 你是某某家的姑娘，
> 如今是某某家的媳妇。
> 要尊重父母和公婆，

要与邻里和睦又团结，
家业兴旺又发达，
生下三个儿子俩女儿，
五个儿女围身边。

（八）酒赞

当饭吃到一定的时候，就要开始敬酒，此时有酒说。

说到这碗如甘露的酒的故事，
在印度种着的青稞如白色海螺，
在中原种着的青稞如蓝鸽，
在吐蕃种着的青稞如灰色的公鸡。
源引三种青稞和水稻，
收取三个打禾场的麦子。
酒罐源自广西，
树木源自雍中林，
青铜碗来自景德兰州城。
品酒便如细嚼牦牛角，
酿酒便是八十高龄的老人的陈年老酒。
给远方的客人标个记号，
附近的客人被狗挡着，
听父亲和叔叔说，
远远的客人给酒起名为
九年之陈年老酒，
听母亲和姨妈说是九月之淡酒，
听口齿伶俐的青年说是七天之温酒。
喝酒要像金玉良口会喝，
喝一口直击灵魂如鹞鹰，

喝两口胆量助长如猛虎,
喝三口如无主的流浪狗。
这是白龙江畔的水果酒,
这是东海岸的香谷酒,
这是吐鲁番的葡萄酒,
这是卡哇坚的青稞酒,
这是民族团结的友谊酒,
这是祖国繁荣的报春酒,
喝下吧,请喝下,
这醇香美味的好酒,
这是老人们的益寿酒,
这是年轻人的长智酒。
九十九岁的老人喝了它,
会像十九岁的小伙般年轻;
十九岁的小伙喝了它,
会像九十九岁的老人般聪明;
六十岁的大婶喝了它,
唱出的歌儿羞煞百灵鸟,
十五岁的姑娘喝了它。
欢腾起舞到云中。
最后一杯酒啊,
请新婚夫妇一饮而尽,
幸福的结合啊,
就像骏马备上了金鞍,
就像奶茶放进了冰糖,
就像宝刀加上了钢刃,
给理想插上翅膀吧,
生活将会又甜又美!

(九) 婚礼赞

等酒足饭饱后，开始婚礼宴说，这是婚礼中最主要，也是最精彩的部分，一般由送亲队伍中资格最老的人来说。

> 啊！
> 今天我来讲讲姻缘之起。
> 起初天地结缘，
> 中有星宿做媒。
> 昴月前来送亲，
> 大小星宿祝贺。
> 二十八星宿作嫁妆，
> 红白云彩化作嫁衣。
> 那天结良好姻缘后，
> 鲁神也结成良缘。
> 众神之王梵天之女，
> 嫁于鲁神顶上宝珠。
> 绿松石红珊瑚为饰，
> 满身饰有宝石宝珠。
> 密集金刚为之沐浴，
> 鲁女东琼女王迎亲。
> 那天结良好姻缘后，
> 藏汉也结成良缘。
> 迎娶汉地文成公主，
> 嫁给藏王松赞干布。
> 大臣嘎尔东赞说媒，
> 以金银为饰，
> 浑身佩珠宝。

释迦牟尼佛像作嫁妆，
莲花生大师为之沐浴。
上有阿奶王母来迎亲，
藏地十三万户举庆典。
此庆典为例，
择吉日结亲。
天色刚亮，
朝日升起。
舅父家着新装，
饰珍贵宝珠，
来到顿亚家门。
在曲桑家门口，
亲家全家上下，
众人过来迎亲。
打开铁门栓，
拉开布门帘。
有道是舅父家，
坐于右排之上，
右排蓬荜生辉；
坐于左排之上，
左排月光满地；
坐于中排之上，
中排繁星普照。
舅父家实与蓝天齐之，
赞美之更胜蓝天有余。

（十）系腰带

送亲队伍给新郎系一条新腰带，一般由新娘的哥哥等人边系腰带边说。

啊！
我来赞美一下新郎的腰带。
此物出于平原地，
出于汉地平原地，
藏民富裕而买之。
腰带从后往前系，
连系三圈之寓意，
将要生勇士三名；
打结从右穿之寓，
育三个打虎儿郎；
从左打个结之寓，
育三个挤奶女儿；
提上系带好上马，
前身宽阔好动弹，
腰带潇洒有父相。
啊！
像劲松般的岳丈，
给猛虎般的新郎，
系条檀香般的腰带。
情意像黄河般的岳丈，
给孔雀般的新郎，
系条锦屏般的腰带。
像巍巍青岩般的岳丈，
给野牛般的新郎，
系条清流般的腰带。
今日的座席是骏马席，

骏马奔驰在芳草地,
祝龙驹善走,吉祥如意!
今日的座席是神牛席,
今日的座席五谷席,
谷穗饱满颠巍巍,
祝年年丰收,吉祥如意!
今日的座席是亲友席,
宴席上一片喜气洋洋,
祝长命百岁,吉祥如意!

(十一) 新娘嫁衣赞

给新郎系好腰带后,便开始将新娘的衣服一件件晾出来,并开始嫁衣赞。

啊!
我来赞美一下这嫁衣。
首先戴毡帽的牧人,
赶羊到山头吃草穗,
羊毛渐渐生长;
赶羊到山坡吃草杆,
羊毛渐渐变软;
赶羊到山脚吃草根,
羊毛渐渐变厚。
抓羊的矫健汉子,
绑羊毛时不损羊毛,
剪羊毛时恰到好处。
阿奶王母娴熟纺织,
纺锤轴是金条制作,

纺锤轮是广大法轮。
从蓝天垂下，
在天空旋转，
于大地环绕。
纺织者黄文殊纺织好，
纺锤头在卫藏，
纺锤尾在汉地，
纺织活闲庭信步，
纺织声唧唧喳喳。
公敬王的裁缝好，
仿蓝天来裁外形，
仿白云来缝内料，
仿星星来安纽扣，
仿昴星来缝线条。
横向缝线值骏马，
竖向缝纫值牦牛，
一针一线值绵羊，
嫁衣之珍贵如上说。

（十二）祝福歌

等前面的手续基本结束后，便有一老人祝福新郎新娘。

啊！如今时光美好，
良辰吉日，
吉祥如意，
幸福圆满，
众生安乐。
五谷丰登，

六畜兴旺,
佛法弘扬,
宾客云集。
少年衣锦,
闺女盛装。
藏王松赞干布时,
大臣噶尔去做媒。
汉藏两家结成亲,
公主出嫁到西藏。
释迦佛像做嫁妆,
五百"舅舅"去护送,
"舅舅"的名称由此起。
今日"亲家"双双来主婚,
艾德地方的完玛措,
嫁到华热地方当新媳。
珍珠玛瑙做嫁妆,
成百的妇女迎新媳。
糖果糕点堆成山,
香茶美酒取成海,
这是幸福的象征。

(十三) 吉祥词

吉祥婚礼结束时有一段吉祥词,是对婚礼的总结,也是对未来的祝愿。

啊!
来说说结婚的三个和好,
上有和好的卫藏上师之佛法,

下有和好的汉地商人之贸易，
中有和好的众位舅父之同心。
父喜儿子事成，
母喜女儿事成，
成就大业自己欣喜，
成就之日请上酒宴，
庆典负盛名，
狮龙威而猛，
宴请来的客人很尊贵，
不请自来者们胃口大，
敬上香茶美酒。

藏族婚宴十八说是以口头文学的形式流传至今的，因此，史料中并没有记载其历史渊源，我们也无从考证其产生发展的过程。但从其丰富庞杂的内容来看，追溯其历史渊源已经不再重要，重要的是婚礼祝词本身已经证明了它的存在价值和历史意义。婚礼祝词中既有藏族民间神话传说、苯教观念的渗透影响、吐蕃王朝的历史记述、英雄史诗《格萨尔》的故事情节，也有当地的民风习俗的展示……所有这一切，都从不同的侧面反映出藏族民间文化传承的强大力量。

众所周知，藏族传统教育体系主要是以寺院教育为主，从来就缺乏系统的应试教育体制。而寺院教育只是针对少数僧侣，学习内容也是大多与宗教有关的理论知识、思辨能力和天文、医学等自然科学，缺乏对广大藏族社会的了解，更是忽视藏族民间民俗文化的学习，这无疑会直接影响藏族社会的发展和藏民族的进步，就这一点而言，藏民族是不幸的。然而，对藏族百姓来说，婚礼仪式既是展示藏族婚姻文化的大舞台，又是体现藏族历史文明的大课堂。藏族百姓的价值观念、民俗习惯、历史知识、宗教信仰、崇拜祭祀、礼仪禁忌等，都是从这个"大舞台"、"大课堂"中潜移默化的习得，逐渐形成并完善这一民间口头文化的传承，从这一点来看，藏民族又是幸运的。马克思曾经说过，"人民群众是历史的创造者"。毋庸置疑，藏族文化中高深莫测的宗教理论思辨，是少数高僧大德智慧的结晶，而广大百姓在没有系统的应试教育体系的藏族社会，却以独特的"婚姻文化"的方式，自然而然地口头传承并弘扬了藏族大众文化。不是有这样一句话："上帝为你关上一扇门，就一定会为你打开一扇窗。"这里，"上帝的安排"不仅代表一种神秘的超自然力量，更是一种历史发展的必然。尽管大自然给予藏民族恶劣的自然环境和气候条件，但却赋予这个民族无穷的智慧和力量，使他们在被称为"世界屋脊"的青藏高原繁衍生息，创造出如此灿烂的文明，造就如此伟大的民族！

第三节　苯教婚姻仪式及其象征意义

藏族的婚姻礼仪丰富多彩，各地礼仪不尽相同。不论怎样，婚姻礼仪中所包含的象征意义是显而易见的。这些礼仪，都是藏族原始苯教思想观念的产物。当佛教传入藏区，逐渐取代土生土长的原始苯教并异化为藏传佛教后，苯教的礼仪并没有在民间消失，而是自然而然地融入藏传佛教的仪轨中去了。

一、苯教婚姻仪式

关于苯教婚姻仪式的研究，目前所见最为详尽、权威的学术著作当属桑木旦·G.噶尔梅著述，向红笳翻译的《概述苯教的历史及教义》中有关"婚姻仪式"的篇章，正如他本人所说：

"在西藏，各地的婚姻习俗不同，还没有人对此进行过研究。藏人自己从未就这一专题进行过论述。因而，我们对此知之甚少。"①

噶尔梅的研究基于19世纪苯教大师贡丹楚云嘉措（1813—1899）所著的《巴玛拉七善业之仪轨扎喜贝杰》、《迎娶博轮多康哇之夫人至康区德格时的插箭故事》及《兄妹分财与祈神》（作者不详）。

噶尔梅认为，苯教婚姻仪式有几种版本，其中仅有一部《兄妹分财与祈神》较为可信，其中婚礼仪式分为两部分。

（一）兄妹分财

这一部是个神话故事，描述了人与女神的第一次联姻：

"女神叫什坚木楚谟且，是神索章（又名桑波奔赤）及其妻贡赞玛（又名曲坚木杰谟）的女儿。她的哥哥叫拉塞涓巴（又名什杰章喀）。嘉国之主叫林噶。这位女神美丽动人，所有的人和神都想娶她为妻。林噶问众神之主是否能与他的女儿结婚，众神之主回答道：'我的女儿什坚木楚谟且是从神到神的，不是为你们黑头凡人所造就的。太阳、月亮在空中升起和降落，你什么时候见它降落在平原上？我们是天国的神，你是一个黑头百姓。'林噶回答道：'我希望能娶上一位出身高贵的妻子。我是广阔大地的人，是人类繁衍的世系之源。如果人神能结合在一起，人可以信奉神，神也可以保护人，彼此会友好相待。尽管太阳和月亮在空中闪烁，但它的光芒仍然可以普照大地。暖气从大地散发一直升到天空，形成云。这是我们彼此相通的明证。我恳请你将女儿许配于我。'这一番话说服了众神之主，最终答应了这门亲

---

① [英] 桑木旦·G. 噶尔梅：《概述苯教的历史及教义》，载《国外藏学研究译文集》第11辑，西藏人民出版社1994年，第111页。

事。他提出要以黄金、绿松石、服饰、一支箭和牦牛、马、羊等物为聘礼。七位骑白马的婚使（新郎的男亲属）将聘礼送到神国。在女神启程之前，她和其兄掷骰子分配其父母留给他们的财产。祭司拉本托噶（Lha－bon thod－dkar）主持分配。她想获得一半的财产，但由于她是个女子，最后，她只获得三分之一的财产。她的哥哥是这样掷银子的：'我从右面掷颇拉的骰子；从左面掷格拉的骰子；从前面掷索拉的骰子；从后面掷域拉的骰子。我掷了成为父亲继承人的骰子。'他赢了大笔的财产。轮到什坚木楚谟且掷骰子了，她把七粒蓝色的青稞粒抛向天空，说道：'如果我拥有一个神，今天他将保佑我。玛拉，掷这枚神圣的骰子吧！愿扎拉年波作证！'她掷了骰子，但得到的是单数。

"当她动身之时，其父送给她一支箭作为分别纪念，母亲送给她一支纺锤，其兄送给她一块绿松石。在分手之际，她向众神、祭司、父母双亲及兄弟致谢告别。新郎的七位男亲属在新娘衣裙的右边系上一个白丝线球，把她领到尘世。此时，祭司托木拉噶在主神的房前举行招福仪式"。①

从上述文字中可以看出，第一，苯教神话所描述的"人与女神的第一次联姻"，与民间神话传说中"猕猴与岩魔女结合"有着相同的文化背景。在这里，我们已无法区分苯教神话与民间神话出现的先后顺序，但有一点是可以肯定的，早期的藏族文化中，宗教文化与民间文化融为一体，相互影响，相互渗透，已经没有明确的界限。第二，上文中提到的"天国的神"和"黑头百姓"已明显带有等级色彩，而嘉国之主林噶"希望能娶上一位出身高贵的妻子"，恰好体现出人们择偶时注重出身的固有观念。第三，兄妹以投掷骰子的形式分财，既体现出苯教文化中的占卜

---

① ［英］桑木旦·噶尔梅：《概述苯教的历史及教义》，载《国外藏学研究译文集》第 11 辑，西藏人民出版社，1994 年，第 112—114 页。

元素，也说明兄妹分财时的这种相对"公平"的"竞争"是"天意"、"神意"的观念。第四，"她想获得一半的财产，但由于她是个女子，最后，她只获得三分之一的财产。"说明当时在财产分配中已经有了"重男轻女"的观念。

(二) 祈神

这一部也是实际的婚礼仪式。在仪式中，把羊毛捻成的线"穆"绳贴在新郎的前额，一根蓝色吉祥结贴在新娘的前额。新郎手持一支箭，向五位主神供奉"羌"（酒）和"多玛"（供神的食品）。新娘手持一支纺锤，供上奶酪和"切玛"（糌粑和奶油的混合物）。祭司交给新郎一件金物（戒指或耳环），称做拉色尔（"魂金"），交给新娘一块绿松石，称做拉玉（"神魂"）。新婚夫妇坐在一块白毡毯上，上面摆放着呈卍字形的青稞粒。尔后，祭司和新婚夫妇一起开始举行仪式并诵经。

除了简单地叙述世界的最初世系外，仪式的这一部分还要讲述箭、纺锤及制作"穆"绳、吉祥结之材料的最早来源。这种结婚仪式还可以用于招福仪式。箭是男子的象征，纺锤是女子的标志。"穆"绳最初与早期赞普有关，呈光的形式。当赞普去世时，他的遗体会渐渐地从脚向上分解成光。这种光和"穆"绳结合在一起散发到"穆"天国里。藏王祖先的古老起源有时是"穆"，有时是"恰"。噶尔梅认为，"穆"绳与祖先起源有着密切的联系。在伯希和藏文写卷 126.2 中写道：一名"恰"国信使到"穆"天国要求派"穆"国国王统治黑头百姓。①

苯教婚姻仪式中的"祈神"仪式，是宗教仪式在婚姻礼仪中的具体表现。尽管婚姻现象是世俗文化的一部分，但藏族却把它

---

① ［英］桑木旦·噶尔梅：《概述苯教的历史及教义》，载《国外藏学研究译文集》第11辑，西藏人民出版社，1994年，第115—119页。

看做一种神圣的、庄严的仪式,因为"人与神的结合"本身就意味着"神圣",而孕育生命,繁衍后裔则显示出生命的"神秘"和自然的力量。生命的诞生和死亡,从来就不是人的意志所能支配和抗拒的,只有来自强大的"超自然"的"神力"才是世间万物的主宰。因此,婚姻仪式就是对象征这一强大的"超自然神力"的祈求、膜拜,只有通过"祈神"仪式,生命才能得到神灵的佑护,也才能使个人、家庭乃至整个民族避免来自自然的侵害,获得安宁、幸福。

二、婚姻仪式中象征物及象征意义

在苯教婚姻仪式中,象征物雍仲符号"卐"、彩箭、纺锤、"穆"绳和吉祥结等随处可见,它们最早出现在原始神灵崇拜的苯教的不同仪式中,被赋予各种象征意义,具有神秘的宗教色彩。后逐渐流传于民间,并渗透到人们的生活方式中,以文化传承的形式保留至今。

(一)箭、纺锤、"穆"绳和吉祥结的起源

"……在天上的一条峡谷里,有一位名叫恰冈央扎的法师和一位叫作什贝东桑玛的母亲。他们结合在一起,生下三个神奇的卵。从金卵的裂口处蹦出一支带有绿色羽翼的金箭。这就是箭的来源,也是新郎的宝石。从青绿色的卵的裂口蹦出一支带金色羽翼的青绿色箭,这是新娘金光闪闪的箭。从半圆形的白卵的裂口处蹦出一支纺锤。从天空的光和雾海中出现了苯教的白色物质,风把它拉了出来,纺织成线。它被缠绕在一棵树上。这根线被命名为'穆'绳和吉祥结……"

箭本是藏族用于狩猎的武器,但在宗教观念和社会生活中,箭被赋予了更多象征意义。

藏族结婚仪式上共有三种箭。一种是带白色羽翼的箭。这代表五位主神附于身，是七位婚使携带之聘礼的一部分。另一种是镶有宝石的生命箭。这是新郎的箭，是男子的象征。还有一种金光灿灿的箭，是女神之父送给她的分手礼物。对于新娘来说，这支箭意味着父亲的期望和守护。

箭的用途像结婚习俗一样是多种多样的。但无论怎样，在安多地区或至少在苯教家庭里，每个男子都有一支约两尺长的箭，精心装饰着五种颜色的丝绸、一面银镜和一块绿松石。当儿子出生时，其舅要送给他一支箭、一面镜子和一块绿松石。当妻子生下儿子时，应该在其枕边插上一支箭；如果是个女儿，则应插上一支纺锤。目前，插纺锤的习俗似乎在安多地区已十分罕见。

另一个习俗是：每年男子必须在附近山梁的"鄂博"上插一支箭。插箭时要举行盛大的宴席，并向域拉奉献柏枝，箭也是献给他的。人们在"鄂博"上插上高达3—5米的箭。箭尾由三块木板制成，固定在箭杆的尾部。箭尾系着"龙达"（风马旗），替代了五种不同颜色的丝绸，它是吉运的象征。这是一块印有招福祈祷经文的经布。每个人的风马旗的颜色要与他的生辰星相相符。因此，每个人的风马旗要选用五种颜色中的一种。

贡楚的《迎娶博轮多康哇之夫人至康区德格时的插箭故事》一文曾以诗体形式进行了生动详细的描述。因此，箭在联姻方面起着相当大的作用。在藏语中，这种做法叫做箭为媒。另一种说法叫丝绸联姻，这与传说相符。传说中，当女神离开天国时，她的裙边系着一团丝线。传说认为大臣噶尔·东赞域松到唐朝为松赞干布娶文成公主时，也曾带着一支箭。皇帝要他从300个年龄相同的女子中挑出他的女儿。伯希和藏文写卷126.2是这样写的：予"恰"国使者要求"穆"国人派一位国王时，"穆"国人要求他们送来一支箭。由此可见，箭肯定不仅用于联姻。①

(二) 象征物及象征意义

1. "卍"字符

"卍"字符是最古老、最常见的象征符号之一。在世界的每一个已知文化中都可以发现"卍"字符的形成过程。印度用它作为象征符号，可以追溯到印度河流域莫亨朱达罗哈拉帕古城（死亡之城）发掘出的人工制品上。"卐"字符最初被认为是吠陀神毗湿奴的太阳象征物火轮或是毗湿奴独特的发旋或胸前徽相。在印度艺术中，佛陀是毗湿奴十大化身中的第九大化身，他的胸前常画有"卐"字符。在古代中国，"卐"字符最初是道教永生的象征，"卐"字代表世间万事。在北美纳瓦霍印第安人的文化中，"卐"字符被称为"Running Wheel"，是生命和好运的象征。

"卐"字符一开始就有右旋"卐"字和左旋"卍"字之分。苯教"卍"字符是左旋方向。"卐"字符在梵文中读作"svastika"，意思是"福祉"、"好运"、"成功"或"繁荣"。有关该符号源自印度的说法不一。普遍接受的观点认为它最初是太阳的象征，源于太阳在四方和四季的运行。作为获得象征，他被视为源于吠陀时期的火棍。人们一起搓火棍就可以点燃神圣的护摩之火。另一说法认为，这个象征物是词根为"sv–asti"的一些字母的堆叠，被写入佛教阿育王设计的一个早期字母表的字体中，形成"卐"字符这个拼合文字。还有一种说法认为，"卐"字符是早期佛教巴利文字母"su"和"ti"的合成，而这两个字母又是

---

① [英] 桑木旦·噶尔梅：《概述苯教的历史及教义》，载《国外藏学研究译文集》第11辑，西藏人民出版社，1994年，第117—119页。

源自梵文"sv"(意为"好")和"asti"(意为"它是")。①

在苯教中,雍仲"卍"字意为"永生"或"不变",本质上与佛教的金刚相符。藏族婚礼仪式中出现的雍仲符号,不论是顺时针方向还是逆时针方向,都表明一种象征意义,"永生"代表繁衍生息,家族兴旺;"不变"代表感情牢固,白头偕老。

2. 吉祥彩箭

"吉祥彩箭"由一个铁箭镞、一面小镜子和一个海螺及三色或五色丝带组成,用于各式各样的吉祥仪式中。由于它是"幸运箭",在藏族婚礼仪式上使用,具有象征意义。新郎用它来勾住新娘的衣领,把她从其女伴中拉走。此时,作为男性象征的彩箭表示新郎得到了新娘。在婚礼仪式中,人们也用裹在白色丝质哈达中的彩箭碰触新娘的前额。在礼仪上使用吉祥彩箭时,箭杆所涂颜色要符合被召请之神的颜色,还要用彩色颜料将神的种子符号画在镜面上。

3. 纺锤

箭和纺锤作为"替身模拟像"、"替身品"或"赎命物"用于某些宗教仪式中,以去除邪恶精怪对芸芸众生及他们的财富、财产的邪恶影响。在传统上,象征男性阳刚的箭代表"方法",象征女性阴柔的纺锤代表"智慧",它们各自用来守护自己的财富和财产。阳性箭和阴性纺锤这对截然不同的象征物源自前佛教时期。在苯教中,他们作为"真言武器"而广为使用。

4. 吉祥结

梵文"shrivatsa"一词意为"室利的钟爱之物"。室利指的是罗乞什密女神,即毗湿奴之妻。吉祥结装饰在毗湿奴胸前。毗湿奴胸口上的罗乞什密标识表示他内心对其妻的忠诚。由于罗乞什

———

① [英]罗伯特·比尔著,向红笳译:《藏传佛教象征符号与器物图解》,中国藏学出版社,2007年,第104—105页。

密是财富和幸运之神，因此，吉祥结就形成了一个自然的吉祥符号。吉祥结既可呈三角形的旋涡状，又可以呈垂直的菱形，其中四个主要内角挂有环圈。毗湿奴的第八个化身黑天也在胸前佩戴吉祥结。

　　吉祥结的另一种称谓是"nandyavarta"，其意为"喜旋"。这个结与"卐"字符形状相同。印度和中国汉地佛像的胸部经常可有吉祥结或"卐"字符，象征着大圆满思想。在民间，人们认为它会像"卐"字符一样旋转，被认为是"吉祥卐字符"，因为这两个相似的符号在有关早期印度八瑞相的大部分传说中十分常见。

　　在许多古代教派中，都曾出现过代表永恒、无限或神秘的吉祥结。在中国，它是长寿、永恒、爱、和谐的象征。作为佛教思想的象征物，吉祥结代表着佛陀无限的智慧和慈悲。作为佛教教义的象征，它代表着"十二因缘"的延续性，"十二因缘"强调轮回转世的现实。

　　对于藏族百姓来讲，吉祥结是象征"丹智"的一种符号，它是"丹智"最简单、清晰、准确的表达。因此人们确信它代表了最高意义上的吉祥如意。

第四节　形式多样的藏区婚礼习俗

　　"藏区"这一概念的形成，既有地理位置的因素，也有人文环境的影响。从藏族历史来看，由于地理位置不同，以及语言使用上的差异，使得青藏高原历来就划分有卫藏、安多、康三大区域。它们彼此之间因方言差异和交通不便等各种原因，在文化背景、生活习惯、风俗民情、宗教信仰等诸多方面呈现出不同特点，婚姻习俗方面亦是如此。

一、环青海湖地区农牧民婚俗[①]

环青海湖地区（简称为"环湖地区"）的藏族主要是指生活在海南、海北藏族自治州的广大农牧民群众，他们在长期的社会发展中形成了自己诸多的习俗，婚姻礼仪尤为显著，其形式主要包括以下几点。

（一）求婚

藏族青年男女择偶求婚，一般都是在相互结识、经过恋爱后结为夫妻。不过，他们的恋爱方式却颇具特色。在前面章节中，我们曾在"传统求偶方式"中提到"涅邦"说亲、比武争偶、斗智决偶和抢婚娶亲等几种求婚方式，而在环湖地区，还盛行"抢帽子"求偶的风俗。

抢帽子是藏族青年交往恋爱的另一种形式，如果小伙子看中了一位姑娘，他不是先去向姑娘求婚，倾吐自己的爱慕之心，而是找机会接近她，设法抢走姑娘头上戴的帽子。抢到帽子后，过若干天又将帽子还回去。假如姑娘对这个小伙子有情，她就会高兴地收回自己的帽子。如果姑娘并不喜欢对方，那么她连帽子也不要了。

姑娘向小伙子表达爱情的方式，则是赠予自己随身佩戴的耳环或者项链一类的饰物。若是小伙子中意，就会接受姑娘送来的信物，否则就不得收取姑娘的东西。

有意思的是，在青海果洛藏区，不善唱山歌的男女，则用其他巧妙的方式来沟通情感。如果男方对女方有意，便投一块牛粪于女子环中，当地藏语称牛粪为"欧瓦"，与藏语"来"的音相

---

① 这部分内容根据中央民族大学藏学研究院扎巴副教授口述整理而成。

近，即暗示要求与女子约会。女方如果无任何反应，则表示不同意；若以纸团或者木棍回投于男方，即表示同意与他约会，因为"纸"和"请"在藏语的发音很相近。

(二) 抢婚

安多藏区流传着一种抢婚习俗。"抢婚"在失去了原来掠夺婚的性质，成为婚礼习俗的形式时，就从一个侧面反映着藏区的风貌，显示着在藏族婚礼习俗中最为典型也最有情趣的特点。

还有一种形式，男女青年在生产生活中产生了感情，情投意合，私订终身，但双方或一方的父母坚决不答应这门亲事，使他们的结合无法实现；或者虽然签订了婚约，女家为了得到更多的身价和彩礼，迟迟不把女儿嫁出去，姑娘和小伙子的心都拖凉了。他们忍无可忍，只好用"抢婚"解决问题，小伙子邀集自己的知心朋友，预先隐藏在道路旁边的森林或岩石背后，姑娘按照事先商量好的方案，故意从他们隐藏的地方经过。这时，小伙子像一群强盗，蹿出来挡住去路，经过一些装模作样的"搏斗"，姑娘束手被擒，被"劫持"到深山老林中某个最秘密的山洞。那里早已储存好了相当丰富的食物，小两口在那里过着甜蜜而带点刺激的夫妻生活。

(三) 闹婚

藏区的婚俗仍保留着古老的民风，完全没有什么繁文缛节，却又富有诗情画意。婚礼的仪式十分奇特，然而在奇特中包含着深邃的情趣，充满淳朴而又浪漫的色彩，洋溢着民族的性格和特征，是反映藏族绚丽多彩的生活的一面明镜。如果说，婚礼习俗是窥视社会的一个窗口，那么，透过这个窗口，在我们分享喜庆欢乐的时候，可以尽情地去观察藏族的社会历史和社会生活。

根据青海藏区的婚姻习俗，妇女不为青年男女结合穿针引线,也就是说,"媒人"是由德高望重的男子来担任,这与汉族习俗完全相反。担当"媒人"的男子被称为"雪堪",不论走到哪里都备受人们的尊敬。他必须深晓礼仪,善于言词,巧舌如簧,通晓历史,格言和谚语烂熟于心。

举行婚礼的前一天,女家设"女儿席",招待为姑娘送亲的亲朋。在临时安下的喜帐里,女眷们精心地为姑娘梳妆打扮,孩子们站在高岗上向远处引颈瞭望,他们等待着新女婿前来迎亲。

新郎由和他年龄相仿的表兄弟们陪同,媒人则率领迎亲的队伍,浩浩荡荡,威风凛凛前来娶亲。孩子们忙着拴马,男人们前去问候,妇女们则排成两行,夹道欢迎,场面十分热烈。

当然,热闹的场面往往少不了恶作剧似的插曲。当媒人率新郎昂首阔步地走来时,娘家的妇女们突然"啊一召,啊一召"地呼叫起来,举起早已准备好的水桶,朝着新郎泼去。小伙子哪里抵得住这劈头盖脸的水战呢?别忘了,这是滴水成冰的数九寒天呀!顿时,他失魂落魄,丢掉了威风,忘却了礼仪,抱头蹿入姑娘家的帐房,他的窘态,惹得围观的亲朋们跳跃欢笑。

向新郎泼水,实际上是一种象征仪式。清水是由山间的洁白积雪融化而成的,象征着吉祥如意。向新女婿泼水的寓意是祝愿新婚夫妇互敬互爱,让他们的爱情像河水一样深,像河水一样长,像雪峰一样永远圣洁无瑕。不过,这种美好祝愿的圣典,应由新婚夫妇一起领受才对,为何要由小伙子一个人独享呢?这就引人深思了:这岂不是古代母系家族的妇女们,对于那种推行父系家族制度,敢于劫持姑娘的男子汉所实施的惩罚,在近代藏族婚仪中象征性的再现吗?由此看来,从远古至今,为了奠定男权父系世族的基础,男人们经受了棒打、水泼的一系列曲折艰难的历程,才使人们看到了这种从惩罚到戏谑的民俗变异。

(四) 婚俗

热闹非凡的婚礼结束了。新娘在伴娘的陪同下,进入喜帐——座临时设下的缀有各式吉祥图案的白布帐房。

男方的执事们忙着摆设喜筵。用最丰盛的喜筵来招待尊贵的来宾。"喜筵"过后,晚会就要开始了。执事们手捧酒碗,唱着酒歌向来宾一一敬酒。此时,朴素无华的帐房婚礼,达到了欢乐的高潮。在这狂欢的夜晚,唯有新娘最寂寞。她必须不吃、不喝、继续绝食。任何人都不准隔帐向她窥望,更不准进入她的圣洁领地,只有伴娘同她一起安寝。这是一个奇异的没有新郎的花烛夜呀!人们不禁要问,新郎在哪里?

根据青海藏区的习俗,在这婚礼盛典中,新郎没有任何义务。他无须拜天地,无须拜高堂,更无须夫妻交拜,也不允许穿华丽的衣服,他只好"靠边站"。有的新郎乐得在空帐房里休息;有的则帮助执事们端盘跑腿;有的甚至干脆赶上羊群去放牧。

青海藏区还保留着"不落夫家"的古风。"不落夫家"是指新娘在婚后相当长的一段时间里住在娘家的习俗。新娘住在娘家的时间长短不一,有住几个月的,也有住一两年甚至数年的。在此期间,新婚伉俪两地鸳鸯,恩爱夫妻,山河阻挡,新娘和新郎仍像是热恋中的"日花",为解相思离愁,为了打发那怅惘寂寞的岁月,他们只有像婚前的日子一样到草原倾吐衷肠。

二、青海玉树婚俗[①]

玉树藏族牧民婚礼的第一步要请僧人诵经祈祷,择定结婚吉日和送亲迎新的良辰。双方家里都要准备丰盛的饮食,各自组织

---

① 这部分内容根据中央民族大学藏学研究院郭须·扎巴军乃教授口述整理而成。

送亲和迎亲队伍，迎亲人数不限，可多可少，但只能去单数不能去双数，空额是专门为新娘留的，以示欢迎新娘从此成为新郎家的正式成员。

姑娘出嫁那天早晨，其父母不能送出门，只在家里与女儿告别。女儿在走出家门前要接受父母所赐予的第一条哈达和第一声祝福。即将离开父母的女儿情不自禁地要大哭一场，双方挥泪而别。

新娘走出家门被扶上马，送亲和迎亲的人纷纷将哈达献给新娘，祝福其一生幸福平安、吉祥如意，场面庄重、气氛吉祥，既有喜悦之微笑，也有悲伤之眼泪。

在送亲队伍中，新娘的舅舅扮演着最重要的角色，象征新娘对方的最高权威。另外还有一位品行高尚、颇有威望而能言善辩、幽默风趣的"尼宝"（婚使）也是一个十分重要的角色。当新娘一行来到离新郎家一箭之遥时，恭候已久的新郎家的人捧着哈达和美酒举行"琼洁"（即敬酒献哈达）的仪式。此刻，新娘方的婚使便出面，以特定的琼洁词曲诘问美酒的来历、敬酒的诚意、饮酒的意义等，敬酒者对这一连串的"酒问"也用说唱形式一一作答后，新娘才接受敬献的哈达和美酒。接着，由舅舅赠送"格赠"（即九种陪嫁礼品），就是以骏马为主的九牲畜、以锦缎为主的九绸缎、以虎皮为主的九兽皮、以羊肉为主的九食品等，各种礼品俱全者最佳，一般都是象征性地送上几种即可。

在新郎家门口，新娘下马时双脚要踩在用青稞摆成的白毡上，随即在手捧"切玛"（酥油糌粑供品）、"达大"（彩箭）和酒壶、酒碗的男女青年引领下，由伴郎伴娘陪同，绕煨桑台转三圈后进家入席。席间，新郎新娘互赠信物、接受长辈的祝福和哈达，并向长辈敬献哈达。随后，大家一边享用美食，一边听婚使说唱"保西"（婚礼词），以吉祥的祝福和不无夸张的言词赞美新娘的家乡、新娘的双亲、新娘的贤惠勤劳和财富人缘等。新郎方也踊跃参与，互相尽情赞美祝福，有说有唱，诙谐幽默、妙趣横生、气氛热闹。

婚宴结束后，要举行"保丁"（婚示仪式），展示新娘的嫁妆。婚礼最后以歌舞庆贺祝吉，在"扎西德勒"的祝福声中圆满结束。

在玉树婚俗中，卜卦是必不可少的一个重要程序。主要占卜男女双方生辰八字是否相合，同时，也卜择结婚的良辰吉日，卜算迎亲的美好时辰等。送亲：卜定结婚之日，新娘穿戴一新，由其舅舅和兄弟并约定一至几个品行兼优、能说会唱善辩的婚使（藏语叫"业执"）以及伴娘陪送。行途中如果遇见背水、背牛粪的人，则认为吉利，主人很高兴地送点东西，甚至献哈达致谢。如果遇见背空桶的人则认为不吉利。在离家门不太远的地方送亲人与迎亲人相会后，举行敬酒仪式，藏语叫"穹却"，娘家人送婚礼。新娘一般必须在日出前赶到婆家。婆家大门上插有柏枝，地上铺上白毡，中间有用青稞绘撒表示吉祥的"卐"字庸仲符号，新娘下马时脚必须踩在庸仲符号上。进门时，要和婆婆一起提回早已在门口准备好的盛满鲜奶的奶桶，或者提一满口袋牛粪。送亲者进入院中后，新郎新娘捧吉祥物，绕煨桑台顺转三圈，众从高呼"拉甲洛"（意为神胜利），并候专人煨桑。刚到家，先吃面食或蕨麻，藏语叫"咖卓"，之后进入正式婚宴。还要展示嫁妆，进行婚说，这就可能到第二天了。

嫁妆，在玉树婚礼中也占有举足轻重的地位。一般来说，嫁妆的多少视家境而定。达官贵人和大户人家十分讲究，以虎皮、骏马、织锦缎、上等冰糖、肥羊肉等为标志的"九九婚礼"，他们往往陪送昂贵的服装首饰、大量的土地牛羊。贫苦人家能缝制一两件新衣服陪嫁也就不错了。

此外，说到玉树婚礼，不能不提到著名的治多县"加洛东久"婚礼。

"加洛"是藏族长篇英雄史诗《格萨尔》中，英雄格萨尔王的王妃珠姆的姓氏。相传治多地区在格萨尔王时代是嘉洛家族的发祥地，格萨尔王妃珠姆的故乡，素有嘉洛驻地"十全宝地"之美称。

珠姆，全名嘎·加洛·生姜珠姆，传说长得非常美丽，在藏人心目中是天女的化身。在当地还有一个民间传说，称珠姆王妃曾预言，以后的女人再美丽也不及她的脚后跟，只有在结婚的那天才能得到她的祝福。所以不论平时长相如何，在结婚那天新娘一定都是人群中最美丽的一个。

治多县的"加洛东久"婚俗，保存了珠姆王妃婚礼盛典的部分遗存，华丽高贵，仪式隆重，在康巴婚俗中有一定的代表性，目前正在申报非物质文化遗产。

三、西藏日喀则婚俗[①]

后藏岗巴人的婚俗是比较典型的藏族婚俗。岗巴人娶亲有四道必经的程序，即说亲、迎亲、婚礼、回门。乍一看来，这四道程序也算不上什么特别，因为很多民族娶亲都有类似的程序。不过，它的特别之处在于每一道程序的具体过程都与众不同。

说亲。一个小伙子如果看上了某家的姑娘，万不可自己上门求婚，必须找自己的亲友或女方的亲友去提亲。提亲不能直接向姑娘说，而是向姑娘的父母说。提亲人到姑娘家要带上酥油茶和青稞酒，这两样东西关系到这桩婚事能否继续下去。如果姑娘的父母喝了提亲者带去的酥油茶和青稞酒，就意味着他们同意了这桩婚事，否则，这桩婚事就没门儿了。过了这第一道关后，男方要选择好良辰吉日，亲自带酥油茶和青稞酒到女方家里给她的父

[①] 这部分内容根据网络资料整理而成。

母敬酒求婚。这一次，除了带酥油茶和青稞酒外，求婚使者还必须给姑娘的母亲带一份固定的礼品，一条"邦典"。这被称为"乳礼"，表达的是感谢母亲对女儿的养育之恩。如果愿意，还可以给姑娘的父亲送上一两件衣物。这一天，双方极其神圣地定下了迎亲的日子，这个日子一定是黄道吉日，比如藏历的初八、十五、三十，或星期五、星期六，一定不能是星期天。此后，谁也不能反悔。因为，任何毁约行为，都会使自己今后一辈子名誉扫地。

迎亲。日子定下后，双方都为这一天而准备。首先需要确定的是迎亲的时辰。岗巴人把一天24小时也划分成各种属象，如拂晓是虎时，黎明是兔时，日出是龙时，之后是蛇时，正午是马时……迎亲的时辰也就依双方家人的属相而定，即不能在双方家人属象的时间内迎亲。这样一来，各家迎亲的时间就大不相同了。然后，要组织一个人数成双的迎亲马队。迎亲马队到姑娘家后，新娘才穿戴嫁衣。新娘离家之前，亲朋好友会带上各种礼物到女方家中为新娘送行。大家所送礼品还要一一登记在册，作为新娘回门时请客的依据。在预定的良辰，迎亲队伍骑马出发。但到新郎所在村落后，却只能下马，因为新郎家里派来的姑娘或少妇要敬迎亲酒。之后，再骑马到达新郎家。但是到达新郎家还不能马上就进去，必须经过一系列程序，如在"鄂博"上插上姑娘的魂树，以问答的形式互致问候等。有意思的是，必须由新娘未来的婆婆亲自将新娘从马背上抱下地，交给她挤奶桶、拴牛绳，并带着她绕大白石、羊粪袋、"鄂博"和魂树转三圈后，才能进到新郎家里。

婚礼。与其他地方相比，岗巴人的婚礼时间比较长，一般都要数天乃至十数天，主要依各家的财力而定。这数天时间，除了举行必要的仪式外，内容主要是吃、喝、唱，总之宾客们以最朴素、最热烈的方式祝贺这一对新人。值得一提的是，新娘的父母是新娘走后的第二天才去参加婚礼,也是在这一天,才带去姑娘的嫁妆,并当众交给婆家。还有一个特别之处,即婚礼上唱的歌。这些歌由男方家专门请人唱,唱的内容从人到物无所不有。唱歌与喝酒相应,于是,整个婚礼就沉浸在醉人的美酒和欢歌笑语之中。

回门。婚礼结束后要回门,不过回门的时间也不是随意的,要等婚礼结束一段时间后才行。相对结婚而言,回门没什么仪式,但还得大宴宾客好几天,把姑娘出嫁时送礼的亲朋好友再请来一聚。有意思的是,这一在娘家举行的宴会,费用反要婆家出。而婚礼数天的费用,则主要靠与婆家关系非常密切的亲朋好友。

四、云南中甸、迪庆婚俗[①]

中甸藏族嫁女或入赘女婿,出门前父母都要作临行嘱咐。出门时唱告别歌,如泣如诉。届时,喜官手中要捧着洁白的哈达,带领队伍绕柱而歌。送亲者骑马而行,途中唱路歌、村歌,将一份深深的怀念以歌传给途中景物,传给全村的乡亲,祝愿村中万事万物美好兴盛。迎亲一方备好香案、下马凳,和背水女童一起在自家门前列队迎候。当送亲队伍到达时,由喜官率领的迎亲队伍就上前恭请送亲队伍的喜官下马。有的地方在下马前还要举行迎福仪式。

送亲队伍派一个骑手,手擎箭旗往离家门口较远的地方迎候,象征迎福。送亲队伍则唱着福歌而来,表明将福分带来了,呼唤福主迎接。迎福者骑马绕送亲队伍一圈,道一声"辛苦",然后高喊"福分来了!"飞马奔向村中迎亲方家门,以示迎来了

---

① 本部分内容是根据网络资料整理而成。

福分。此时还有情趣盎然的一个"插曲"。送亲的骑手也飞马而前，旨在追赶迎福的骑手。如果追上了，可用鞭子"惩罚"他。其实，这正是青年骑手表演骑技的好机会，且让婚礼增添了几分娱乐功能。送亲的队伍下马后，将哈达献在背水女童的水缸上，以示吉祥如意，然后唱门歌。进门时，迎亲者唱着洒水歌祝福送亲的人和新人。进门后，送亲者还要唱赞歌，赞扬新人入门的家中祖辈。然后宣布陪嫁礼物。新郎新娘下跪点灯，披系红绳，就标志正式成婚了。

宴席上，新婚夫妇向宾客献茶敬酒，以示谢意。中甸一些地方的婚礼中还有婚宴最后的"夏觉"仪式。主人为客人献上青稞酒，收下客人的贺礼，然后从喜官开始，依次脱帽致幽默诙谐的笑词，互相取笑，使婚礼气氛更趋于活跃。送亲队伍返回前，喜官还要唱"嘱咐调"，以眷恋之心，请迎方家人亲友善待进门的新人。当晚，迎方家举行锅庄舞会，通宵达旦甚至数日不歇。

迪庆藏族婚礼中歌的气氛更为浓厚，以一套完整的婚歌贯穿始终。先以歌求婚。媒人向女方（或男方）父老叔伯献上酒，唱歌求天神龙王保佑、父老叔伯祝福。迎亲队伍中的喜官是歌唱的领头者。在女方家中，迎亲者以相应唱词请迎亲者耐心等待时辰的到来。新人出门，唱乘马歌，营造一种吉祥的气氛。然后双方以问答的形式，唱起程歌、拦路歌。一路上，过岔道唱岔道歌，遇桥梁唱过桥歌。见水唱水，见山唱山，见了玛尼堆就要唱敬神歌。送亲者作趣，迎亲者凑趣，一路洋溢着欢歌笑语。在问答唱和之中，送亲者竭力设问，迎亲者就要设法流利应答，若有无以对答的情况，就客气地向送亲者敬酒献哈达。席地而坐的送亲者也就起身前行，使新娘在卜卦决定的时辰跨进新家。到男方家门口，迎亲者举行迎接仪式，之后，进门又有进门歌。进门后，上楼唱攀梯歌，入座唱卡垫歌，入宴席唱席位歌……歌声就这样烘托着婚礼的气氛。男方家婚礼高潮中还要唱圆梦歌，送亲人和迎亲人以美言给婚姻一个圆满的祝愿和美好的象征。在离开前，送亲者唱寄托歌，标志着已将新娘寄托在幸福的新家，恳请新家给她照护。

总之，藏族婚礼无论地域差别多大，婚礼中都有唱诵祝词的习俗。这也更进一步说明藏民族是一个喜爱诗歌，崇尚哲理的民族。诗文、诵词在藏族民间文学中有着举足轻重的地位，它为藏族文化的民间传承起到了积极的促进作用，这种伴以诗歌形式的文化习俗，客观上弥补了藏族的民间教育、大众教育、基础教育的不足，为普及藏族大众文化创造了良好的"口述历史"的条件。

第四章　藏族部落婚姻

　　藏族发源于西藏境内的雅鲁藏布江流域中部地区。据考古发现，早在 4000 多年前，藏族的祖先就在雅鲁藏布江流域生息繁衍了。据汉文史籍记载，藏族属于两汉时西羌人的一支。当时甘青一带西羌诸部已与汉朝发生密切的政治经济联系，而西藏有"发羌"（发，古音读 bod）、"唐牦"等部，与甘青诸部已有往来。据藏文史籍记载，吐蕃王室的始祖崛起于西藏山南地区的雅隆河谷，为"六牦牛"部的首领，在松赞干布以前已传 20 余世。当"六牦牛"部初兴时，已进入父系氏族社会，但从最初几代首领的母子连名中，还可以看到曾经历母系氏族阶段的痕迹。大约进入 6 世纪时，号称"悉补野"部的首领与相邻各部结成联盟并尊为盟主。当时，西藏境内另外还有"羊同"、"澎波"、"苏毗"、"工布"等 10 余族部，均已进入奴隶制社会。隋末唐初，"悉补野"部的松赞干布兼并诸族部，统一了西藏地区，定都逻些（今拉萨）。赞普开始创制藏文、藏历，制定法律、度量衡，分设文武各级官职。划分全境为四大军政区域，在西藏建成自称为"蕃"，汉籍称作"吐蕃"的奴隶王朝。松赞干布在发展政治、经济、文化建设的同时，与唐朝及天竺（今印度）、泥婆罗（今尼泊尔）广泛交往，引进唐朝、印度先进的封建文化，佛教也于此时正式传入吐蕃。

第一节 藏族部落概述

藏族部落分布地域辽阔，历史悠久。从文献资料看，在松赞干布的先祖止贡赞普时代，藏族即已具有相对发达的部落联盟组织形式。吐蕃王朝建立后，随之建立了一整套军政和法律制度。吐蕃实际上是一个庞大的部族联合体，其地方军政组织中，仍保留着部落组织形式。敦煌的古藏文写卷和新疆出土的古藏文简牍中所记载的大量吐蕃部落名称，即说明了这一点。吐蕃王朝崩溃后，藏区出现了众多的地方割据势力，在前后藏等地农区，随着家族统治和封建领主庄园的形成和发展，部落制度基本解体，而在藏北及甘青等地的牧区，部落组织形式依然存在。在上述地区，历元、明、清三朝直至20世纪中叶以前，中央政权实行了给部落首领封授官职、并准许其世代承袭的土司制度，使部落组织形式在相当大的程度上得以保存。

藏族部落组织是民主改革前藏区特殊地理环境和社会生活环境下的一种建政形式，大多以血缘部落、地缘部落、奴隶制部落、封建制部落等形式存在。在甘青一带称为"千户"、"百户"，康区则称为"土司"制度，西藏地区表现为地方政府管理下的宗（谿）的行政机构。

一、藏族"部落"的含义

藏族部落的概念，与原始社会中的部落概念有着本质的差别，与人类学意义中的"部落"（tribe）的含义完全不同。马克思主义经典作家以及各种流派的民族学家、人类学家所涉及并为之界定的部落，通常是人类社会发展阶段早期的即国家产生之前的一种社会组织形式,而对于近现代尚存的藏族部落,其形态既不是次生部落,更不是原生部落,而是已经发展到封建社会的历史阶段(尽管各地的发展程度不甚一致)的部落,是在国家行政机构管辖之下的、封建性质的社会行政组织,有的学者称之为"封建部落"。它近似于农区行政管理体系中的村庄组织,但是在形式上还留着原有的组织形态(不是"原始部落的组织形式"),基本上没有进行过统一规范,加上游牧不定居的性质,因此仍采用"部落"一词。① 不过还应该看到,由于社会发展的不平衡性,藏区各地的部落还程度不同地残存着人类社会若干早期社会组织(包括血缘部落、地域部落、部落联盟)的历史痕迹,这些部落组织形式实质上是地域部落(亦即地区部落、地缘部落)延续到阶级社会中的残余形式。②

二、藏族部落组织的基本结构

讨论关于部落的称谓及命名问题,首先就涉及衡量部落的标准,而对这个问题恰恰有待于统一认识。因讨论部落组织的称谓及命名时这个问题不可避免,所以有必要在此就藏族部落的基本结构谈谈我们的认识。

藏族部落究竟有多少个,迄今尚无统计,也难以统计。主要是因为没有统计标准,既没有定性标准,也没有定量标准。所谓定性标准,指的是确认部落标准——以青海天峻的部落为例,各个部落总归千户领导,有时总计为一个部落(汪什代海部落)甚至称之为部落联盟,而该部又由较低层次的18个部落组成,且

---

① 多杰才旦主编:《西藏封建农奴制社会形态》,中国藏学出版社,2005年,第483页。
② 欧潮泉:《民族学探索》,青海人民出版社,1988年,第122页。

这18个部落以下又大都有各自的小部落（少则1个，多则6个，一般有3—4个），"小部落"总数达38个，其总的格局可简示为"1＞18＞38"。人们习惯上称汪什代海为千户部落，称其所隶18部为百户部落，称基层的38部时只好含糊其辞地用"小部落"。①这样一来，在统计部落时，就容易造成混乱，是把汪什代海视为一个统计单位呢，还是化整为零算成18个呢？问题常出在这儿。所谓定量标准也很难把握，它与定性标准问题往往交织在一起。例如，据中国藏学研究中心的同志对藏北地区部分部落户数进行对比分析，大的有1000户、小的仅15户，前者高出后者约67倍；②更有甚者，20世纪30年代青海乐都的部落统计材料中，竟有9户（那能部落）、8户（阿塔部落）甚而3户（库家部落）各算一部，计入乐都"38个藏族部落"之中的现象。③上述情况说明，仅仅笼统地用"族"或"部落"，不能科学地说明其结构状况，难以客观地认识并描述处于各个组织层次的众多部落之间的相互关系。

部落组织的单位名称在藏语中至少有30多个，而在翻译成汉语时，早期被统统译为"族"，晚近时期则更多地译为"部落"或"部"，时常还被译为村、寨、庄、旗之类。尽管人们试图用"大族"、"小族"、"大部落"、"小部落"、"属部"或者"千户部落"、"百户部落"、"百长部落"一类限定办法来弥补译名的缺陷，但对于深入研究和具体描述藏族部落组织结构的一些传统特点来说，仍然遗留了一些困难。事实上，藏语中的有关称谓之所以显得纷杂，一方面的原因在于方言的存在，另一方面是由于有关地区的历史发展背景不同，还有一条更为重要的因素是其中

---

① 陈庆英主编：《中国藏族部落》，中国藏学出版社，1991年，第312—321页。
② 格勒等著：《西藏那曲社会历史调查》（征求意见稿），第7章。
③ 陈庆英主编：《中国藏族部落》，中国藏学出版社，1991年，第346—347页。

包含着传统的对部落结构内部诸层次的各种称呼。

我们认为可以把藏族部落的基本结构简约地描述为金字塔结构或树状结构，其结构可从宏观上划分为四个级层，依次为最高层次、基本层次、中间层次、最低层次。(1) 最高层次：指的是那些带有部落联盟痕迹、地位相对独立、由众多部落构成的群体，如"三果洛"、"玉树二十五族"、"霍尔三十九族"、"羌日六部"、"那仓六部"等。对这个层次，目前有"部落集团"、"部落系统"、"部落联盟"、"部落群"等叫法（本文用"部落系统"的说法）。(2) 基本层次：就是一般意义的部落，它从属于最高层次（或历史上曾有系属关系），下辖层数不等的属部。这个层次的确认最为关键。(3) 中间层次：指基本层次与最低层次之间的组织层次，因各地情况并不一样，中间层次也多少不一（通常为一至二层），而且有无不定。(4) 最低层次：有日科尔、日果、红果等称法，是指藏族部落的组织细胞，通常带有明显的血缘组织的特征。总之，当中间层次存在时，部落组织结构为以上四个级层；若没有中间层次时，则为最高、基本、最低三个级层。[1]

第二节 藏族部落传统婚姻习惯法

藏族部落中的习惯法是藏区各部落加以确认或制定，并通过部落组织所赋予的强制力，保证在本部落实施并靠盟誓约定方式调节内外关系的具有法律效力的社会规范。[2] 长期以来，由于藏

---

[1] 《中国藏学》1992年特刊，第52—67页。
[2] 杨士宏：《要重视对藏区习惯法的研究》，载《人大研究》，2003年第8期，第35页。

族游牧的生活方式和特殊地理环境等诸多因素的影响，广大藏区的社会制度形成以部落组织为主要建政体制的形式，部落与部落间既相互联系又相对独立，他们结合各自的生活习惯、文化环境和民俗特性，制定出一些不成文的法律规章制度。在藏族部落，婚姻法是基于人们的传统婚姻观念，结合婚姻习俗，以习惯法的形式存在。

藏族婚姻习惯法是藏民族在长期的历史发展过程中慢慢积淀而成的部分观念形态与约定俗成的生活习惯和行为规范。它内容丰富，独具特色，是维系藏区家庭秩序和生活秩序的重要法律依据。

一、藏族部落婚姻习惯法的主要内容

作为部落的婚姻习惯法，它一定是为规范本部落属民婚姻行为而制定的法令条规，因此，它具有一定的规范性、约束力和惩戒作用。在前面"藏族部落概述"一节中，我们已将藏族部落的组织结构进行了简要介绍。从中不难看出，由于藏区地域广阔、地形复杂、人口稀少、居住分散等各种因素的影响，使藏区部落组织这一特殊形式的建政体制，形成了一种部落首领各据一方，互不统属的局面。在婚姻习惯法的制定上，各部落间既有不同，又相互借鉴，内容涵盖了婚姻形式、婚姻禁忌、离婚及财产分配等诸多方面，有些部落甚至对已婚男女私通行为也有处罚规定。

（一）婚姻形式

对于婚姻形式，各部落并没有制定专门的法规，但由于部落属民遵循习惯法的缘故，婚姻形式以一夫一妻制为多，也有少数一夫多妻、一妻多夫现象，青年男女脱离父母自立帐房，都能得到社会的公认。①

在婚姻的缔结程序和仪式等方面,其以包办婚姻和事实婚姻的方式而存在,以一夫一妻制为原则,共夫共妻制为例外。在离婚方面,习惯法规定,如果是女方先提出离婚,就要赔偿给男方造成的全部损失,并且不能拿走财产,子女要归男方。如果男方先提出离婚,就要退还女方在结婚时的陪嫁物,子女归男方。

(二) 婚姻禁忌

藏族部落的婚姻禁忌各不相同,但对"骨系"、"血脉"的禁忌几乎所有部落都无一例外。骨系为父系氏族血缘关系的演变,以姓氏称谓和近亲禁婚观念得到保持。那曲阿巴部落规定,同一父系血统的人禁止通婚,也禁止两性关系。如果发生这种事情,将遭到舆论的强烈谴责,乃至人格侮辱、严刑惩处。就是舅表、姨表、姑表关系之间也同样禁婚。但是,各骨系又有九代、七代或五代以后可以通婚的观念,同时讲究门当户对。②

(三) 离婚及财产分配

藏族部落对夫妻离婚都有规定。

果洛部落的规定:夫妻失和,官佐设法使之和好,仍不能和好则审夫妇判离,并分其子女家产。若双方过失相当,便以子归父,女归母之分;财产除去纳税之本父母各得双份,儿女各得一份,婴儿、幼女得半份。若其中一方过失罪责重大,则判其无财产份额。无须调解或无争执自愿离婚者,谓之"拆除补丁",各

---

① 张济民主编:《渊源流近——藏族部落习惯法规及案例辑录》,青海人民出版社,2002年,第100页。
② 张济民主编:《渊源流近——藏族部落习惯法规及案例辑录》,青海人民出版社,2002年,第100页。

取原先已有财产分离。①

玉树部落的规定：(1) 夫妻失和欲离异，双方父母进行调解，而后由部落头人调解，调解无果准许离婚，所生子女，男跟父，女随母，家庭财产有理的多些，失理的少些。(2) 夫妻自愿离婚，财产各半。(3) 夫妻离婚，孩子尚小，尤其是婴儿，财产都留给抚养婴儿的一方。(4) 夫妻离异，如系一方行为不轨，将之驱逐出门，财产归贞洁一方。(5) 离婚时，如果一方不同意，提出离婚一方要承担一定量的"吉日差"（遗弃补偿），补偿牲畜数量由头人决定。②

（四）私生子不受歧视

藏语中从来没有"私生子"这个词汇，这是因为藏族社会对未婚青年男女的两性关系给予了极大的宽容和认可。未婚青年私下发生两性关系，不会引起非议。而已婚者同另外的人发生性关系，则要受到舆论的谴责，但私生子不受社会的歧视。③

理塘部落法规中规定：凡已婚男女私通，经过审判后双方要罚款200—500元藏洋，并要发誓不再重犯。实际上，男子通常被驱逐或罚做鞋子、长工，女子被处以割鼻之刑。④

玉树部落法规中规定：(1) 私生子不受社会歧视，但男方必须给女方抚养费，其数量有下列两种：①怀犊乳牛1头，怀羔母

---

① 张济民主编：《渊源流近——藏族部落习惯法法规及案例辑录》，青海人民出版社，2002年，第31页。

② 张济民主编：《渊源流近——藏族部落习惯法法规及案例辑录》，青海人民出版社，2002年，第47页。

③ 张济民主编：《渊源流近——藏族部落习惯法法规及案例辑录》，青海人民出版社，2002年，第100页。

④ 张济民主编：《渊源流近——藏族部落习惯法法规及案例辑录》，青海人民出版社，2002年，第131页。

羊、山羊各1只，并负担孕妇分娩期间的费用。②给女方山羊、绵羊、牛各3只（头）及抚养费。抚养费区别两种情形：第一种，属民与头人女子发生性关系所生子女除交抚养费以外，还受法律制裁。第二种，部落头人、牧主与属民女子发生性关系导致私生子，一般不给抚养费（属民不敢告发）。(2) 未婚得子之女，如要出嫁，需交付数量较多的财产作为陪嫁，并将自己的坐骑配鞍送至男方家，孩子留在父母处。①

藏族部落的婚姻习惯法以"本族内婚、等级内婚"为基本原则和核心内容，它是贯穿整个藏族社会历史的统一的、不可变更的惯例。这些惯例为藏族社会的人们所普遍遵循。

二、藏族部落婚姻习惯法的特征

藏族部落婚姻习惯法，在很大程度上很难界定习惯与法度之间的具体界限。部落属民由于全民信仰苯教或藏传佛教，无一例外地约束自己的行为，遵守本部落的习惯法。各部落的婚姻习惯法尽管在内容上有不同之处，但作为一种社会规范，其内在运行机制却有着一些共同的特征。

（一）部落首领（或头人）在调节本部落属民的婚姻关系中有绝对权威

在藏族部落中，百姓之所以被称做"属民"，是因为他们是部落首领的私有财产，没有人身自由。婚姻原本是婚嫁双方的私事，但在藏族部落中却一定要经过部落首领（或头人）允许才行。比如，玉树部落婚姻习惯法中规定：男女青年相爱结婚，须

---

① 张济民主编：《渊源流近——藏族部落习惯法法规及案例辑录》，青海人民出版社，2002年，第47—48页。

征得部落头人的同意。①

海南兴海阿曲呼部落婚姻法规定：（1）部落属民嫁娶招婚均须经头人同意并作为必请上宾予以宴请。按礼规媒人享1头牛的辛苦费，头人作为"哇日差"（媒人的保护和议谋人）得其一半。（2）禁止与本部落有纠纷的部落通婚。与本部落有祖仇但无新恨的部落通婚，经头人同"干巴"（年长者）们议决后宣布准否。②

理塘部落习惯法规定，③ 夫妇离婚分家者，要经头人判决，并要将好牲畜、家具等献给头人，双方分家后还得为头人送藏洋25元。若事先贿赂头人判决时可多得财产。

显而易见，部落首领（或头人）在调节本部落属民的婚姻关系中有绝对权威。同样，部落属民也早已习惯并接受这一部落规范，就如同他们习惯和接受他们低贱的身份一样。属民的婚姻大事不仅需要部落首领（或头人）允许，而且还必须给头人上贡辛苦费"哇日差"，这从一个侧面反映出头人对属民的剥削无孔不入。

（二）夫妻财产分配中男女地位相对平等

藏族部落习惯法中对夫妻离异后财产分配上也有着比较详细的规定。

海南兴海阿曲呼部落习惯法规定：④

---

① 张济民主编：《渊源流近——藏族部落习惯法法规及案例辑录》，青海人民出版社，2002年，第47页。
② 张济民主编：《渊源流近——藏族部落习惯法法规及案例辑录》，青海人民出版社，2002年，第71页。
③ 张济民主编：《渊源流近——藏族部落习惯法法规及案例辑录》，青海人民出版社，2002年，第131页。
④ 张济民主编：《渊源流近——藏族部落习惯法法规及案例辑录》，青海人民出版社，2002年，第71页。

（1）夫妻离婚，如属丈夫休妻，则财产的一半归女方，其中头人取一半为"毛角"（女怨）的报酬；若妻子休夫，不仅不分给财产，还要退还男方彩礼，在所退彩礼中，头人取一半俗称"吉祖乎"（坐中）。

（2）招女婿离婚，原本无彩礼，财产份子小。如属丈夫休妻，可以自行走掉；如属妻子休夫，女方送一枪一马可以打发。

（3）男女双方要求离婚时，一般各罚1匹马或1—2元白洋；经头人调解无效予以准许后，得交一定数量的"调解费"。

（4）寡妇一般只能招女婿，不能改门出嫁。属生活无法维持要改门出嫁到本部属民家，由男方婆家出彩礼，并给头人一定数量的"调解费"。如发生私奔、抢婚，便采取武力追击和重罚财产。

（5）夫妻离婚时，子女的归属依"儿随父，女随母"的古俗。

玉树部落习惯法规定：[1]

（1）夫妻失和欲离异，双方父母进行调解，而后由部落头人调解，调解无果准许离婚，所生子女，男随父，女随母，家庭财产有理的多些，失理的少些。

（2）夫妻自愿离婚，财产各半。

（3）夫妻离婚，孩子尚小，尤其是婴儿，财产都留给抚养婴儿的一方。

（4）夫妻离异，如系一方行为不轨，将之驱逐出门，财产归贞洁一方。

（5）离婚时，如果一方不同意，提出离婚一方要承担一定量的"吉日差"（遗弃补偿），补偿牲畜数量由头人决定。

---

[1] 张济民主编：《渊源流近——藏族部落习惯法法规及案例辑录》，青海人民出版社，2002年，第47页。

(6) 女方招婿，女婿在家中地位如同儿子，不受歧视，有财产继承权。

(7) 子女分家，另立门户，按人头分配财产，父母双亲各 2 份，子女各 1 份。

(8) 继承财产，不重血统，无子，女儿继承，无子女，财产由亲属交给寺院。

根据上述各部落习惯法，离婚后夫妻双方财产分配相对公平，在这一分配原则中，基本体现了男女平等的原则；同时子女参与财产分配时也采取平均分配原则，突显藏族男女平等的观念。

(三) 把起誓用于司法实践，借助"神力"断案

7 世纪中叶，藏王松赞干布依据佛教"十善法"制定《在家道德规范十六条》、《国法十五条》以及《二十条法律》。《二十条法律》中第五条明文规定：要"虔诚信仰佛法僧三宝"。在民间，藏族把起誓用于司法实践，"人不吞誓，狗不吃铁"、"佛法讲因果，俗法讲公道"、"你心底纯洁无邪念，护法神不会有指责"、"是非难判断时，对神发誓"。部落习惯法涉及实际生活中的各种问题，都有相应的规定。如婚姻继承关系方面："穷找穷配，富找富合"、"麻雀配不上朗鹰，狐狸比不过雪狮"。[1] 藏族的宗教观念根深蒂固，他们坚信，神喜欢正直无罪者，对于侵犯神明及邪恶的人则深恶痛绝。同时，他们也相信，只有神能洞察人的善恶曲直，因此，部落习惯法常求助于神明断案。[2]

藏族部落中神明断案的方式多种多样，主要形式有，抛羊粪

---

[1] 蒋永菊：《以谚语为视角看藏族部落习惯法——以青海藏区为例》，载《知识经济》2009 年第 7 期。

[2] 瞿同祖：《中国法律与中国社会》，中华书局，2003 年，第 270—273 页。

蛋、滚糌粑丸、起誓赌咒、捞油锅、浑水摸石、抓取灼铁、卜卦、投掷骰子等。[1] 这种断案方式虽然有非理性、伪科学的成分，但在藏族部落却通行无阻，充分说明神明所具有的强大威慑力。

第三节 藏族部落婚姻道德、婚姻禁忌及惩处传统

"习惯"是指没有任何（物理的或心理的）强制力的，至少没有任何外界表示同意与否的直接反映的情况下做出的行为，[2]是不同阶级或各种群体所普遍遵守的行动习惯或行为模式。[3] 藏族部落的婚姻习惯法，与同一社会环境下的其他社会规范，诸如道德、禁忌、仪式、宗教等有着千丝万缕的联系。它们之间相互影响，相互渗透，相互作用，彼此之间重叠、包容，很难严格区分。习惯孕育了道德、禁忌和仪式，习惯又总是包容着道德、禁忌和仪式。也就是说，人们的行为习惯，是道德观念形成的基础，而道德观念又反过来规范人们的行为习惯。在藏族部落中，道德观念就是判断善恶正误的价值尺度，禁忌则是对本部落道德观念所不能容忍的一切行为的严格规范，这就是部落习惯法。藏族部落的婚姻习惯法也是同一社会环境下的婚姻道德和婚姻禁忌的行为规范。

---

[1] 后宏伟、刘艺工：《藏族习惯法中的神明裁判探析》，载《西藏研究》2010年第5期。

[2] ［德］马克斯·韦伯：《论经济与社会中的法律》，中国大百科全书出版社，1998年，第20页。

[3] ［美］E. 博登海默著，邓正来译：《法理学法律哲学与法律方法》，中国政法大学出版社，1999年，第379页。

一、藏族部落的婚姻道德与婚姻禁忌

藏族先民的伦理道德观念，始终贯穿于藏族神话传说、创世理论、宗教信仰、英雄史诗、格言警句和民间歌谣等文学作品之中，在他们的日常生活和行为习惯当中也无不体现着这种道德观念。

藏族的婚姻道德观念与婚姻禁忌习俗相伴生而存在。婚姻道德是衡量婚姻行为的价值尺度，当婚姻行为一旦超出本民族道德观念所能允许和容忍的底线时，许多婚姻禁忌便随之产生。在藏族的婚姻价值观中，一夫一妻、一妻多夫和一夫多妻的婚姻形式是被本民族道德观念所认可的。女子婚前13岁、15岁时举行一个隆重的"戴天头"仪式，象征女子已长大成人，可以自由恋爱，也可以与相爱的异性交往，这种婚前性行为被藏族部落、社会普遍认可。但是，这一道德观念却极力排斥已婚男女之间的性关系，甚至在有些部落习惯法中有较严厉的处罚规定。如理塘部落习惯法中规定，"男女私通，经过审判后双方要罚款200—500元藏洋，并要发誓不再重犯。实际上，男子通常被驱逐或罚做鞋子、当长工，女子被处以割鼻之刑。"① 在那曲阿巴部落，未婚青年私下发生两性关系，不会引起非议，而已婚者同另外的人发生性关系，则要受到舆论的谴责。② 同样，我们在前面的章节也谈到，藏族社会对所谓的"私生"子女没有歧视，给予了极大的宽容。

---

① 张济民主编：《渊源流近——藏族部落习惯法法规及案例辑录》，青海人民出版社，2002年，第131页。
② 张济民主编：《渊源流近——藏族部落习惯法法规及案例辑录》，青海人民出版社，2002年，第100页。

藏族部落的婚姻禁忌，几乎没有太大差别，这也是藏族价值观的体现。藏族的性观念较为开放，性禁忌主要表现在三个方面："一是未成年者不可作为性对象；二是已婚之人除能作主者允许，不可与第三者通奸；三是在既定血亲范围内的男女不能有性接触。"① 在婚姻关系中，阿巴部落也讲究骨系。骨系实为父系氏族血缘关系的演变，以姓氏称谓和近亲禁婚观念得到保持。统一父系血统的人禁止通婚，也禁止两性关系。如果发生这种事情，将遭到舆论的强烈谴责，乃至人格侮辱、严刑惩处。就是舅表、姨表、姑表关系之间也同样禁婚。但是，各骨系又有九代、七代或五代以后可以通婚的观念，同时讲究门当户对。②

如果青年男女之间不存在身份等级的差别，性行为有一定的自由度。所谓一定的自由度，是受各部落习惯限制的，如不同教门之间、同一教门的不同派别之间不通婚，家族守护神不同也不能通婚，忌讳与有腋臭、有精神病遗传的人通婚等。

由此可见，对于非乱伦范围的性关系，多数部落相对宽容婚前性自由行为，而婚后较为严格。由于婚前的性自由，实际上是婚姻选择的预备阶段，有一定的自由是为了适时婚嫁，而不是放任淫荡，这一点在藏族婚姻习惯和习惯法意义上都是明确的。

二、违反婚姻禁忌的惩处传统

在藏族部落，违反婚姻禁忌行为中当属乱伦和通奸的惩处最

---

① 张济民主编：《寻根理枝——藏族部落习惯法通论》，青海人民出版社，2002年，第35页。

② 张济民主编：《渊源流近——藏族部落习惯法法规及案例辑录》，青海人民出版社，2002年，第100页。

为严重。所谓乱伦，就是不顾骨系血脉近亲间的性行为，而通奸是婚后与自己配偶外的人发生性行为。藏族部落对乱伦的惩罚，以沉入河中居多，但在郭弥部落里，把男人用生牛皮缝成包，弃于山顶曝晒致死，女人则颈坠大石装袋沉入黄河。庙顶部落对通奸也双双坠以石磨投江。对待通奸，传说古时候是女的劓鼻，男的裂唇，而且可由双方配偶直接执行。①

对乱伦、通奸等行为的惩处，在藏族部落习惯法中以"罚赔原则"最为突出，它与藏族成文法典的基本精神是一致的，但部落习惯法的特殊性导致"罚赔原则"明显表现出内容的不统一和执行得不严格。据帕竹时期《十五讼律苍龙吼》中记载：虽说对他人妻、母、女、姊、妹等相亲者实施奸污，行断指而后流放，现时依照松赞干布"行邪欲则索赔"之训，奸污他人之妻则处以六种名目的罚赔为流行做法，基此而行。《藏巴第司嘎玛丹均旺布十六讼律》中称：断指与流放等仅适用于对官宦和活佛的亲眷行淫，余之通常仍以古法律条文中之六种罚赔。② 这一罚赔原则是以事实为依据，以身份为参照具体规定罚赔量。简而言之，身份不等者之间，正额为活命价③的四分之一。身份相等，活命价与罚银合计2—3两，"胜诉之项"按衣物或食物的五五制或七七制。如果是由女方引诱所造成，无活命价一说，只罚赔1两银，胜诉之项以瓷碗为主的日用品三三制罚赔。还有对尼姑、邻居妇女的奸淫，以及夫妻双方不愿家丑外扬等，视具体情况不同对待。五世达赖时期的《十六讼

---

① 张济民主编：《寻根理枝——藏族部落习惯法通论》，青海人民出版社，2002年，第20页。

② 张济民主编：《寻根理枝——藏族部落习惯法通论》，青海人民出版社，2002年，第93页。

③ 活命价：藏族部落"以罚代刑"习惯法之一。就是致害人及其家属向受害人及其家属支付一定数的财产以示和解的一种习惯法制度。——作者注。

律》对奸淫罪的罚赔原则也与上述两种讼律基本相同,但形式和财物顶替金银或财物之间相互折算方法十分复杂。最流行的折算比值:金与银1∶6,青稞与酥油10∶1。①

---

① 张济民主编:《寻根理枝——藏族部落习惯法通论》,青海人民出版社,2002年,第94页。

第五章　旧西藏的等级制度及其婚姻形式

　　西藏社会是一个等级制度极其鲜明的社会。在西藏，全社会每个人都有明确的等级归属。根据藏族神话传说，早在"天神之子"聂赤赞普自天而降开始，藏族就有了"六牦牛部"的"王"，象征这一高贵地位和神圣权力的部落首领被神化后，雅隆部落的"神圣家族"就此诞生了。为了保持高贵血统的纯洁性，赞普的通婚限制在"神龙之女"的范围之内。① 此后，在漫长的传承中，雅隆部落日益强盛，势力不断扩张，先后兼并了若干小邦。到6世纪末赞普囊日论赞征服苏毗，并把原属苏毗的一些地区连同当地的奴隶封给效忠立功的原苏毗大臣和雅隆旧臣。这表明等级制度已逐渐形成。

　　吐蕃奴隶制政权建立后，在阶级分化基础上产生的等级制度，进一步得到政治上、法律上的确定，形成稳定系统的制度。

　　吐蕃王朝崩溃后，尽管王室失去了最高统治者的地位，但包括王族后裔在内的原属高贵等级家族并没有完全消失，有些家族仍在某些地区保存着相当可观的经济实力和社会影响。他们在以后的社会演变过程中，"改变剥削方式以适应向封建化的过渡，

---

① 多杰才旦主编：《西藏封建农奴制社会形态》，中国藏学出版社，2005年，第261页。

本身蜕变为封建领主而保留了相应的地位"。① 这一过渡时期，个体土地私有制盛行，但在贫富分化的驱使下很快进入了封建化进程，由此产生出两大阶级，即新兴的大土地所有者封建领主和丧失土地所有权的农奴。西藏的封建化进程是与后弘期藏传佛教各教派间争雄，地方封建主实力割据密切相关。随着占地面积的不断扩大，教派势力也不断"水涨船高"，他们凭借强大的经济实力和意识形态领域的优势，占据社会的主导地位。13 世纪中叶，蒙古汗王通过萨迦派首领建立萨迦政权后，除了在西藏设置"乌斯藏纳里速古鲁孙等三路宣慰使司都元帅府"，还封置了十三万户长及相应的千户、百户长等，使那些农奴主上层有了稳定的特权地位。明朝以后，新的中央政权基本上沿袭元朝的治藏政策，除封授替代萨迦派地位的帕竹首领"阐化王"称号外，还敕封了三大法王及其他宗教首领，陆续对帕竹属臣加封各种官职，从政治上给予他们封建贵族身份的确认。

　　西藏严格的封建等级制度，是 17 世纪末到 18 世纪中最终形成的，它与清王朝完善对西藏的治理是密不可分的。由于清王朝的支持，西藏地方政府完成了政权和土地占有制的统一，最终建成了稳定的政教合一的政治体制。"清前期几代皇帝陆续通过封授官爵、整顿吏治，把王朝的爵位、品秩制度基本上完整地推行于西藏，是西藏等级制度系统化的重要条件。"②

　　在这种严格的等级制度的长期束缚下，逐渐使藏族世代形成一种牢固的"等级不可逾越"的观念，表现在婚姻观念上便是"阶级内婚"、"等级内婚"。西藏的婚姻文化，就是在这一观念的

---

① 多杰才旦主编：《西藏封建农奴制社会形态》，中国藏学出版社，2005 年，第 262 页。

② 多杰才旦主编：《西藏封建农奴制社会形态》，中国藏学出版社，2005 年，第 263 页。

影响下呈现出明显的差异。

第一节 西藏历史上王公贵族的婚姻

根据藏族神话传说,最早的西藏贵族大约出现在藏王聂墀赞普时代。传说藏王聂墀赞普自天而降,入主人间成为吐蕃君王,吐蕃第一次有了君臣之分,而他的后裔是西藏神圣的家族,显然他们已具备了贵族的特点。到了松赞干布时代,吐蕃已经出现了诸如"尚"(zhang)、"论"(blon)等享有特权的阶层,据《新唐书·吐蕃传》记载:"吐蕃国法不呼本姓,王族皆曰论,宦族皆曰尚。"实际上这便是西藏贵族的雏形。然而西藏第一次严格划分贵族阶层是在 17 世纪后期至 18 世纪中叶。由于格鲁派在中央王朝扶植下,建立了稳定的政教合一的政权体系——"甘丹颇章"地方政权,通过封授官爵,使得西藏地方政府贵族在 300 多年的历史中形成了一种相对稳定的特权阶层。

一、吐蕃王室贵族的婚姻

(一)吐蕃赞普的婚姻

7 世纪初,西藏山南雅砻河谷地区悉补野家族迅速崛起。雅隆部落以此为核心辐射到拉萨河流域,不断发展、壮大。藏王松赞干布(srong - btsan - sgan - po,? —650 年)逐步统一了青藏高原各部落,为了进一步巩固其统治地位,松赞干布定都逻些(今西藏拉萨市),确定行政区划,建立军政管理机构,制定相关的法律和制度,委任各部的贵族世家担任王朝官职,并创制沿用至今的藏文,建立起了强大的中央集权制国家——吐蕃王朝。在吐

第五章　旧西藏的等级制度及其婚姻形式

蕃王朝政治稳定、经济繁荣、文化交流日益频繁的同时，赞普的家族传承和子嗣延续也成为王朝稳定、发展的重要条件。

据史料记载，吐蕃赞普松赞干布为巩固其政权，传嗣于后代，先后迎娶了五位王妃。除三位藏族王妃芒·赤嘉（mong-khri-lcam）、象雄·李托曼（zhang-zhung-li-thig-sman）和木雅·茹荣嘉姆尊（mi-nyag-ru-yong-bzav-rgal-mo-btsun）①外，还迎娶了尼泊尔赤尊公主（khri-jo）和唐朝文成公主（lha-gcig-kong-jo）。

根据《西藏王统记》记载，赞普松赞干布先后迎娶尼泊尔赤尊公主和唐朝文成公主后，一直没有子嗣。于是松赞王又纳象雄·李托曼为妃，但仍未见李氏有怀孕迹象，就在拉萨西北的彭域河谷修建了亭布哥巴寺，以求神佛护佑，绵延子嗣。与此同时，松赞王又纳木雅王之女茹荣嘉姆尊为妃，还是没有生子，又在果夏岭（传说在桑耶，莲花生的化土乌仗那国内）修建米芒泽庙，在喀纳洞修建喀扎色寺。这一切感动了神灵，在从堆龙孟地迎娶的孟氏家族之女赤嘉，终于生下了"超群绝伦之王裔贡日贡赞"②。

到目前为止，我还没有看到有关松赞干布子嗣的其他版本的资料。如果上述记载属实，只能说明赞普松赞干布一生中虽然娶有五位妻子，但最终只有芒·赤嘉为他生了一个王子。据说王子贡日贡赞 13 岁就承袭王位，迎娶王妃，并生下王子芒松芒赞，在位 5 年，18 岁病逝。

赞普赤德祖赞（khri-sde-gtsug-btshan，704—755），别号

---

① 恰白·次旦平措等著，陈庆英等译：《西藏通史·松石宝串》（上），西藏古籍出版社，2008 年，第 86 页。
② 贡日贡赞（gung-ri-gung-btsn），敦煌文书作贡松贡赞（gung-srong-gung-rtsn）。

麦阿葱，10 岁时即王位，由祖母没卢氏赤玛勒听政。由于他供养"佛、法、僧"三宝的功德，在娶了曲水堆隆绛氏千户的女儿绛摩赤尊为妃后，王妃便生下一王子，"名江察拉温（ajng－tsh－lha－dbon），容颜俊美，恍如天人。"[①] 据《西藏王统记》记载，王子江察拉温在西藏很难找到与其相貌品行相匹配的女子，于是他的舅舅们便劝诫他效仿法王松赞干布，派使臣到长安请婚。唐中宗将女儿金城公主（gyim－shing－kong－jo）许配给王子江察拉温。公主在前往吐蕃和亲的途中听说王子坠马身亡，陷入悲痛之中。此时公主一行已到达汉藏交界之处，赞普赤德祖赞派使臣送信给公主，说："我儿子虽然美如天神，但不幸去世，公主一行可以返回长安，也可以来吐蕃看看。"公主回复赞普，道："女子从一而终，无论苦乐如何，仍当前来吐蕃也。"公主毅然决然来到吐蕃，不久被册立为赞普赤德祖赞的王妃。[②]

其他两位王妃，一位是南诏的姜·赤尊公主（ljang－bzang－khri－btsun）。另一位被视为"大房夫人"的那囊氏芒波杰细登（san－nam－mang－mo－rje－bzhi－steng），出生于囊氏贵族家庭。[③]

赞普赤松德赞（khri－srong－lde－btshan，730—797）8 岁即执掌王政，统治邦土。执政期间，注重内政建设，完善法律及各项制度，整顿吏治和财政，大力倡兴佛教，打击苯教势力，使吐蕃王朝的统治秩序日臻完善。他一生共娶了五位王妃，即蔡邦萨

---

① 索南坚赞著，刘立千译注：《西藏王统记》，西藏人民出版社，1985 年，第 116 页。

② 藏文史籍《巴协》、《贤者喜宴》、《西藏王臣记》等中都记载为金城公主生赤松德赞，后为那囊氏所夺，因此才有"辨舅认子"的传说。但《敦煌文书》中把那囊氏芒波杰细登作为赤松德赞之母，并将其列在赞普世系谱内。

③ ［法］石泰安著，耿昇译，王尧校：《西藏的文明》，西藏社科院编印，1985 年，第 93 页。

(tshu – spng – bza)、美多卓（mi – dug – sgron）、喀钦萨·措杰（mkhar – chen – mtsho – rgyal）、卓萨·绛曲（abro – bzng – byng – chib – sgron）、秦萨·拉摩赞（mchims – bza – lha – mu – bstun）、卜容萨·杰摩尊（pho – yong – bza – rgy – mo – bstun），虽然她们分别出生于不同部族，但被称作"五姊妹"。

藏文史籍《巴协》、《西藏王统记》中都记载了法王赤松德赞从天竺迎请高僧寂护、莲花生到吐蕃弘传佛法，并将自己的王妃喀钦萨·措杰送给莲花生作明妃一事："莲花生大师为赞普讲授密教、生起、圆满三部要法，以及成熟解脱法，赞普将自己一个王妃喀尔钦·益西措嘉作为接受灌顶而献给上师的报酬，献给了莲花生。"[①]

赤德松赞（khri – lde – srong – btshan，794—815），又名赛那莱（sad – na – legs）。执政期间继续推行其父兄大力发展佛教的政策，建立高僧掌政制度。娶了三位王妃，没卢氏赤姆勒（vbro – khri – mo – legs）、琛氏嘉萨勒姆赞（mchams – rgyal – legs – mo – brstan）、觉热氏赞嘉（cog – ro – brstan – rgyal）。

赤祖德赞（khri – gtsug – lde – btshan，806—841），又名热巴巾（ral – pa – can），他秉承其父祖遗志，继续大力推崇佛教，执政期间，崇信佛教已达登峰造极地步。据史料记载，赤祖德赞在自己留的两条长辫上系上很长的丝带，每次议事必须将连接发辫的两条长带，铺在两旁的僧座之上让佛僧坐，以表示对僧人的尊敬及佛教僧人至高无上的尊崇地位。他娶了五位王妃：觉热·贝吉昂楚玛（cog – ro – dpal – gyi – ngang – Tshul – ma）、琛·琼噶尔玛（khyung – dkar – ma）、那囊·阿杰普勒（arje – pho – legs）、蔡邦·伦杰布姆（lhun – gyi – bu – mo）、拉隆·梅脱玛（lha –

---

① 恰白·次旦平措等著，陈庆英等译：《西藏通史·松石宝串》（上），西藏古籍出版社，2008 年，第 147 页。

lung – me – tog – ma）。据传他这五位妻子都没有生子。

（二）吐蕃王室的婚姻特点

纵观吐蕃王室的婚姻，可以看出，吐蕃王朝赞普大多数都采取"一夫多妻"的婚姻形式，这除了兴旺家族、绵延子嗣的需要外，显然还有政治的需要。

1. 赞普王妃均出自吐蕃大家族

据敦煌古藏文文献及《贤者喜宴》等藏文史书记载，在雅隆部落兴起与不断发展的同时，各地的氏族和部落也不断出现，逐渐形成互不统属的若干小邦。据《贤者喜宴》的记载，这些小邦的名称是：琛域（mthims – yul）、象雄（zhang – zhrng）、娘若琼噶（myang – ro – phyong – dkar）、努域陵古（gnubs – yul – gling – dgu）、娘若香波（nyang – ro – sham – po）、吉日群云（kyi – ri – ljon – sngon）、昂雪查那（ngam – Shod – khra – san）、约浦邦卡（vol – phu – spang – mkhar）、斯域吉瑞贡（sribs – yul – gyi – ral – gong）、娘域纳松（nyang – yul – rnam – gsum）及达域楚奚（dgas – yul – gru – bzhi）。[①] 十二小邦间长期征战，到6—7世纪初，地处雅隆穷结的悉补野部先后兼并征服各小邦，逐渐统一青藏高原大部地区。

吐蕃赞普的王妃，大多与"没卢氏"、"娘氏"、"韦氏"、"琛氏"、"江氏"、"那囊氏"等吐蕃大姓氏家族有关。"没卢氏"是象雄的一大氏族，吐蕃时期为茹拉上部千户。松赞干布的祖父达布聂西的母亲、赞普都松芒保杰的母亲，还有以崇佛和反佛而著称的赞普赤祖德赞和朗达玛的母亲，都出于没卢氏家族。就是赤松德赞，也有一位出身于没卢氏的妃子，曾在桑耶寺专门修建

---

① 王尧、陈庆英主编：《西藏历史文化辞典》，西藏人民出版社、浙江人民出版社，1998年，第234—235页。

了一座格吉吉玛佛殿，她还出资建造了留存至今的昌珠寺古钟。①
"江氏"为世居在堆隆江地的大世家，素与王室通婚。"那囊氏"是吐蕃时期伍茹上部千户，赞普赤德祖赞娶那囊氏为妃。此外，赞普松赞干布迎娶大唐文成公主、尼泊尔赤尊公主，赤德祖赞迎娶金城公主，一方面反映出当时吐蕃社会王权政治背景下的等级观念，另一方面也表明吐蕃赞普巩固其封建统治，确保国力昌盛的政治需要。

2．"一夫多妻"占主要地位

从赞普松赞干布建立吐蕃王朝开始，到朗达玛终结吐蕃王朝的封建统治，历时200年之久，吐蕃王室赞普的婚姻形式是以"一夫多妻"制为主。除史料所记载的贡松贡赞、芒松芒赞、墀都松赞等三位赞普都娶一房妻子外，其余七位赞普都娶有两个或多个王妃。在当时封建统治下的吐蕃社会，"一夫多妻"现象较普遍，尤其在吐蕃王室中，"一夫多妻"是对赞普"王者"身份的另一种解释。出于绵延子嗣的需要，"多妻"意味着"多子"，"多子"意味着"多福"，也意味着"王权"的承继，家族的兴旺。当然，吐蕃王室的婚姻中还有不可忽视的"政治"因素。无论是与吐蕃的大家族通婚，还是纳大唐、泥婆罗公主为妃，都是避免政治冲突的权宜之计，也是保持与邻邦友好交往的外交手段。

3．"一妻多夫"存在

吐蕃王室的婚姻中，有一特殊个案，是法王赤松德赞与其子牟尼赞普共娶一妻，这在《西藏王臣记》等藏文史料中都有记载，属"父子共妻"现象。牟尼赞普28岁继承王位，并将父王最年轻的妃子茹容氏纳娶为妃。"王妃卜容萨·甲摩尊者②，乃昔

---

① 陈庆英著：《帝师八思巴传》，中国藏学出版社，2007年，第10页。
② 卜容萨·甲摩，即茹容氏，汉语音译不同。——作者注。

王父之母甲摩萨之所转生也。王与少妃常萦于怀。及赴宋喀时，又殷切嘱托小王看顾，因此王子乃继纳其为妃。事为其母蔡邦萨所妒，遂借口责谓王父去世时，卜容萨未曾卸妆，未有悲伤，遣刑吏往杀之，殊为小王所救，其母愈生反见，乃进毒食而鸩杀王也。"① 可见，父王赤松德赞临终时，将王妃茹容氏托付给王子牟尼赞普照顾，王子对王妃茹容氏关爱备至，因此，引起母后蔡邦氏梅脱仲的愤怒，随即投毒害死了牟尼赞普。

这种婚姻出现在父或子死后，所以并不像一般的父子共妻，同时拥有一个妻子。吐蕃王室的这种婚姻形态，是"父子共妻"的特殊形式，它反映了父权继承制社会当中的一种婚姻形态。

4. "转房"婚姻形式出现

吐蕃时期出现了一种"转房"的婚姻形式，至今仍有某些地区保留了这一习俗。也就是说，妻子在丈夫死后，如果仍有生育能力，就必须"转房"（转嫁）给死者的父亲或者同胞兄弟，另外，婶婶也可以改嫁侄辈。"转房"是按照家族辈分长幼、关系亲疏远近的顺序进行，先父亲或亲兄弟，而后是堂兄弟、亲侄辈，最后才是远房。

据敦煌吐蕃藏文文献记载，"绝嗣之家，其妻室有父，则归其父，无父，则归其兄弟近亲"。② 可见，"转房"婚姻在当时社会不仅是一种婚姻形式，实际上已经演变为一种法律赔偿手段。法国著名藏学家石泰安研究发现，"在古吐蕃时代，汉人史学家们甚至还记载了一种流传范围更广的习惯：在父亲、叔伯或兄长死后，便与姨娘、婶娘或寡嫂婚配……在古代吐蕃和近代西藏，那些间接婚姻是很不常见的，但却是完全允许的。那时确实有儿

---

① 索南坚赞著，刘立千译注：《西藏王统记》，西藏人民出版社，1985年，第133—134页。

② 王尧、陈践译注：《敦煌吐蕃文献选》，四川民族出版社，1983. P. T. 1071号。

子分享父亲的妻子（不是他真正的母亲，而是姨娘），或者是父亲分占其儿子之妻（自己的儿媳）的现象，这种婚姻结合被称为'半栋半梁'。"① "转房"婚发展到后来，甚至可以在朋友之间进行，这一现象一般是在死者没有父兄的情况下发生。比较著名的例子是清末江卡地区，当时藏兵第二营代本无子，死后将妻子让渡给好友靳巴，他的好友即成为代本靳巴，后来代本靳巴因政治原因被迫离藏，又将妻子让渡给他的好友，他的好友又成为第三靳巴代本。②

（三）吐蕃王室"一夫多妻制"婚姻形成的社会历史背景

一夫多妻制的婚姻形式，在历史上很多民族、国家中都曾出现过，甚至当今中东的一些穆斯林国家仍沿袭这一婚姻形式，人们早已习以为常。表面看来，这一婚姻的形式在不同的民族、国家中，在不同的时代中所表现的形式大同小异，但其形成的社会历史背景却有所不同。"一夫多妻"在藏族历史上并非占主要地位，但它产生的社会历史背景却有别于其他民族的历史。

1. 政治背景

关于"政治婚姻"，马克思曾经有过这样的论断："婚姻是一种政治行为，是一种借新的联姻来扩大自己势力的机会；起决定作用的是家室的利益，而绝不是个人的意愿。"③ 在藏族历史上，"一夫多妻"多见于富贵家族和贵族家庭中。对于古代那些赞普和地方土司来说，这是一种通过婚姻而与贵族氏族联系起来的政

---

① ［法］石泰安著，耿昇译：《西藏的文明》，西藏社科院西藏学汉文文献编辑室编印，1985年，第95页。
② 谭英华：《康人农业家庭组织研究》，载赵心愚、秦和平主编《清季民国康区藏族文献辑要》，四川出版社集团巴蜀书社，2006年，第596页。
③ 《马克思恩格斯选集》第四卷，人民出版社，1972年，第74页。

治手腕,也就是所谓的"政治婚姻"。热巴津赞普的一位大相在安多地区割据了一块独立的地盘,他也娶了五房夫人。① 这些明显带有政治色彩的"一夫多妻"式婚姻个案,在当时的社会历史条件下,为巩固和加强统治阶级的政治地位和统治权力,的确起到了很大作用。正如《全唐文全唐诗吐蕃史料》记载:唐、蕃"金玉绩绣,问遗往来,道路相望,欢好不绝。"② 此外,自705年至821年的100多年间,唐、蕃举行"和盟"或"会盟"达8次之多。盟文中屡次重申唐与吐蕃赞普"代为婚姻,固结邻好,安危同体,甥舅之国,将二百年"。③

吐蕃无论是与强势的大唐,还是与周边弱小的邻邦,以联姻的形式结盟,无须征战,没有硝烟,还可换来国泰民安,赢得百姓的拥戴,何乐而不为?对统治阶级而言,婚姻不仅是一种家族延续的手段,它还被赋予了其他意义和内涵,是一种政治策略,也是权宜之计。

2. 宗教背景

石泰安在其名著《西藏的文明》中曾谈到过"一夫多妻"制产生的政治原因,他"用另外一种完全不同的原因来解释一夫多妻制的婚姻:密教祖师玛尔巴除了正妻之外还有八房妾,因为她们是黑茹迦(饮血者)信仰礼仪中的'轮座'所必需的。"④

至于玛尔巴译师是否曾娶过九房妻妾,笔者并没有查到相关

---

① [法]石泰安著,耿昇译,王尧校:《西藏的文明》,西藏社科院编印,1985年,第93页。
② 独狐及:《敕与吐蕃赞普书》,载陈家琎主编《全唐文全唐诗吐蕃史料》,西藏人民出版社,1988年,第144页。
③ 张镒:《与吐蕃盟文》,载陈家琎主编《全唐文全唐诗吐蕃史料》,西藏人民出版社,1988年,第152页。
④ [法]石泰安著,耿昇译,王尧校:《西藏的文明》,西藏社科院编印,1985年,第93页。

的史料，但关于密教礼仪中的"黑茹迦"、"轮座"，还是有据可循的。

法国著名藏学家罗伯尔·萨耶（Robert Sailley）在其论著《印度—西藏的佛教密宗》中对"黑茹迦"有这样的阐释："……为了行使这种降魔的职能，菩萨们都具有一种好斗和狰狞的外貌。归根结蒂，佛教万神殿中的同一种形象忽而为安详平静和慈祥的，忽而又是极度畏怖的。除了金刚手之外，此类的两个人物都获得了一种特殊的突出地位。这就是黑茹迦（Heruka，金刚萨埵的一种畏怖外形）和马头明王（马头观音，Heyagrira，马项，观世音的一种畏怖外形）。"[①]之后，他又进一步解释道："……与湿婆相似的另一名佛教大神是大黑天神（Gonpo - Nagpo）。他是著名的保护神，有两种主要的自性轮身，分别为黑色和白色。其修法女伴是吉祥天母（Palden - Lhamo），特别地专门保护宗教。她在佛教中的相对应者是时母——嗜血女神——雪山女神，这是佛教万神殿中最畏怖的一尊大神，她特别将达赖喇嘛和班禅喇嘛置于自己的保护之下。"[②]由此可见，"黑茹迦"在密教中代表着畏怖金刚，而与他相对应的修法女伴则是"嗜血者"——雪山女神。

雪山女神、难近母、时母是古代印度湿婆派教徒崇拜的女神，在南印度崇拜尤甚。这些女神后被佛教密宗所吸收，也为藏传佛教所崇拜。

密教宣传的两性修持法有一定的、严格的规定和仪式。"轮座"仪式的标志是使一切生类获得无上欢乐的原因，是无始无终

[①] [法] 罗伯尔·萨耶著，耿昇译：《印度—西藏的佛教密宗》，中国藏学出版社，2000年，第165页。

[②] [法] 罗伯尔·萨耶著，耿昇译：《印度—西藏的佛教密宗》，中国藏学出版社，2000年，第170页。

世界一切创造的根源。密教的左道认为,要修成极乐身和金刚萨埵除了这个根本的方法以外没有其他的方法。

噶举派大师玛尔巴曾师承于迪洛巴的弟子那罗巴,而"那罗巴在一个墓地中由迪洛巴传授了《时轮坦特罗》。他的一名主要弟子是吐蕃人玛尔巴(Marpa,即洛扎人玛尔巴),人称'译师'。此人后来向神秘教派大诗人米拉日巴(Mila-ras-pa,意为'穿布衣的人')传授教法。"①

由此可见,上述这种基于密教修行的理由而在噶举派高僧中产生"一夫多妻"的观念并付诸实践就不足为奇了。与其说这是一种宗教观念,不如说也是一种宗教行为。在世俗的观念中,"一夫多妻"仅仅是一种婚姻形式,即使对某个教派的高僧大德而言,也不过是为难以抑制的情欲寻找一个美妙的借口,为色情提供一整套精心设计而又多样化的宗教礼仪的支持。但在密教礼仪中,性行为被置于首要地位,而根据一种具有多方面共鸣的象征意义,性行为的特征被认为是神圣的和典范性的,其意义是深刻的。这种行为受到赞美并升华为一种境界,即般若与方便的融合,成就大乐与成就空的快乐,也就是符合慈悲的行为,这是菩提萨埵的主要准则。在宗教观念和仪轨的渗透下,"一夫多妻"的形式为广大信众普遍接受、理解并加以效仿。

二、萨迦款氏家族的婚姻

(一) 萨迦派与款氏家族

萨迦派(sa-skya-pa)是藏传佛教主要教派之一。因北宋

---

① [法]罗伯尔·萨耶著,耿昇译:《印度—西藏的佛教密宗》,中国藏学出版社,2000年,第83页。

熙宁六年（1073），款·衮却杰波在后藏萨迦县仲曲河北岸的本波日山的一片灰白色山崖下建萨迦寺，以该寺为主寺发展成一个教派，故名萨迦派。萨迦派自创立之日起，款氏家族这一支系与萨迦这个地名结合在一起，被称为萨迦款氏家族。从此，萨迦派教主职位一直由款氏家族垄断，款氏家族与萨迦派教主始终合二为一。

据《萨迦世系史》记载，吐蕃王朝时期，款·官巴杰贡达就得到赞普赤松德赞的器重，被委任为内大臣。他娶朗萨尼琼玛为妻，生了两个儿子。长子鲁易旺波松瓦是著名"七士人"之一，他精通梵文、藏文，参与佛经翻译，曾在拉萨东北面的松赞干布王妃孟萨赤姜所建的扎耶巴寺修行，获得成就。次子款·多吉仁波且（rdo-rje-rin-po-che）也曾向莲花生大师学习佛教，但是没有出家。他娶没卢氏家族的一个女子阳龙吉为妻，生了7个儿子。

尽管款·衮却杰波长期学习佛教，并拜许多高僧为师，又建寺收徒，但他并没有出家，只是一个在家的居士。他曾娶多吉秀摩为妻，但到他58岁时还没有儿子。这时南喀乌巴在主玛地方修行，常请款·衮却杰波到他那里去讲论佛法。有一天，天色已晚，南喀乌巴却并没有留他住宿，只是对他说路上若遇因缘，就在噶孔坤住下。款·衮却杰波偶然路遇一个背水女子玛久尚摩（据说是领主象雄古热瓦之女），他俩一见钟情，相互爱慕。后来，玛久尚摩怀孕，临产前，款·衮却杰波把她送到南喀乌巴处待产，于1092年生下了一个长相很好的男孩，因为受到众人喜爱，故起名贡噶宁波（kun-dgav-snying-po）。

贡噶宁波也没有出家，他先后娶了察摩绒地方的两姐妹为妻。先娶妹妹觉嘉普摩，生长子贡噶拔。贡噶拔到印度学习佛教，因患热病，22岁时在印度摩羯陀圆寂。贡噶宁波后来又娶姐姐玛久沃珍为妻，生了三个儿子，即索南孜摩、扎巴坚赞和贝钦沃布。

贡噶宁波、索南孜摩和扎巴坚赞相继担任萨迦派教主，但他们都没有正式出家，贡噶宁波、索南孜摩没有受过戒，扎巴坚赞即使受过居士戒，也还不能算正式的佛教僧人，因此他们被称为萨迦的"白衣三祖"。[1]

索南孜摩和扎巴坚赞都没有娶过妻子。扎巴坚赞的弟弟贝钦沃布虽然没有担任萨迦派教主，但是也学习过佛教。《萨迦世系史》说他非常喜欢医学，为很多人治过病。他娶尼赤嘉木为妻，生了两个儿子，就是八思巴的伯父和父亲——萨迦班智达·贡噶坚赞和桑察·索南坚赞。

八思巴的伯父萨班·贡噶坚赞是著名的"萨迦五祖"[2]之一，也是在藏族史和中国民族关系史上都占有重要地位的历史人物。他自幼从伯父扎巴坚赞受沙弥戒，学习梵文和佛教各种知识，27岁时在夏鲁的娘麦坚贡寺跟从喀且班钦·释迦室利受比丘戒，成为萨迦派教主中第一个正式出家为僧的比丘。萨迦班智达精通五明，学识渊博，一生著述颇丰，是藏族文化史上的一位著名学者。在他掌管萨迦派期间，教派实力日益增长，地位也不断得到巩固和加强，萨迦派已成为当时后藏地区最重要的一支宗教势力。

八思巴的父亲桑察·索南坚赞幼年时向扎巴坚赞学习佛教，但他并没有出家，而是"在斯塘等地开设商市，建立人口众多之村庄，在仲曲河上下游、达托、芒喀止钦、藏哇普、上下下卜、达那等地建立谿卡（庄园），在绛迥、喀索、果斋、噶尔普等地

---

[1] 陈庆英著：《帝师八思巴传》，中国藏学出版社，2007年，第17页。
[2] 萨迦派早期的五位重要祖师，即贡噶宁波、索南孜摩、扎巴坚赞、萨迦班智达·贡噶坚赞和八思巴。

建立许多牧场，在热萨等地牧养马群。"① 在他的经营下，萨迦派的经济实力大为增长。桑察·索南坚赞娶了五位妻子，长妻玛久衮吉是朵格察那地方人，于1235年生八思巴、1239年生恰那多吉。第二妻玛久觉卓于1238年生仁钦坚赞，第五妻多吉丹（原是第三妻的侍女）于1238年生意希迥乃。

八思巴10岁（1244年）时，蒙古皇子阔端派人携诏书及珍珠袈裟、银币等礼品去萨迦寺召请萨迦班智达。在接到诏书后不久，萨迦班智达携八思巴和恰那多吉由萨迦动身前往凉州。经过将近两年的跋涉，于1246年8月到达凉州，次年正月，与阔端王子举行了具有重要历史意义的会见，写下了著名的《致蕃人书》，使西藏在各地方势力分据一方、互不统属的情况下真正实现了归附蒙古汗国的统一大业。

在凉州多年的生活，不但使萨迦班智达与阔端建立了友好关系，八思巴兄弟也与阔端的儿子们建立了密切联系。这种关系很快发展成为蒙古王族与萨迦款氏家族的通婚关系。《汉藏史集》记载："（恰那多吉到凉州后）汗王阔端让他穿蒙古服装，并把公主墨卡顿嫁给他。"②《萨迦世系史》记载："众生怙主恰那多吉有三个妻子，一个是阔端之女茫噶拉，一个是玛久丹察曲本，她们二人没有生子。第三个妻子是夏鲁万户家的堪卓本，他父亲名尚阿扎，是蒙古皇帝的一位重臣，他生达玛巴拉合吉塔。"③ 后来，达玛巴拉被尊为帝师，但由于当时得到承认的萨迦款氏男性后裔只有他一人，忽必烈怕萨迦款氏绝后，命他娶了两个妻子，

---

① 阿旺贡噶索南著，陈庆英译注：《萨迦世系史》，西藏人民出版社，2002年，第147页。

② 达仓宗巴·班觉桑布著，陈庆英译：《汉藏史集》，西藏人民出版社，1986年，第183页。

③ 阿旺贡噶索南著，陈庆英译注：《萨迦世系史》，西藏人民出版社，2002年，第236页。

一个是阔端的儿子诸王启必帖木儿的女儿贝丹，另一个是藏族女子觉莫达本。达玛巴拉和觉莫达本生有一子，名叫仁特那巴扎，5岁时夭折，款氏家族这一支绝嗣。

八思巴于1274年动身返回西藏，于两年后年底抵达萨迦。在回到萨迦后，他所作的一件大事便是确定萨迦教主和款氏家族的继承人。此时的八思巴只有43岁，确定继承人似乎为时过早。但是在他的兄弟中，与他同母所生的恰那多吉已于1267年圆寂，只留下一个遗腹子达玛巴拉。他的异母兄弟仁钦坚赞在朝廷任帝师，没有成家。另外一个异母兄弟意希迥乃，娶了隆那涅巴贝仁家的女子曲仁吉，生了一个儿子，名叫达尼钦波桑波贝。于是萨迦款氏第16代中就只有达玛巴拉和达尼钦波桑波贝两个男性成员。达尼钦波桑波贝生于1262年，达玛巴拉比他小6岁。按照萨迦款氏家族的继承习惯，他们俩一个出家继承萨迦教主，另一个娶妻生子继承款氏家族，应该没有什么争议。但是，意希迥乃的母亲觉莫多吉丹是八思巴父亲桑察·索南坚赞的第五个妻子，也是第三个妻子拉久则玛的侍女，身份、地位自然低于其他几位夫人。因此，他的儿子达尼钦波桑波贝与达玛巴拉相比，身份差距显而易见。恰那多吉是八思巴同父同母的亲兄弟，他娶过蒙古公主，并被封为白兰王。达玛巴拉的母亲是夏鲁万户长的女儿，夏鲁万户也希望达玛巴拉继承萨迦的权力。而达尼钦波桑波贝虽然身份比达玛巴拉卑微，但他比达玛巴拉年长6岁，在萨迦派内部也有一部分人支持，会很快形成与达玛巴拉竞争的势力，萨迦内部的权力之争已初现端倪。为了避免两派势力争斗所带来的不良影响，八思巴决定由达玛巴拉继承萨迦派教主和款氏家族。

前面提到，达玛巴拉的儿子5岁时夭折。《汉藏史集》记载："在达玛巴拉去世后的十八年中，萨迦款氏的清净家族和事业无人继承，由夏尔巴·绛漾仁钦坚赞护持法座，掌管说法、听经、修行、利益他人，广作弘扬佛法之事业。后来，由康撒传承的帝师桑杰贝为达尼钦波桑波贝向朝廷善为申辩,元成宗完泽笃皇帝将达尼钦波桑波贝从江南迎请回来,承认他是萨迦款氏家族血统。皇帝说:'若我朝上师后嗣断绝,令人痛惜,你回乌斯藏去,繁衍后裔。'达尼钦波桑波贝先在朝廷娶了玛久霍尔莫,生了索南桑布兄妹二人。"①

史料记载,达尼钦波桑波贝回到西藏后,按照皇帝的圣旨,先后娶了5个妻子,生了15个子女。其中贡噶洛追坚赞贝桑布为元代第八任帝师,贡噶勒贝迥乃坚赞贝桑布为第十任帝师,贡噶坚赞贝桑布为第十二任帝师。

根据《汉藏史集》的说法,"从最初的天神三兄弟起,萨迦款氏家族的世系传了二十五代。如果分开各房计算,属于这个家族的有男丁九十七人,女子二十一人。"②

(二) 萨迦款氏家族的婚姻特点

纵观萨迦款氏家族的历史,萨迦寺住持为本派教主,一开始就由萨迦款氏家族的高僧世代相传。萨迦班智达应蒙古皇子阔端邀请赴凉州,对元朝统一西藏作出重要贡献。八思巴被元世祖忽必烈封为国师、帝师,管理西藏地方政教事务,为在西藏建立萨迦派政教合一的地方政权打下了良好的政治基础。萨迦派在元朝的统治下掌管西藏政教权力近百年,款氏家族成员及萨迦派高僧得到元朝的封赏,政治经济力量有很大发展。作为藏传佛教六大教派之一的萨迦派,在世系传承中体现出与众不同的特点,这与它的婚姻形式有着密切联系。

---

① 达仓宗巴·班觉桑布著,陈庆英译:《汉藏史集》,西藏人民出版社,1986年,第185页。
② 达仓宗巴·班觉桑布著,陈庆英译:《汉藏史集》,西藏人民出版社,1986年,第193页。

1. 宗教传承与家族传承紧密结合

一直以来，萨迦款氏家族都有一个传统习惯，即每一代子嗣中，至少有一个儿子娶妻生子，繁衍后裔，延续血脉。其他人则出家为僧，传承教派。换句话说，萨迦教派是款氏家族的教派，款氏家族是萨迦教派的家族。

萨迦始祖贡噶宁波娶妻生子，两个儿子索南孜摩和扎巴坚赞都先后继承了他的衣钵，成为萨迦第二、第三祖；他最小的儿子贝钦沃布娶尼赤嘉木为妻，生了两个儿子，一个是萨迦第四祖——萨班·贡噶坚赞，另一个就是萨迦第五祖八思巴的父亲桑察·索南坚赞；八思巴的亲弟弟恰那多吉与玛久堪卓本生下达玛巴拉，如此延续，直到达玛巴拉与觉莫达本生下儿子仁特纳巴扎，他在5岁时不幸夭亡，这一支系断嗣。然而，款氏家族的其他支系并没有因为这一支系断嗣而停止延续，相反，他们通过掌管喇章的形式继续延续家族、传承萨迦世系。后来由于细脱、拉康、仁钦岗等三个喇章先后绝嗣，只剩下都却喇章一支，而这一支又分别以彭措颇章和卓玛颇章传嗣，因此，萨迦法王就分别由两房中的长子轮流担任。

这一传统巧妙地将教派传承和家族延续合二为一，其目的就是在延续家族血脉的同时，为萨迦教派不断提供款氏家族的教主继承人。毫无疑问，家族血脉延续的基础是婚姻关系，这种婚姻关系存在于一定的社会环境中。对于款氏家族中的男性成员来说，婚姻无论如何也不能说是一种个人行为，而是关乎整个家族兴旺、发达的政治责任和家族义务。当婚姻关系与政治责任联系在一起时，婚姻形式也将发生相应的变化。款氏家族中的"一夫多妻"的婚姻形式，为家族子嗣的繁荣兴旺提供了现实基础。而萨迦派教主不能娶妻生子的禁令，也在这种特定的社会、政治环境中被打破了。

2. 婚姻关系与政治关系密切联系

对萨迦款氏家族来说,婚姻不仅是以延续家族血脉、给本教派提供教主继承人为目的,更是为了进一步巩固、加强家族的政治利益所在。从萨迦班智达执掌教权开始,款氏家族便与蒙古皇室逐渐建立起友好关系,这种关系进而发展成为一种较为牢固的姻亲关系。萨迦班智达使西藏归顺元朝的统治,八思巴在西藏建立了萨迦派政教合一的地方政权。这一切都是双方利益关系的需要,也是顺应当时历史形势发展的。对于朝廷一方,西藏的归顺仅仅是一个良好的开端,要想进一步巩固这一统治地位,还需要采取行之有效的各种方法。除了必不可少的行政措施外,最简单易行的方法就是双方联姻。蒙古皇室先后将墨卡顿公主、贝丹公主、门达干公主、布达干公主分别嫁给款氏家族中恰那多吉、达玛巴拉、达尼钦波桑波贝和索南桑布四人,其中,恰那多吉和索南桑布还被授予"白兰王"封号。这一举措,使蒙古皇室与款氏家族有了一种"亲上加亲"的关系,正如《汉藏史集》中记载的那样,"皇帝将上师们的侄子当做自己的儿子一样看待"[①],这就使原本单一、生硬的政治关系转变成温和、亲密的姻亲关系。而对于款氏家族一方,与蒙古皇室联姻,不但不会影响家族传嗣,反而会给家族带来更多的政治利益,使家族的地位不断得到巩固和发展。

[①] 达仓宗巴·班觉桑布著,陈庆英译:《汉藏史集》,西藏人民出版社,1986年,第193页。

三、帕竹朗氏家族的婚姻

(一) 帕竹噶举与朗氏家族

据《朗氏家族—灵犀宝卷》记载，藏人先祖之一的塞琼查氏 (se – khyung – dbra) 的后裔，再下传五代，出现了天神八兄弟 (gnam – lha – mched – brgyad)。八兄弟中的芒董达赞 (mang – ldom – stag – btsan) 与仓塞拉姆 (tshangs – sras – lha – mo) 结合，生了一个男孩。由于他头顶上有一股像海螺一样的白色雾气，因此得名为"拉色潘波切朗"(lha – rig – vphan – po – che – rlangs, 天神种族的朗氏潘波切)。由潘波切繁衍的后代，被人们称为"朗氏家族"(rlangs – kyi – gdung – rgyud)。

据说从拉色潘波切下传20代之后，在朵甘思地方有朗·年脱阿聪 (rlangs – gnyan – thog – a – khrom) 的后裔云钦甲哇郊 (yon – chen – rgyal – ba – skyabs)，他的儿子京俄扎巴迥乃 (spyan – snga – grags – pa – vbyung – gnas) 拜帕木竹巴·多吉杰波 (phag – mo – gru – pa – rdo – rje – rgyal – po, 帕竹噶举派创始人) 的亲传弟子止贡觉巴久典贡波为师学佛，后来又遵照上师的吩咐住持帕木竹巴兴建的丹萨替寺 (gdan – sa – thel)。此后，朗氏家族便负责掌管、守护和发展丹萨替寺，并将其教派传承和血缘关系结合在一起，称为"帕竹朗氏家族"(phag – gru – rlangs – kyi – gdung – rgyud)。

帕木竹巴·多吉杰波在他49岁时修建了帕竹地方的丹萨替寺，讲授、传习以塔波拉杰所传教法为主的显密佛法，由于口授教法传承的这一特点，被称为帕竹噶举派。从京俄扎巴迥乃开始，帕主噶举派和丹萨替寺历代都由朗氏家族继承和发展。元朝在西藏设立乌斯藏十三万户时，帕竹是一个万户长。后来大司徒绛曲坚赞结束了萨迦派对西藏的统治,建立帕竹政权,开创了朗氏家族掌握西藏政教大权的新局面。

京俄扎巴迥乃的父亲云钦甲哇郊娶了卓多萨库裕曼(vbro - ldog - bzav - khu - byug - sman)和德古玛(de - gu - ma)两位妻子,与卓多萨生了京俄扎巴迥乃、本桑杰加卜(dpon - sangs - rgyas - skyabs)、喜饶坚赞(shes - rab - rgyal - mtshan)3个儿子;与德古玛生了衮波坚赞(mgon - po - rgyal - mtshan)。

本桑杰加卜有4个儿子,分别是扎巴尊追(grags - pa - brtson - vgrus)、居尼宁玛·仁钦多吉(bcu - gnyis - rnying - ma - rin - chen - rdo - rje)、仁布钦多吉仁钦(rin - po - che - rdo - rje - rin - chen)、德加巴(gter - rgyab - pa)。扎巴尊追被称为杰哇仁布钦(rgyal - ba - rin - bo - che),33岁时(1203年)担任丹萨替寺法座,护持僧众达33年之久。在他之前,帕竹噶举派没有建立专门的行政管辖的寺属庄园,只有僧俗奉献的农牧产品布施。后来,皇帝又下诏把蒙古皇子旭烈兀(hor - gyi - rgyal - bu - hu - la - hu)在西藏的份地包括土地、房屋、属民等交给帕竹噶举派管理,最初任命丹玛官尊(ldan - ma - sgom - brtson)为止贡和帕竹的总管官员,之后多吉贝(rdo - rjedpal)得到蒙古皇帝诏封,被任命为帕竹万户长。

居尼宁玛·仁钦多吉于50岁时(1267年)继任丹萨替寺法座,13年后去世。

衮波坚赞的儿子名叫绰沃潘(khro - bo - vphan),他有4个儿子:仁钦喜饶(rin - chen - shes - rab)、扎巴意希(grags - pa - ye - shes)、迥甲沃·扎巴仁钦(gcung - rgya - bo - grags - pa - rin - chen 亦称尼却巴 gnyis - mchod - pa)、仁钦加卜(rin - chen - skyabs),其中扎巴意希于42岁时(1281年)担任丹萨替寺法座,护持众僧8年。

扎巴意希去世后,迥甲沃·扎巴仁钦在40岁时(1289年)

担任丹萨替寺法座，22 年后去世。

仁钦加卜娶了两个妻子，尚坚玛（zhang－lcam－ma）和本吉玛（vbum－skyid－ma）。尚坚玛生了坚赞桑布（rgyal－mtshan－bzang－po）、策细仁布钦·扎巴坚赞（tshes－bzhi－rin－po－che－grags－pa－rgyal－mtshan）、扎巴桑波（grags－pa－bzang－po）3 个儿子。本吉玛生了大司徒绛曲坚赞（tva－si－tu－byang－chub－rgyal－mtshan）、居尼仁布钦·扎巴喜饶（bcu－gnyis－rin－po－che－grags－pa－shes－rab）、索南桑波（bsod－nams－bzang－po）3 个儿子。其中策细仁布钦·扎巴坚赞于 18 岁时（1310 年）担任丹萨替寺法座，护持僧众 50 年；居尼仁布软·扎巴喜饶于 1360 年继任丹萨替寺法座，时年 51 岁。

（二）大司徒绛曲坚赞对朗氏家族的管理措施

绛曲坚赞是京俄扎巴喜饶（spyan－snga－grags－pa－shes－rab）任丹萨替寺法座时的帕竹万户长，也是帕竹政权的开创者和第一任执政者第悉（sde－srid）。他在 20 岁时担任帕竹万户长；51 岁时兴建泽当寺，建立仁蚌宗；53 岁时建立帕竹第悉政权，兴建桑珠孜城堡；55 岁时兴建内邬宗、恰扎地方的扎喀宗；57 岁时消灭萨迦本钦旺尊及其追随者，肃清萨迦政权的残余势力，开始统治整个西藏。在他执政期间，采取各种积极有效的措施，为帕竹政权的巩固和发展奠定了坚实的基础。他改革税制，减轻差税劳役；大兴土木，植树造林，为后人留下了宝贵物质财富。此外，他结合藏族的传统习惯和当时的实际，适时改定法律，用法律条文和行政法规约束和规范人们的行为。五世达赖喇嘛在《西藏王臣记》中记载道，大司徒绛曲坚赞改定了法律，制定了"英雄猛虎律，懦夫狐狸律，官吏执事律，听讼是非律，调解法庭律，重罪肉刑律，警告罚锾律，胥吏供应律，杀人命价律，伤人处刑律，狡赖赌咒律，盗窃追赔律，亲属离异律，奸污赔偿律，过时逾约律"① 等十五项法律。特别值得一提的是，他总结历史上大大小小执掌政权的统治者兴衰更替的经验和失败的教训，尤其是在分析、比较了萨迦款氏家族由鼎盛到衰落的原因后，对帕竹朗氏家族成员的行为进行严格规范，制定了很多对家族和后代有益的规定。

大司徒绛曲坚赞在他的《长篇祈愿文》中说道："我们的后裔当中，在家的俗人多了也没有什么益处，各家留一个在家俗人就可以了，娶妻室娶一个就足够了，不要两个，若妻子不生子女，则不得不再娶一个。若妻子早亡，则虽生有子嗣也不得不续弦。在娶妻婚配时不得娶外部首领（第巴）、达官、大德和有权势者家的女子为妻，应娶我们政权管辖区域之内，受人们称赞的父祖善良的具有品德的、鬼神不加害的女子为妻。不可娶管家或有权势的俗官家的女子为妻，其原因是：我们的后裔所娶的女子的兄弟、亲友、眷属及仆人等，会以我们的亲戚自居，趾高气扬、不可一世，会成为政权内部产生仇隙、祸乱乃至毁灭的根源，所以还是娶地方绅士家的女子为好。应该仔细考察所要迎娶的女子，她应该聪慧、身体隽美。为繁衍后裔之事，他们夫妻应该到偏僻的庄园居住。为了不辱没门第，他们夫妻应当抛弃遭人唾骂的行为。繁衍子嗣的夫妇，大约有一处庄园和一处牧场就够了，无需过多的财产。"② 又说："如果掌管钥匙之人（管家等）出现酒和妇人方面的过错，就应当把男女二人用铁链锁在一起，在桥头上示众七天，然后投入河中。司膳官、司寝官和文书等人的品质甚为紧要，他们应该无酒色的过失，戒行清净。他们若出

---

① 恰白·次旦平措等著，陈庆英等译：《西藏通史·松石宝串》，西藏古籍出版社，2008年，第461页。
② 恰白·次旦平措等著，陈庆英等译：《西藏通史·松石宝串》，西藏古籍出版社，2008年，第463页。

现酒色方面的罪过,应该像上述那样给予惩处。"①

大司徒绛曲坚赞为朗氏家族的嫡传后裔立下了这些规矩,并规定如果有人违反这些规矩,就要撤销其官职十二年,让他只有一个仆人服侍;像普通人一样地生活,并把他驱逐出子孙的行列。总之,对于朗氏家族的后代子孙,根据他们各人的地位给予相应的权力,但是他们不能恃宠而骄,任意妄为。特别是在朗氏族裔中担任官职之人,应该是戒行清净、远离妇人美酒,专心致志修习佛法之人。他在《大司徒遗教》中说:"我去萨迦,直到现在,看到贵族、大德、有权势的一方首领等,凡是沉迷于醇酒和妇人的,其政权都衰败下去,无出头之日。因此,我决心抛弃酒色等享乐,恪守僧人戒条。"②从他的遗教中可以看出,他吸取了萨迦款氏家族成员先娶妻生子,再出家学佛,为争夺属民财产而分裂成四个喇章并在内讧中迅速没落的教训,规定帕竹政权的最高掌权者应当自幼开始修习佛法,朗氏家族成员应当自律、自爱,远离酒色诱惑。

(三) 朗氏家族的婚姻特点

帕竹朗氏家族的婚姻,与萨迦款氏家族的婚姻一样,都带有明显的贵族阶层等级制度的印记,也就是说,他们只能在本阶级中通婚,以保证家族血统的纯洁性。此外,朗氏家族与款氏家族都采取家族男性后裔中只留一个在家俗人娶妻生子,承担为家族繁衍后裔的重任,其他人则出家为僧,护持、传承教派。这一点说明,款氏家族与朗氏家族都有一个共同特点,就是把教派传承

---

① 恰白·次旦平措等著,陈庆英等译:《西藏通史·松石宝串》,西藏古籍出版社,2008年,第463页。
② 恰白·次旦平措等著,陈庆英等译:《西藏通史·松石宝串》,西藏古籍出版社,2008年,第465页。

和家族延续合二为一，使教权和政权紧密结合，集宗教利益、家族利益、政治利益于家族一身。如果说吐蕃王朝时期"钵阐布"参政是西藏历史上"政教合一"制度的萌芽，那么，萨迦政权和帕竹政权由整个家族把持政权和教权的形式，是为"政教合一"制度在西藏的进一步巩固、发展和完善、成熟打下了良好的基础。当然，对于款氏家族和朗氏家族来说，单凭家族中一个男性子嗣繁衍后裔，远远不能满足家族、教派继承体系的需要。只有采取"一夫多妻"的婚姻形式，才能保证家族子嗣的不断延续。因此，尽管大司徒绛曲坚赞提倡"一夫一妻"，反对"一夫多妻"，但在当时的实际情况下，他的这一思想不但没能在家族中贯彻实施，反而在帕竹第六任第悉扎巴迥乃那里遭到破坏。扎巴迥乃在担任第悉后还俗娶妻，从此，帕竹政权的历任第悉由娶妻生子的在家俗人担任，帕竹第悉成为父子承袭的职位。

四、西藏新贵族的婚姻

西藏新贵族是由世俗官员"雪仲"（shod - drung，通称仲喀drung - vkhor）和僧侣上层"孜仲"（rtse - drung）两个平行阶层构成的。西藏有地方政府所属贵族、班禅拉章所属贵族、萨迦法王所属贵族以及地方性小贵族等。正如美国人类学家梅·戈尔斯坦先生所言，贵族内部又分为不同的阶层。虽然他们都同属于"贵族"这一阶层，但他们之间的关系所表现出来的依附性是非常明显的。地方政府贵族因其领地的大小和财富拥有状况，以及因官爵而得到的权势大小，将贵族分为大、中、小三种类型。

随着达赖喇嘛转世灵童的认定，新的最大的贵族"亚谿"（yab - gzhis）家族在不断出现。在西藏300多年的历史中共出现过6个"亚谿"家族，即七世达赖喇嘛"桑珠颇章"（bSam - grub - pho - brang）家族、十世达赖喇嘛"宇妥"（g·Yu - thog）

家族、十一世达赖喇嘛"彭康"(Phun‐Khang)家族、八世和十二世达赖喇嘛"拉鲁"(Lha‐klu)家族、十三世达赖喇嘛"朗顿"(Glang‐mdun)家族和现在的十四世达赖喇嘛家族。围绕着"亚谿"家族,在西藏还有30多家拥有大量土地、享有很高威望和权力的贵族家族。其中"第本"(sde‐dpon)家族有5个,即"噶锡"(dGav‐bzhi)家族、"通巴"(Thon‐pa)家族、"朵喀"(mDo‐mkhar)家族、"帕拉"(Pha‐lha)家族,以及山南地区的"拉加里"(Lha‐rgya‐ri)家族。"其余贵族"(sde‐drag)中拥有土地者被称为"格巴"(sger‐pa),约有200个家族,多数从未在政治上起过作用。

上述这三类贵族家族构成了西藏封建农奴制社会中的特权阶层。当然如果没有"普通"的贵族家族和僧侣贵族家族,以上这三类贵族家族是不能形成一种势力更不能代表一个制度。我们知道西藏从明朝开始一直执行的是"多封众建,尚用僧徒"的政策,僧侣贵族的更替一直影响着整个西藏社会。

无论怎样,婚姻一直在贵族社会的历史和政治舞台中扮演着极为重要的角色。从不同阶级内部的婚姻的一般特点来看,贵族阶级的婚姻基本上都是"父母之命,媒妁之言"的包办婚姻。

贵族阶层为了提高自己的政治地位和社会地位,常常在自己阶层内互结婚姻,攀连门第,在这里"结婚是一种政治的行为,是一种借新的婚姻来扩大自己实力的机会;起决定作用的是家世的利益,而绝不是个人的意愿。"[1] 西藏的贵族婚姻,除了一切婚姻形式所具有的男女两性结合的自然属性外,也包括了这种婚姻形式带来的种种人际关系和社会关系。在贵族阶层中,婚姻的适应性与可行性是受贵族社会习俗限制的。贵族家庭间通过内婚准则而产生的婚姻关系,在某种程度上加强了彼此间的血亲纽带,

---

[1]《马克思恩格斯选集》第四卷,第74页。

并不断地修复和平衡彼此间在错综复杂的社会政治力量中的地位，整合和加强贵族家庭的社会力量和亲属组织。在这里，婚姻不仅是配偶双方的个人利益，而且是双方家庭乃至整个家族的利益所在。

（一）婚姻缔结方式

1. 契约婚姻

在旧西藏，当男孩子长到16岁，女孩子长到十四五岁时，父母便开始为他们选订婚配对象而操心了。在选定对象的过程中，首先要考虑的当然是家庭出身，其次就是家庭的经济情况，至于对方的人品、脾气、嗜好等，现在看来至关重要的婚姻因素则被放在了最后。当父母们暗地里选好合适对象后，一般是先委派家族里的强佐（即管家）作为主人的代表，带上绸缎、藏银、食物及哈达等礼品前去该家族提亲，并请求告知子女的属相和生辰，如果其家族同意作候选亲事，便会很乐意地告知子女的属相和生辰；如果不同意，就会以各种借口拒绝说出子女的属相和生辰。得知对方的属相和生辰后，家族要请高僧喇嘛占卜，看其属相和生辰是否相合。属相和生辰是否相合，这一条在旧西藏是影响婚姻能否继续进行的一个重要因素，有时候虽然双方家庭对婚姻没有异议，但由于属相和生辰不合，婚姻就不得不终止，因此，在这里婚姻不仅受家长包办的制约，也受宗教的深深影响。

在确定属相和生辰上没有问题后，就由家里的一位地位最高的兄弟或舅舅选一个吉祥的日子，带上丰盛的聘礼和清单，到择定家族求亲。这是双方家庭成员间的第一次直接接触，因此双方都非常重视。送礼结束后，再请喇嘛选定一个订婚吉日。

订婚之日双方家族要在证婚人前订立婚约。婚约证书一般请有才华能诗文的人起草，多为诗歌形式，便于朗诵。内容包括新娘的嫁妆、男女之间互敬互爱、孝敬长辈，等等。也有的婚约书上写上今后财产继承事宜。订婚这一天，男方要给女方家老少尊卑各敬献一条哈达。女方要准备好茶好酒招待来客。双方代表进入正厅依次入座以后，主人家端上"切玛"，敬茶酒。求婚的人家献上礼物，也送还这一天所花的费用，送这一天的费用是因为这些费用都是用于男方求婚的，本该由男方来负担，如今女方代办，应当用钱补偿为谢。此外还一定要给姑娘的母亲送一定的"努仁"（哺乳钱），即使姑娘的母亲已不在世，这"努仁"都是要送的，在"努仁"中一定要有一块"帮典"（围裙），表示对女方母亲养育女儿的辛劳的感谢。敬完茶酒以后，便把一式两份婚约书放在高脚盘内，由一家证人高声朗诵，另一家证人认真校对。念完订婚书，证人便把两家的家印当众盖在婚约书上，然后郑重地由女方与男方代表分别交给对方父亲。接着，两家父母对证人献哈达，表示谢意。

在订立婚约前，首先要致"吉祥词"。下面介绍一个贵族婚约译文，以便对贵族婚约的一般内容有所了解。译文如下：

> 新贵族萨君娃之后嗣，木龙年所生之少爷平措顿丹，欲娶贵族朗穷巴之小姐顿珠央宗为妻。经请降神师占卜，推算八字，均称合宜；又经双方亲家和亲友商洽，业已举行求婚、许婚酒仪式。女方家长贵族朗穷巴给小姐的一分财产与嫁妆等，另列财物清单在案，取吉日阴铁龙年正月十五日迎娶。夫妻双方应遵循婚书的约定。圣者犹如珍宝，无论何时皆不动摇。恩爱无间，和睦相处。犹如纯金，永不变色。男尊女卑，恭敬守礼。结交亲友，精明持家，家室内外，效仿贤淑。良谋百出，汇归一策。令人仰慕，自己幸福。品行兼尚，永不违背。立此信誓不变之约，一式两份。依次双方家长盖

印，证婚人盖印，当事人和双方媒人签名盖章。收存。①

婚约一式两份，由两家各存一份，其目的就是防止以后反悔毁约。这一天，男女双方互相见面，藏语称"龙哈"。订立婚约结束后，举行盛大的订婚宴，宴会一般在未来的新婚房中举行。宴会期间，邀请专人跳藏戏庆贺一天才算订婚仪式结束。订婚后的男女相互送定情物后，一般到结婚那天才能再相见。订婚结束后男方家要离开时，女方家庭要向男方回敬哈达和礼物。

2. 招婿婚姻

"招婿婚姻"也叫"赘婿婚姻"，是贵族阶层的另一婚姻形式。研究西藏的贵族，一定不能忽略"玛巴"（mag-pa，意为女婿）制度。正如意大利学者毕达克所说："贵族内部的更新相对来说是缓慢的，其积极的因素是玛巴制度。这个制度导致了大多数显耀贵族本身世系的转换。"②

贵族的头衔和名分是贵族的符号和标志，是贵族身份和地位的象征，不断地世袭和捍卫这一荣誉，是家族义不容辞的义务，也是它真正存在的价值和意义所在。为了世袭这一名号，贵族阶层中极少有那种超越本阶级的婚姻，即使有，也是在本阶级内部贵族子女的"高攀"或"下嫁"。所谓"高攀"，就是低等级贵族家庭"嫁女"或"赘婿"到高等级贵族家庭；"下嫁"则是高等级贵族家庭的女子嫁入低等级贵族家庭。无论是"高攀"还是"下嫁"，其结果都是要改变原有的姓氏和称谓。"在很大程度上，低等级贵族家庭通过姻亲关系，把对方家族的辉煌历史和高贵血

---

① 此婚约转引自网络，作者、出处不详。
② ［意］毕达克著，沈卫荣、宋黎明译，邓锐龄校：《西藏的贵族和政府》，中国藏学出版社，2008年，第15页。

统牵引到自己的家族里,并且通过对方家族荣誉满足自己的虚荣心。"①

贵族阶层为了家庭的延续可以使用离婚、再婚、入赘、养子等方式,而家庭的延续是与家庭内有无男性有着直接关系的,并且通过这个男性的官僚晋升来提高其家庭经济地位,从而提高其家庭的社会地位。在藏族社会,"没有母亲就没有喇嘛"的观念影响深远,因此,人们对女性,尤其是母亲尊重有加,没有"重男轻女"的思想。西藏贵族阶层也不例外。贵族家庭中女子与男子享有同等的经济地位和社会地位,他们从小接受同样的教育,其家产不仅让儿子继承,也让女儿继承。如果一个贵族家庭中没有儿子(或夭亡,或出家),女儿便可继承家族财产和贵族的名号。所以,玛巴入赘,既能享有其妻家族的姓氏,也可保证该家族得以延续。"由玛巴承袭的家族系谱与该家族繁衍不绝的男性子嗣并存不悖的现象并不鲜见,玛巴世系有时使该家族的嫡系黯然失色而成为主干系统。"

据藏文史料记载,赤松德赞赞普在其法典中就规定:"如果一个家庭有许多儿子,他们便根据年龄的顺序而依次占有庄园,最年幼者遁入教门。那些没有儿子的人可以为其招赘一位夫婿。"②显然,"赘婿婚姻"在贵族阶层中已成为一种维护家族利益的婚姻准则。

(二) 西藏新贵族婚姻的特点

西藏贵族婚姻的突出特点,就是实行阶级内婚,这是和旧西藏的等级制度相适应的一种婚姻制度。在旧西藏,贵族阶级和广

---

① 次仁央宗:《西藏贵族世家》,中国藏学出版社,2006年,第293页。
② 《莲花生遗教》,德格版本。参见石泰安《西藏的文明》,西藏社科院编印,1985年,第94页。

大劳动阶级是两个对立的阶级，他们之间的婚姻是完全被禁止的。我们知道，在旧西藏不仅有贵族和劳动者之间的阶级差别，而且即使在贵族阶级内部和劳动阶级内部也存在着阶层差别。

1. 婚姻不仅是个人行为，它更代表家族利益

西藏每一个贵族家庭都非常重视孩子成长中的社会化教育。家庭会使每个孩子逐渐懂得自己的权利和义务，学习世俗礼仪和行为规范，强化他们的角色意识。人们常常以"好马要看马驹子，能人要看孩提时"来要求孩子，孩子的言行举止成为衡量家庭教育好坏的尺度。因此，作为贵族的家庭成员，他的活动、他的意识和他的感情一定要与家庭所期望的意愿相符。人们在谈论某个贵族成员时，一般都会把个人置于该家庭的环境和背景下进行谈论。在贵族们成长的家庭环境中培养了一种观念，这就是个人属于家庭，也正是由于这一观念使得家庭的权威在个人的意识中大大加强并随之潜移默化。因此，个人仅仅是组成家庭的个体，唯有家庭才赋予个人以辉煌的家族历史和高贵的血统，也是个人获取精神力量的源泉。

贵族成员在背负着如此繁重的家庭责任面前，不得不牺牲个人利益，以获取家族庞大的政治利益和经济利益。这种"牺牲"，最直接的表现就是婚姻关系。因为婚姻对贵族家庭来讲不仅是两性关系的结合，而且它直接影响该家庭分合。"一妻多夫"避免了分家的危险。因为分家直接影响土地的分配，土地的分配又直接影响家庭的社会政治力量。与此同时分家不仅削弱了整个家庭的经济地位和社会政治地位，也使个人失去了该家庭所给予的安全感和政治、经济地位以及富裕的家庭环境。"玛巴入赘"既能享有其妻家族的姓氏，也可保证该家族得以延续。不论怎样，婚姻都是贵族间的利益之争，是家族利益的现实体现。

2. 婚姻是编织贵族关系（姻亲和血亲）网络的纽带

在西藏无论是哪一种类型的贵族家庭都不厌其烦地追溯远古

的祖先,通过该家庭奠基人的"高贵品德"来装点其每个成员的精神。所以"出生好"、"出生坏"或者"出生高"、"出生低"已经成了人们评价个人的道德标准。由于这一观念,使得西藏贵族极力维护和珍视家庭的历史,或者努力使家庭的历史与那些拥有响亮名称的贵族家庭发生关系(包括血亲关系和姻亲关系)。

由于这样普通贵族家庭能够与拥有实权的贵族家庭发生婚姻关系。这种婚姻关系一方面继续维护普通贵族家庭的贵族身份,另一方面壮大了那些拥有实权的贵族家庭的门面,起到锦上添花的作用。

西藏贵族家庭虽然没有一个完整的世系家谱,但是成员们都自觉或不自觉地援引那些最有名望的或者最有影响的历史人物作为该家庭的开创者。贵族们在追溯父系血统关系的同时,也非常重视母系血统关系,不仅毫无隐瞒对大户的羡慕之情,而且常常表明自己与某一大户有着亲戚关系。因此,西藏贵族们引以自豪的也就是那些远古的祖先以及随之拥有的社会地位。

3. 婚姻是贵族达到政治利益的目的和手段

西藏的贵族十分注重"门第观念",因此,他们大多采取的是"门当户对"的婚姻。这不仅可以巩固已有的家族地位,有时甚至可以通过攀附更高的门第而使家族获得更大的政治利益和更高的社会地位。贵族在权衡现实和利益的关系中,不断强化这一观念,使原本组成家庭、繁衍子嗣的单一婚姻形式演变成为谋求政治利益的手段,这不能不算是婚姻的一种悲哀。在西藏的贵族婚姻中,婚姻不是个人的小事,而是关乎家族兴衰的大事。个人无权也不可能选择自己的配偶,个人的情感对于庞大的家族的利益来说,只能是必须牺牲的一己私利。因此,贵族的婚姻,与其说是家族延续的目的,不如说是政治需要的手段。在西藏贵族中,所有婚姻形式都是围绕着家族利益和地位这一核心展开,家族中即使没有男性子嗣,也会以"玛巴入赘"的方式继承和延续家族地位。在贵族阶层中,"贵族"不仅是代表这一阶层的一种称谓,而是具有特定语言(敬语)、特定环境、特殊地位和特殊身份的象征符号。婚姻一旦打上"贵族"这一符号印记,就失去了"感情基础"这一"感性"条件,而是完全"理性"的一纸契约。这一契约承载着利益关系、家族兴衰和政治目的。

第二节 西藏平民的婚姻

西藏的"平民",指的是西藏民主改革前与贵族等级相对应的,处于被奴役地位的,占西藏总人口98%的属民等级。属民(mi-ser)分属三大领主,按经济地位和社会地位的不同,属民又分为差巴(khrl-ba)、堆穷(dud-chung)和朗生(nang-zan)三个等级。

一、差巴、堆穷的婚姻

差巴在属民中地位最高,一般要列入庄园名册,有资格参加庄园会议。他们占人口总数的50%以上,有相对稳定的土地使用权,在农村经营的耕地为总耕地的一半左右,在牧区占有的牲畜比例更高,他们是差乌拉和高利贷的主要负担者,因而在经济活动中占有主要地位。

堆穷虽然也有自己独立的家庭经济,但大多数都没有稳定而足以养活一家人的自营土地,其他生产资料也很少,因而对于领主和庄园的依附程度很深。

(一) 婚姻方式

1. 等级内婚

在西藏严格的等级制度影响下，这一阶层的差巴和堆穷可以相互通婚。贫苦的差巴、堆穷家的青年男女之间婚姻恋爱比较自由。原因是父母终年支乌拉差役，挣扎在死亡线上，无暇顾及子女的婚事，只要儿女同意的，父亲亲自去提亲，无须请媒人。还有不少年幼失去了父母的孤儿，更是自由了，只要双方同意，不举行任何仪式即可同居，没有任何社会舆论的压力。尤其有的是因为逃乌拉、差役而远离家乡，如果碰到知心的，随时都可以同居，无须举行任何仪式。[①]

2. 血缘外婚

藏族严格禁止血缘内婚姻，无论是贵族还是属民，姑舅表、姨表、堂弟兄、堂姐妹都不允许通婚。习惯上过了七代，或者记不清楚是否有血缘的才能结婚。按社会上不成文法律规定，凡是有血缘关系的青年男女如有私通行为的应一律受到制裁，严重的要用牛皮裹住扔进河里去。

3. 买卖婚姻

主要是招赘或娶妻的一方给对方的母亲一定的聘金，这种聘金叫"哦仁"或"努秀邦垫"（即"奶钱"、"喂奶酬劳的围裙"）。富人家一般给对方的母亲一些藏银（多少无定额）、一整套衣服、鞋、帽、首饰。穷人家也至少要送一条"邦垫"（围裙）。此外，更重要的是娶方一定要向嫁方的属主交"赎身银"，因为旧社会的每一个差巴或堆穷都有自己的主人。这种"赎身银"至少是一条哈达和一定数量的藏银（无统一规定），如果对主人没有孝敬好，将遭到不许嫁离本主人土地的裁决。因此，牛

[①] 《藏族社会历史调查》之"日喀则宗牛谿卡调查"之一。

豁卡有的差巴、堆穷青年只好私奔，但跑了和尚跑不了庙，一切后果将降临在父母的头上，有的就因此而欠下了子孙债，世代还不清。这反映了阶级的买卖婚姻的后果。①

(二) 婚姻制度

对于差巴、堆穷而言，大多数以自由同居为主，也有个别兄弟共妻、姐妹共夫现象，这多半是因为贫困和缺乏劳动力所致。

差巴分为内差和外差两种，内差主要负责庄园内生产资料的经营和管理，外差则多为兵差、徭役等。作为小私有者的代表，差巴处于中间阶层。他们往往希望能够凭借经济实力的增加使自己成为大私有者，从而进入所谓的"上流社会"。因此对这一阶层来说，谋求个体经济的发展成为首要的奋斗目标。他们常常选择将自己的多数土地转租给堆穷和囊生阶层，由他们进行经营管理。而自己设法从大私有者阶层获得新的机会，从而增加自己的经济收入。然而当时的西藏生产力低下，土地等各种资源又极其稀缺，很快他们就发现只有集中有限的生产资料和劳动力，同时满足家庭内多种分工要求的一妻多夫制婚姻才是最合理的家庭结构。同时，旧西藏的农奴主对广大农奴征收的繁重的差税大多以户为单位，如果兄弟各自成立独立的婚姻而分家，不仅减少了各自家庭的财产和土地，还会增加差税负担。加之当时的西藏地方政府也不鼓励分家，如规定分家不能分差地等，以防止差巴户因为家庭分裂，从大户变成小户，相应承担差役的能力会随之减弱。因此，在那时，一妻多夫婚姻之所以成为差巴阶层最普遍的婚姻形态既是家庭经济合作的需要，更是阶级压迫制度的产物。②

---

① 《藏族社会历史调查》之"日喀则宗牛豁卡调查"之一。
② 徐平：《藏族的婚姻规则和道德观念》，载《中国西藏》，2001年第2期，第57页。

堆穷阶层基本不参与生产资料的分配，他们主要依靠从大私有者和差巴阶层那里获得的部分租地或者牲畜的管理来获得微薄的收入。事实上这些收入仅仅能够维持他们最基本的生活需要。同时堆穷阶层多为流浪打工者，没有固定的定居地，这样的流动性导致堆穷阶层通婚的范围也随之扩大，多实行一夫一妻制婚姻，很少出现一妻多夫婚姻。囊生阶层作为社会最底层的人群，大多数是破产的差巴和堆穷。他们没有任何财产和生产资料，甚至没有固定的工作。只有在领主或者差巴给他们安排一些临时的工作时，才能得到一点勉强维持生计的收入。在这样的经济状况下，贫苦的农牧民根本没有能力为自己或者自己的子女建立一夫一妻的个体家庭，只能兄弟共享一个妻子。这样不仅更有利于应付沉重的封建差役，也增加了家庭抵御各种灾祸的能力，不致因为突然降临的灾难而使家庭解体。综合以上的分析，我们不难看出，一妻多夫在历史上很大程度地受到西藏封建农奴制度的影响。自西藏实行民主改革以来，过去农奴社会的等级制度已经被打破，旧制度带来的经济和社会的等级界限不断模糊。相应在婚姻上的等级内婚限制，也就表现得越来越不明显。[①] 过去的不同阶级之间如今也已经基本实现了自由通婚。但是西藏是由封建农奴制社会直接进入社会主义社会，与其他民族相比整整跨越了一个历史阶段，因此传统观念的影响和残余直到今天仍然或多或少地存在于人们的意识中，在短时期内我们不可能将其完全消除。

(三) 婚姻程序

1. 恋爱

一般男性十七八岁，女性十九、二十岁就开始恋爱。贫苦差

---

① 徐平：《藏族的婚姻规则和道德观念》，载《中国西藏》，2001年第2期，第57页。

巴或堆穷的青年男女，往往是在为谿卡支差集体劳动的场合下才有接触机会，每年正月至三月，集体组织为寺庙劳动，青年男女在劳动中建立感情。双方有好感就互相抢帽子，如果确立了恋爱关系，进而互换手镯、戒指等信物。关系确定后，男方父亲去女方家说亲。如果遭到父母反对，只要男女双方态度坚决，就可以自行同居了。

2. 订婚

在属民中没有专门的订婚仪式。但是在结婚之前，双方说亲往返次数较多，一般有四次。如果是娶妻则由男方的父亲向女方求亲。如果是招赘则由女方的父亲向男方求亲，无父亲者母亲出面也可以，如父母双亡则请自己的一位长辈去求亲。

第一次到女方家求亲，带青稞一藏升，叫做"龙羌"（意即讨亲酒）。如果同意这门亲事，女方家就收下青稞，不同意则可拒收或婉言谢绝。

第二次到女方家，带上二三藏升青稞，这叫"德羌"（意即算卦酒）。这是送给对方交换生辰八字，为这对未婚夫妻占卜、打卦用的。

第三次再带上二三藏升"德羌"给对方，交换打卦的结果。如果双方都认为满意了，这门亲事就最后定下来了，只待择日迎娶了。

第四次仍带三藏升至五藏升"德羌"，由双方家长确定嫁娶日期，然后由迎娶的一方给出嫁的一方家中的兄弟姐妹每人几两藏银（富者多给，穷者不给或少给，无统一规定）。这次"德羌"双方还要商定彩礼和嫁妆的数量、物品。

经过上述四次往返求亲之后，就算订婚了。

3. 结婚

结婚年龄一般为男性 18 岁左右，女性 20 岁左右。

婆家要给娘家以下彩礼：

婆家要送给娘家母亲"努秀邦垫",有条件还送布内衣一件、邦垫一条。家中再穷,一条邦垫是必须要送的。

婆家还要送给娘家父亲衬衫一件,哈达一条,最穷的,也得送上哈达一条。

兄弟、姐妹及较近的亲戚每人送藏银几两、哈达一条,贫穷的只送每人一条哈达。

嫁妆:女儿出嫁、儿子入赘,至少要做一套新衣服。

结婚仪式:穷人家的结婚仪式则一切从简,新人插的"彩箭"用自己染的几块布做成,迎亲者无马可骑,就走路来接,新人也不骑马,请不起迎亲或送亲的就由父亲自己出面,酒宴一概减免,只请几户近邻喝一顿青稞酒以示庆贺。但新娘子进门后背牛粪筐、两个新人到房顶平台上敬神等基本仪式不能免。再穷一点的人家,什么喜事都不办,也没有三番五次送"龙羌"、"德羌"等程序,双方自由恋爱,约定时间就过门了,一切从简。

4. 离婚

旧社会离婚有很大的自由,尤其是贫苦的差巴、堆穷们结婚时一切从简了,离婚更简单了,不用办任何手续,也不需豁卡出面审理。入赘的女婿和妻子的感情不和随时自行离去,嫁过来的新娘和丈夫不合也可以回娘家,或另嫁他人。但如果嫁到有钱的人家,情况就不同了,被遗弃者按规定,应由主家赔偿工资,男的每年粮食30藏升,女的每年25藏升。计算方法是自嫁入之日起,一天算二天,一月算两月,一年算两年,按时间长短发给作为在这家劳动的工资。如果发现其已有对象,并发生过关系者则一律不发工资,自行离去。双方如生有子女,一般男孩归父亲,女孩归母亲,没断奶的男婴暂由母亲抚养,长大了再交给父亲。

5. 改嫁和续弦

改嫁:死了丈夫再改嫁的叫"细秀"(意即丈夫死亡后再嫁),和丈夫离异了再嫁的叫"洛秀"(意即另嫁一个丈夫)。娶再婚妇女为妻者,彩礼很轻,不用给岳母"努秀邦垫",只送上几次"龙羌"青稞就可以了。迎娶时只给女方一家老少每人一条哈达。新娘子头不蒙红布,领子后面不插彩箭,进婆家门时也不背筐,仪式很简单。

续弦:男的因妻子早亡,可以续弦;因离婚再娶,也有的因妻子不生孩子可以再娶一个小的"穷玛"(即妾)。男子再婚的结婚仪式隆重与否,以家庭贫富来决定,但一般的比第一次仪式简单得多。若因妻子不生养而娶妾者,彩礼及仪式都不得超过原配妻子的标准。有的是娶自己妻子的妹妹作妾的,可省掉送岳母"努秀邦垫"这笔开销,其他开支也略少一点。

差巴户,领种农奴主差地,相应支差纳税的人。他们占旧西藏人口的大多数。因有相对独立的经济生活,其婚姻比较注重家庭利益,也加大了家庭对婚姻的干预成分,婚姻仪式相对隆重。为了增加劳动力和减少差役,多偶婚在这一阶层比较多,特别是一妻多夫制婚姻。其多偶又以兄弟共妻和姊妹共夫较多。西藏自然条件恶劣,家庭经济要良好运转,既需要农业提供粮食,也需要牧业提供酥油和肉食皮毛。要想过上好日子,还得有人从事工商业或打工赚钱,更别说农奴身上沉重的劳役、实物和现金的差税负担。兄弟两人甚至多人共娶一位妻子,有人在家种地,有人外出支差,有人从事牧业,有人经商打工,对家庭经济的维持和富裕,自然是很有好处。姊妹共夫也是这个道理,大多是同胞姐妹共同嫁一位上门女婿。

旧西藏地方政府和贵族以及寺庙的领主,对下属农奴征收的差税,大多是以户为计算单位,也就逼迫农奴家庭极力避免因为婚姻而造成的分家。一夫一妻制婚姻,容易造成兄弟姐妹因结婚而独立出去,那样既减少了差地数量,削弱了家庭经济实力,还会增加差税负担。西藏地方政府也不鼓励分家,如规定分家不能分差地等,以防止差巴户因为家庭分裂从大户变成小户相应承担差役的能力会随之减弱。所以，差巴户阶层较多采取多偶婚的形式。既是家庭经济合作的需要，更是阶级压迫制度的产物。

二、朗生的婚姻

朗生是属民中最低的等级，他们因被蓄养在领主或大差巴（多为农奴主代理人）家中，没有独自立户的权利。他们人身完全为主人占有，终生完全听从主人的驱使不能离开；主人可以任意赠送、交换、买卖自家的朗生；男女朗生经主人允许或受主人指配可结为夫妻。主人为婚配的朗生提供一间矮小的住房，多数住在灶房、廊下，甚至在院中、圈旁露宿。朗生子女幼小时不另发食物，要靠父母节省下来的食物喂食，或者自己租种小块田地、积攒牲畜等收获补充。

"朗生"，藏语意为"家里养的"，即农奴主的家内奴隶阶层，命运最为悲惨，他们甚至没有结婚的权利。农奴阶层原则上不能和自己领主管辖之外的农奴通婚，因为这样容易引起领主间的农奴所有权的纠纷。即使有少数不同领主之间的农奴通婚，也必须事先得到领主的同意。婚姻嫁娶首先要解决农奴主劳动力的补偿问题，嫁出或娶入要以相应的劳力作交换，婚姻才能成立。其子女归属大多也按男孩归父亲方的领主所有，女孩归母亲方的领主所有来划分所有权。因而，农奴阶层的婚姻，不仅是在等级内进行，同时也在相对狭小地域范围内进行。人的一生大多被凝固在稳定的领主所辖的地区内。

各个不同阶层的农奴，其婚姻形态因其经济和社会地位而又略有不同。朗生阶层因缺少起码的人身自由和独立的家庭生活，同一庄园的男女朗生，两相情愿搬到一起住就算结婚，基本不举行任何婚姻仪式，也几乎不存在多偶婚姻。生育了子女后，领主的管家代表主人送一杯清油，以示祝贺。不同庄园的朗生，原则上禁止通婚，在事实上也很少发生，因为朗生大多终年在领主庄园内干活，几无外出接触其他领主异性朗生的可能。

三、西藏平民的婚姻特点

生活在旧西藏封建农奴制度下的平民阶层，由于深受严苛的等级制度的束缚，长期处于社会地位、经济地位极其低下的状态，政治地位更是无从谈起。身份的卑微，足以消弭人的意志品质和斗争的勇气。占西藏人口绝大多数的人都处于身份卑微的属民阶层，他们早已习惯这一身份标识，并且在观念上也认同自己"身份卑贱"，这就使得他们在社会生活的各个层面都表现出顺从、依赖的心态，他们甚至从未质疑过象征这一卑微身份的血脉骨系，而是把卑贱的身份归咎于前世的"因缘"、命运的安排。可想而知，生活在这种心理状态之下的西藏属民没有斗争，没有反抗，只有逆来顺受。婚姻对于他们来说仅仅是延续一代又一代的"贱民"血脉，这是他们自身无法改变，也不可能改变的事实。

第一，"一夫一妻"与"一妻多夫"并存。

平民由于生活长期处于贫困状态，只能以"一夫一妻"或"一妻多夫"的婚姻形式组织家庭。一方面他们没有经济实力娶多个妻子为其繁育后代，另一方面几兄弟共娶一妻，既可避免土地、家产分散的不利因素，也可使兄弟间和睦相处，互不分离。

第二，从恋爱、求亲到娶亲，过程简单，没有仪式。

平民的身份使得生活在这一阶层的人并没有把婚姻礼仪看做是神圣的仪式，传统观念和生活现状只能让他们把婚姻仪式看做是贵族阶层才可以享受的一种文化，而贫困的百姓首先要解决的是温饱问题，没有心思，也没有能力举办婚礼，在他们看来，婚姻不过是两个成年男女共同居住并养育后代的一种方式。

婚姻作为社会制度的重要部分，必然要随着社会的变迁而发生变化。1959年民主改革后的新西藏，从根本上颠覆了旧西藏阶级压迫下的封建农奴制等级内婚制度，农奴翻身作了主人。昔日一无所有的朗生，分到了土地、房屋、牲畜等生产生活资料，开始有了人身自由和独立的家庭经济生活。随着西藏社会经济的不断发展，朗生和堆穷的经济地位和社会地位不断提高。这一变化率先打破了农奴阶级内部的等级制度，藏族社会开始逐渐适应和习惯"民主"、"平等"的社会制度。"皮之不存，毛将焉附！"既然等级制度已不复存在，那么，表现在婚姻制度上的"等级内婚制"也随之退出了历史舞台。昔日的差巴、堆穷、朗生，不再是新时代农牧民的身份符号，他们之间早已基本实现了通婚自由。在新的社会制度和文明进步中，不论是最受社会歧视的铁匠、天葬师等所谓的"贱民"阶层，还是身份、地位尊贵的贵族阶层，他们之间的"等级"差距随着制度的变化和时间的流逝逐渐淡化，而"等级"观念在人们的意识中也逐渐消退。当然，作为传统的社会意识，"等级内婚"观念会在相当长的时间内或多或少地存在于人们的意识之中，反映在当今西藏的婚姻形式中，更多表现为"门当户对"的婚姻。因而，对现代的西藏人而言，除严格遵循血缘外婚的原则外，有着广泛的择偶余地，其婚姻形式也表现出相当广泛的多样性。

第六章 藏族传统的婚育观念

婚育观，指的是人们对婚姻生育的基本看法和态度，是支配人们婚姻行为的主导因素。它首先包括婚姻和生育的动机和目的，这可以从婚育的社会价值和家庭价值两个方面来考察。

第一节 藏族传统的婚姻观

一、严格禁止血缘内婚

骨系藏语称"锐巴"含意为"骨系"、"族系"。藏族关于"骨系"的观念早已有之，它是指同一祖先的血缘关系。这种血缘关系以人身上从顶骨到踝骨的骨头起名。一个骨头的名字，即算是一个血缘系统的传统名字，故称骨系。

（一）有关骨系的传说

1. 世界上最早时没有人，当时只有一个猴子和一个魔女，他们俩结亲之后，用木犁、木头来从事生产劳动，繁殖子孙，发展起来。这些子孙彼此都是亲属。许多年以后，来了一个仙人，名叫长松，对人们说：你们以后，每人都应当有自己不同的骨头来计算自己的亲属关系。众人回问：我们都是一个父母生的，怎么会有不同的骨头呢？仙人回答：我身上的骨头，可以全部分给你们，以后你们就可以把这些不同名的骨头，分别算作自己的骨名，表示各自的血统关系。仙人的指点，便是阿巴部落关于骨系形成的一个较为广泛的传说。①

2. 与上述传说略有不同的另一个传说：以仙人身上的骨头命名和以动物名字命名是同时出现的。因为仙人身上的骨头有限，一说有 120 块，一说有 360 块，但都不够众多人的命名，所以采用动物名来补充命名。但在人们观念中认为以仙人命名的骨名，比以动物命名的骨名要高贵一些。

关于仙人 360 块骨头的传说，拉萨门孜康的次准穹穹认为是有的，但是他说一般不作骨系，而是属于一年有 360 天的历算传说。②

3. 还有一种"五行"说法。任何人都离不开五行，五行是金城公主入藏时传进来的。即："一格"，"二且"，"三功"，"四香"，"五无"。格、且、功、香、无为藏语音译，意译分别为木、火、土、金、水。它们又称五种"境地"。

藏族相信，这五种属性可以辨别一个人的脾气和性格特征。如果谁不知道自己的骨名，可从声音沙哑、说话抿嘴、喘长气、鼻音重、笑时闭嘴等五种情况来区别，其中以第一种说话声音沙哑为高贵。

近亲结婚是西藏婚姻最重要的一条禁忌。在藏北牧区，人们受宗教思想的影响，认为近亲通婚者的影子照到谁谁就会生病，

---

① 《藏族社会历史调查》之"那曲县桑雄阿巴部落调查报告"，西藏人民出版社，1987 年。

② 《藏族社会历史调查》之"那曲县桑雄阿巴部落调查报告"，西藏人民出版社，1987 年，

平时不能让这种人坐到自己面前。就算死了也不能送天葬场。他们生下的孩子会变成傻瓜，长成畸形、还会长尾巴。① 认为近亲通婚者还会给他们的家族甚至整个村庄带来灾难。历史上，在西藏的山南地区，近亲通婚者甚至还会被处以装入牛皮口袋沉江的死刑。② 而藏族在确定人们之间的血缘关系时也有自己独特的方法——"骨系"理论。③ 骨系是从旧西藏发展而来的一种计算血缘和确立家族谱系的方法，一般按照手关节来数数。不管是父系或母系，都从手的第一个关节算起，一个骨节代表一代，到肩膀时是第七代。父系血缘的人无论相隔多少代都不准婚配，母系血缘的人原则上也不得婚配，但也有部分地区允许在母系血缘至少相隔五代、七代或九代之后予以通婚。即使双方不知道是否有血缘关系，但只要怀疑存在亲戚关系，也是绝对不允许通婚的。因此，藏族的通婚范围对父系和母系的血统都是绝对排除的，同汉族旧式婚姻中的"表婚"现象有很大的不同。这正是由于两种婚姻所产生的背景和注重的价值不同所造成的，一个看重血亲，一个注重人伦，采取的是完全不同的婚姻架构。④ 其次是阶级和等级的禁忌：在民主改革前，由于西藏实行等级森严的封建农奴制度，贵族和平民被分为三等九级，社会地位悬殊。表现在婚姻的缔结上是严格的"等级内婚制"。⑤ 不仅不同等级之间禁止通婚，

---

① 格勒等著：《藏北牧民——那曲地区社会历史调查》，中国藏学出版社，1993年，第 209 页。

② 《藏族社会历史调查》（二），西藏人民出版社，1987 年，第 98 页。

③ 需要强调的是，骨系理论并非在整个西藏通用。它起源于藏北地区，也就是现在的那曲地区，在那里的运用也最为流行。根据笔者的调查，在日喀则、昌都和山南等地也有部分地区适用该方法确定血缘关系。——作者注

④ 徐平：《藏族的婚姻规则和道德观念》，载《中国西藏》，2001 年第 2 期，第 58 页。

⑤ 陈立明：《藏族传统婚俗文化及其变迁》，载《西藏大学学报》，2002 年 6 月第 17 卷第 2 期，第 38 页。

即使同一等级之间的婚配也要受财富、地位、门第等诸多因素的限制，追求所谓"门当户对"的婚姻。正如文献资料中提到的藏族择偶标准"娶妻要选有财富与智慧者，若两者不兼备，应挑选有财富者，选婿要选有智慧而富裕者"[①]。另外，还有一些被视为"不洁"出身的人也属于一般家庭婚姻禁忌的范围，包括铁匠、屠户、猎人、背尸人等。受宗教观念的影响，这些人被视为低贱的职业。认为如果与他们通婚，会为整个家族带来灾难，甚至死后也不得超生。因此，大多数家庭都不愿意让自己的子女与他们通婚，致使这群人多年以来只能内部通婚。除了上述两种禁忌之外，还有一些疾病被排除在通婚范围之外，例如麻风病等。除此之外，近亲通婚和等级内婚成为西藏婚姻最主要的两条禁忌。随着时代的进步，西藏传统的婚姻禁忌也在发生着变化。森严的等级内婚制在如今的西藏已经不复存在。但是血亲禁婚仍然是人们普遍严格遵守的禁忌。此外，对于所谓"不洁"出身的婚姻禁忌也在部分地区和部分人群中继续存在，仍然需要一段较长的时间来逐步消除。在番孔村调查时村民达杰就告诉我："我的姐姐就曾经和村里的铁匠相爱，但是我们都不同意他们的婚事。因为这样会给我们家带来灾难，会倒一辈子霉。如果他们结婚了，我们家不是也变成铁匠出身了吗？以后我们的孩子也会跟着遭殃的。"正是由于一妻多夫婚姻没有违背藏族传统观念中最基本的婚姻禁忌，它自然也就从社会传统文化的层面得到人们的支持。在西藏它是符合伦理道德规范的一种合理的婚姻形式。

---

① 王尧、陈践编著：《敦煌吐蕃文书论文集》，四川民族出版社，1988年，第104页。转引自陈立明：《藏族传统婚俗文化及其变迁》，载《西藏大学学报》，2002年6月第17卷第2期，第38页。

(二) 结婚禁例和自由程度

藏族的通婚范围是严格的血缘外婚制和比较明显的等级内婚制。血缘外婚制反映在同父系祖先（即同骨系）的人，绝对禁止通婚，绝对禁止有两性关系的发生，否则就要遭受舆论的谴责，乃至人格贬辱，严刑惩处。舅表、姨表、姑表之间也是不准通婚的，谁要违犯也要受到前述的谴责和惩处。只是在这三种关系中，有九代（或七代、五代）的限制，过了这些代后，既有的血缘成分淡了，到那时才允许通婚。事实上人们算辈分时不容易记得如此清楚，这说明它比父系血缘关系要松弛得多。

这里严格地排除堂兄妹婚、姨表婚、姑表婚（据说门巴人不排除姨表、姑表婚），甚至只要知道双方有亲属关系的，不管远近都不许通婚，这条禁忌人们遵守得很好。要是亲属通婚，地方四邻都不依，说"青草要干枯，水源要枯竭，老天都不下雨"，不仅舆论很多，还要告官惩办。听说过去近亲通婚，要处以装入牛皮口袋沉江的死刑。

等级内婚的禁例也是明显的，尤以领主代理人等特权等级之间突出，确有非门当户对不嫁不娶的特点。两代人谈亲事的对象，都是部落中的当权派、统治者。

富裕牧奴之间对于自己子女的婚嫁，也是选择门户，注意富与富间来往通婚的界限。

在广大劳动牧奴家庭之间，虽有贫富界限，但不十分明显。出嫁和入赘前还注意是否是富裕家庭，在娶入和赘入后一般就不在乎了。一个家庭无论嫁出姑娘，或赘出儿子总希望找富裕对象，不愿找穷的。但在娶入或赘入的家庭，又多数愿意找穷的或稍穷于自己家庭的子女，怕富于自己的家庭对象来到家里操纵家务，作威作福，不听家里的话。

总之，父母给子女择偶的标准，不大注意贫富，而主要是看对方的劳动能力。要看姑娘挤奶、打酥油、做奶渣是否熟练勤快，是否尊敬父母，对人和气；对男方则选会放牧，会搓毛线，能做生意，这样的就算好对象了。

对于骨头也不分高骨头和低骨头，只是对铁匠、瓦匠、猎人歧视，不愿和他们通婚。这种贵贱之分在贫苦牧奴中（包括牧工），也只是嘴上说说而已，实际上并不十分注意。

普通劳动牧民青年男女之间的恋爱、择偶是自由的。多数都是自由做主，父母不加干涉，或者自己找到对象后，得到父母的同意和支持。只有地区距离较远的两家联姻，子女不容易接触的情况下，才由父母说亲做主。有些青年男女相爱，是在放牧劳动中，节日舞会上，相互帮助或相识之后产生感情。这时一般是男的到女的帐篷求婚。青年男女恋爱，就是富裕家庭的子女，找了贫穷户的子女，富裕家庭的父母不满意时，也很少粗暴干涉，只责备自己的子女："咳！这孩子，你为什么要找这样的对象。"所以在劳动牧民中，特别是贫苦牧民中的恋爱婚姻问题，可以说基本上是自由的。

（三）不同等级间通婚情况

在不同等级中通婚倒是有一些限制的。差巴一般只愿和差巴结婚，而不愿和堆穷、手工业者结婚。女儿出嫁是这样，招女婿也是这样。这也是讲门当户对。一般认为与堆穷、手工业者结婚就降低了身份。但是与牧民中同自己生活水平相当的人是可以通婚的。因此，在被调查的 26 户差巴中，娶的媳妇或招的女婿，没有一个是堆穷或手工业者。但差巴的女儿嫁给堆穷的是很多的，这大都不是差巴家所同意的，而是出于先发生了性关系的事实，不得不允许。

堆穷与差巴结婚当然乐意，但堆穷也决不与手工业者结婚，认为手工业者是最低贱的。因此手工业者，夫妻双方家庭往往都是同行。

限制最严的是对杀羊的,连最贫穷的堆穷也不愿和其通婚,即使其是一户富裕差巴。因为人们认为杀羊人的骨头和血统不干净,因此杀羊人只能与杀羊人通婚。像这样的杀羊人还有个要求,就是自己是差巴,因此找对象要既是杀羊人又是差巴才行。这个地方没有铁匠,据说铁匠和杀羊人一样是下贱的。但是杀羊人和铁匠也不能通婚。如通了婚生了孩子则被社会上认为是最下贱的,比铁匠和杀羊人还要下贱。

二、择偶自由观念

藏族男女婚前爱情生活比较自由,一般不受社会舆论的干涉。婚后则比较严格,两性作风不正者,将受到社会、家庭及亲朋好友的谴责和歧视。

非婚生子女(私生子女)不受社会歧视。他们享有已婚生子女同等待遇。

僧人、尼姑还俗结婚者,被视为大逆不道的行为,要受到社会的歧视。除他(她)本人外,他们的妻子或丈夫和子女也同样受到歧视,因此,大多数女人都不愿嫁僧人还俗者,男子也很少与还俗尼姑结婚。

在不违背近亲通婚和等级内婚的前提下,藏族青年男女的婚恋有着较大的自由,人们在劳动生产和各种社交场合可以自由交往和谈情说爱。但这并不是说青年男女就能自主婚配。传统的藏族婚姻多是父母之命、媒妁之言的包办婚姻,贵族上层的婚嫁尤其如此,子女毫无婚恋自由可言。贵族间的联姻多是一种政治行为,考虑的是家族的利益,包括家庭的政治地位、财产继承和社会地位,借联姻扩大自己的地位和声望,因此不会也不可能考虑子女的情感。平民的情况则不同,虽然婚嫁与否的最终决定权在父母，但子女在选择配偶时有较大的自由，家长会充分尊重子女的选择。事实上许多情况都是子女自由恋爱后，将自己的意愿告诉家长，由家长出面请人提亲和订婚，最后安排婚嫁。也有的是家长相中了某男或某女，事先并不告诉子女或征求意见，直到成婚前才通知子女。但这种完全由父母包办做主的情况较少，多数情况是由父母做主决定婚嫁，但事先会征求子女的意见，如果子女不同意这门婚事，家长会考虑孩子的意见。当然，藏族人对长者十分尊重，子女一般会听父母的安排。

有些地方也存在较为普遍的包办婚姻，尤其是在某些差巴家中，怕儿子大了与门不当户不对的人恋爱，因此年纪不大就给他娶个大媳妇，这样一方面把儿子拴住，同时也增加了劳动力。媳妇往往是外村的，这一方面是因为本村差巴有限，不易找，同时找外村的亲戚们来往少一些，免去一些不必要的打扰。因此常出现这种情况：出嫁的女儿也不知嫁给了谁，甚至骑马离了家门还不知到哪里去呢。

除了包办婚姻，也有自由恋爱的，这在堆穷、手工业中较多。但因西藏过去是封建农奴制社会，农奴没有人身自由，所以这个自由只能是与差巴中的包办相对而言。社会上也有不少人认为自由恋爱是不太体面的事，有很多男女青年在客观条件的限制和阻挠下失败了，而成功的也只是侥幸而已。

不管社会舆论如何，人们（主要是青年男女）都喜欢自由恋爱，反对包办婚姻。有很多青年男女曾进行过坚决斗争。比如旺加原为差巴，因为家里的妻子是包办的，不称心，而自己却不能同情投意合的爱人结婚，于是他俩就脱离家庭而结婚，后来就做了堆穷。

如今，人们的择偶观已发生了较大的变化。伴随着社会的巨大变革，西藏早已废除了过去那种严格的等级制度，劳动人民当家做主，没有阶级之分，人人具有平等的社会地位。人们在不违背近亲婚姻禁忌习俗的同时，自由地选择婚恋对象，通婚范围也不断扩大到不同民族，乃至外国人。

城镇包办婚已基本绝迹，在偏远的农村、牧区，虽然也有个别包办婚姻现象，但子女在婚姻上的自主权和支配权不断加大。在藏族传统的价值观中，强调"诚实"的人格品质，因此，在选择配偶时，一个人的品质和德行成为最重要的条件之一。其他如职业、经济和社会地位等条件也是人们比较注重的条件。生活在城镇的藏族，更加关注对方家庭的地位和经济条件，农牧区的藏民则看重对方劳动能力。然而，无论城镇和农牧区，"恋爱自由，婚姻自主"已是西藏婚恋的主流。

三、门第观念

藏族的等级、门第观念是在长期的封建农奴制社会中产生的，这种观念的形成，与古印度婆罗门种姓制度有着密不可分的关系。与其说它是一种观念，不如说它是一种社会制度。在西藏的等级制度中，把人分为三级九等，体现在婚姻关系上就是同等级的人之间可以相互通婚，不同等级间的人是不能通婚的。等级观念形成导致门第观念的产生，潜移默化地影响着一代又一代的人。对藏族来说，出身是命中注定的，出生在什么家庭，哪个阶级是前世的因果报应，个人无法做出选择，任何人无法改变自身的地位和家族的等级。门第是一道无法逾越的鸿沟，它横在每个人心中，时刻提醒人们所处的等级。因此，"门当户对"的婚姻在当时社会是一种必须遵守而又无奈的选择。

第二节　藏族传统的生育观

生育观是人们对生育问题的根本看法和态度，属于社会意识形态的范畴，它直接支配人们的生育行为。在传统观念、社会伦理，以及社会经济条件、文化背景和风俗习惯等多方面的影响下，形成了独具地域特色和民族特色的生育观念。

一、分娩与诞生礼

在封建农奴制度下的西藏传统里，广大妇女失去了人身自由，往往受到社会的歧视。临近分娩的孕妇更是得不到必要的休息和保养。在分娩时又得不到合理的照顾和最起码的卫生条件的保障。如帕拉属下的女朗生生孩子，只有三天的产假。分娩后主人送点清油，以示祝贺，因为毕竟又增加了一个劳动力。由于朗生家境贫困，一般不能为孩子举行称之为"旁色"的诞生礼。这些朗生的后代在13岁之前主人不提供任何衣食，直到13岁时成为正式朗生后，就开始与他们的父母一样为主人辛勤劳动。

按照牧区的传统习俗，妇女分娩时不能留在家中的帐篷里，富裕人家可以单支一顶帐篷给产妇用，而普通牧民家中的妇女只能到牲口圈中或者就在野外草地上生下自己的孩子。产妇临盆时由家中年长的妇女来照顾。生产条件很差，为保暖，地上有时会铺上羊粪，无人照料的妇女必须完全依靠自己完成分娩。孩子生下来后，母亲将其放在胸前用藏袍裹好带回家里。在有些牧区，妇女产后三天才能回家。家中长辈为孩子准备好羊羔皮、羊毛毡做襁褓，并在第二天杀羊庆贺。妇女在产后要吃蕨蔴（俗称人参果）补养身体，一般可以休息两三天，有些身体较差的最多可以休息 7 天，然后就恢复以前的工作。

诞生礼藏语叫"旁色"，是作为人生开端的第一种礼仪活动，也是一个具有连续性的人生礼仪，是对婴儿降生人世间的一种认可。它集中表现了人们对人口再生产的一种重视程度。"旁"是污浊的意思，"色"有清除之意，也就是说是一种清除晦气的仪式。藏族认为，小孩出了娘胎，如不及时举行"旁色"仪式，便会带来许多污浊和晦气。因此，举行这种仪式，一是为孩子清除污秽，祝福孩子健康成长；二是祝产妇早日康复。据有关学者考证，"旁色"仪式从 1500 多年前苯教时期流传下来，是由苯教的一种祭祀方法演变而来的。小孩子生下来的第三天（女孩是第四天），"吉度"户便要前来参加"旁色"仪式。他们带的礼物是青稞酒、酥油茶、牛羊肉、酥油、礼金以及小孩的衣物等。客人进屋，先给父母和襁褓中的婴儿献上哈达，而后敬酒、倒茶并献礼。然后端详初生婴儿，对孩子说些吉利祝愿的话。有些农户还为前来祝贺的亲友举行汤饼宴。"旁色"结束后便给孩子取名。取名是一件郑重的事情，一般请活佛或村里有名望的长者为新生儿取名，也有父母自己取名的。取名者根据家人及自己的想法和愿望来决定婴儿的名字，总是起一些含有吉祥意义的名字。孩子满月之后，选择一个黄道吉日，举行出门仪式。这天小孩要换上新装，由父母抱着走出家门，一般出门往东走，以图吉利。有的第一天就到寺庙朝佛，目的是祈求佛祖保佑新生儿一生平安。孩子第一次出门，父母或家人往往会在婴儿鼻尖上擦一点锅底的黑灰，意思是出门时不被魔鬼发觉。

二、生育意愿

生育意愿对人们的生育观念起着很重要的作用。它直接影响着人口数量，同时又受到很多客观因素的制约。如自然条件、经济水平、生育目的都直接或间接地影响着人们的生育意愿。在西藏传统的生育观念中，人们生育的目的普遍在于养儿防老，使自己老有所依，老有所养，并没有多子多福的观念。人们一般希望有2—4个子女，以便拥有比较充足的劳动力。在以家庭为单位进行生产的条件下，劳动力多家庭经济收入就多的客观现实，在很大程度上刺激了人们扩大家庭规模和组成大家庭的愿望，从而产生了多生育的愿望。此外，在传统观念及社会伦理道德观念的影响下，经济关系与血缘关系牢固地交织在一起。家庭不能无后，财产要世代相传。传宗接代、繁衍子孙被视为生育的另一个重要目的。而且旧的传统观念总把儿女看做社会实力的象征，无儿无女的人在那种观念下会受到歧视。

藏族社会中重男轻女的思想比较淡薄。有一种观点认为，如果出生的第一个孩子是女儿将确保双亲长寿，而且她长大后会成为母亲的好帮手。无论这个家庭有无男性继承人，都不会轻视女婴。一般认为女孩比较柔弱，离家在外失去父母容易被人欺负，所以不愿将女儿远嫁。女婿入赘，与岳父母家的儿子拥有同样的地位和权利，不仅能继承财产，还可能成为家长，不会受到家庭和社会的任何歧视，而且女婿与岳父母相处不像儿媳与婆婆那样容易发生矛盾。因此，许多有儿子的家庭也愿意招赘女婿，而让儿子分家另过。这种习俗不仅造成了婚后从妻居与从夫居比例基本相同的情况，而且极大地影响了人们的生育观念。

三、婚外生育

婚姻使两性关系合法化，但两性关系不只限于婚姻范围之内。藏族对于婚外的性关系较为宽容，只要双方没有血缘或亲属关系，婚姻以外的两性关系不会遭受社会舆论的谴责。这导致了非婚生子女的增多，甚至有些非婚生子女是未婚妇女所生，还有一些是离婚妇女再婚前所生。社会对非婚生子女是宽容的,他们的社会地位与婚生子女没有差别,他们在社会和家庭中不受任何歧视,更不会被遗弃。他们成人后在财产继承和婚姻以及社会活动各方面拥有与婚生子女同等的权利。他们的母亲也不会因此而遭受非议,孩子的父亲在母子生活有困难时还会前来帮忙。在牧区,按照习俗,如果有了非婚生子女,男方必须赔偿女方一头牦牛,但有时不能兑现也就不了了之。

第三节　藏族传统的生育目的与行为

生育目的与生育行为是相互联系、相互影响的。生育目的支配生育行为,生育行为又反过来对生育目的产生一定影响。在藏族传统社会,生育目的与宗教观念是密不可分的。不论是早期苯教的影响,还是后期佛教的渗入,对藏族而言,生育目的非常明确,而且毋庸置疑。因为生命是轮回的结果,每个生命的诞生都有其因缘,生儿育女是"自然现象",生男生女是"上天的安排",是不可抗拒的。正是由于这一自然生育观念的支配,藏族的生育行为基本上是在自然的、非人为干预的状态下进行的,具体表现为早育、多育、非婚生育等。

一、多育

藏族的自然生育观与汉族的"多子多福"生育观是完全不同的,然而其结果大同小异。虽然主观上不一定愿意多生,但由于对怀孕与生育采取了不加控制、顺其自然的态度,故藏族妇女的多胎生育较为普遍。其原因如下:

第一,自然生育观念容易导致多育。

有资料表明藏族妇女不但生育年限持续时间长，其生育行为甚至可一直持续到55岁，而且生育高峰也宽于其他民族，从20—45岁均有较高的生育水平，① 这样，多胎生育成为必然结果。

第二，为缓解婴幼儿成活率低造成的人口数量减少的压力。

有学者认为，仅在民主改革前的100多年间，藏族人口较过去减少了五分之三，② 这其中较高母婴发病率与死亡率是重要因素。如婴儿死亡率在西藏和平解放初期统计时高达430‰，③ 人均寿命只有35岁左右，多育成为对婴幼儿成活率低、死亡率高的一种补偿，藏区社会也很自然而广泛地对多育给予了认可与鼓励。

但实际上多育并没有真正解决藏区当时的人口问题。除了解放前藏区社会及其经济均停滞不前的原因，也与缺乏基本的医疗卫生条件有关，特别是与普遍缺乏妇幼保健的意识和基本医疗条件有关，即缺乏优生的内、外环境，使母亲和后代的生命都得不到保障。民主改革以后，尤其是改革开放以来，藏区的社会和经济均有了较大发展，生活水平不断提高，医疗卫生和妇幼保健的条件与质量也有了较大改善，多育习俗才真正体现了使人口数量高速增长的功能。

二、早育

早育，通常是指19岁以前，尤其是17岁以前低年龄段的生

---

① 杨书章：《西藏妇女的生育水平与生育模式》，载《中国藏学》1993年第1期。

② 谢成范：《西藏的医疗卫生事业和高原病研究的成就》，载《中国藏学》1991年第2期。

③ 《健康报》，1991年5月16日。

育。在广大藏区,早育现象较为普遍,这与藏族社会自然生育观念以及社会舆论对自由恋爱、婚前性行为持宽容态度有关。李有义先生在其1951年出版的《今日的西藏》一书中介绍道:"西藏一般的结婚年龄都很晚,世家偶然有例外,普通人都是在二十岁以后方结婚……同时结婚并不是唯一满足性生活的方法,习惯上婚前的男女可以自由交友,发生性关系也不禁止,所以一般青年男女很少有要求早结婚的。"① 此书还写道:"西藏的青年女子因在婚前有一段自由浪漫的生活,有好些在婚前就生了子女。"②

在藏区,早育大致可分为婚内早育与非婚早育两种。婚内早育是早婚的结果,而非婚早育则是未婚早育的一种现象。婚内早育在青海、甘肃大部分农业区藏族中较为常见,而非婚早育在牧区妇女中相对多一些。非婚生育是生育与婚姻相互分离的一种特殊现象,这种分离表现为暂时性分离与永久性分离。暂时性分离即为婚前生育,之后再举行结婚仪式。在藏区常常可以见到年轻的母亲携子女与其父亲结婚的场面;永久性分离的生育就是非婚生育,其中既有早育者,也有非早育者。据西藏大学1988年统计资料显示,牧区和农区非婚生育的比例分别为6.7%和4.0%。③

第四节 藏族传统生育文化的社会功能

生育文化是结构社会秩序的方式之一,同其他文化一样,在人们的日常生活中发挥着一定的作用。藏族深受本民族宗教观念

---

① 李有义:《今日的西藏》,天津知识出版社,1951年,第128页。
② 李有义:《今日的西藏》,天津知识出版社,1951年,第128页。
③ 《中国少数民族社区人口研究》,中国人口出版社,1993年,第46—47页。

的影响，对生命的诞生与死亡都能够坦然面对，这一点与众不同。在藏族看来，一个新生命的诞生就意味着一个旧的生命的解体或死亡，这是每个人经历轮回的必然。

一、保证藏族人口的增长

青藏高原恶劣的自然环境和气候条件，极大地考验着人口的繁育。"物竞天择，适者生存"的自然法则必然成为藏族人口发展的自然障碍。当人们面临自然灾害，如疾病、瘟疫、战争、庄稼歉收等，特别是抵御这些天灾人祸的能力较弱的时候，人口的急剧减少就会成为最突出的问题，增加人口便成为最急需解决的问题，增加生育机会可能就是最现实的办法。人们清楚地意识到，只有通过增加劳动力人数，才能抵御死亡率过高的威胁。藏族先民利用生殖崇拜和巫术仪式，模拟自然物繁衍功能，获得人的最高数量的繁殖。

藏族普遍认为，人与自然界的万事万物一样，自然地怀孕、自然地生育，不存在人们自己的意愿。这是藏族原始宗教自然崇拜所产生的一种认识。原始宗教过渡到神学宗教后，藏族苯教和藏传佛教庞大、完整的理论体系，使"自然生育"的观念理论化、抽象化为"生死轮回"的观念。也就是说，任何一个生命，都是"轮回"的产物，都有其生存的理由，生男生女，生多生少都是命运的安排，是不可抗拒的。因此，在藏族生育文化中，没有"堕胎"、"私生子"的概念，只有"一切众生平等"的观念。这一观念保证了藏族人口的自然增长，它一方面保证了家庭人口的增加，也保证了藏族人口的增加；另一方面实现了家庭血缘的延续，也使劳动力获得有保障的增加。

二、提供藏族的族性认同

文化同源是民族认同的基础，也是凝聚民族一体性的基本力量。藏族生育文化尤其为藏族的族性认同提供了多方面的条件。比如，藏族首先承认猕猴和罗刹女是他们的共同祖先，并自觉承认他们是这一共同祖先的传人。他们用全民族都认可的方式平等对待每一个生命，无论男女，无论身体健康还是疾病，无论肢体健全还是残疾，都是佛祖以不同的方式考验人们的结果。

藏族青年选择配偶是比较自由的，受父母及其他长辈的约束较少。在青海海南州所属的东部农业区，每年阴历六月都要举行被称为"六月会"的传统歌会，这实际上是青年男女以歌为媒、相互结识的一个契机，也是他们寻找理想伴侣的一个平台。届时，他们身着节日盛装，与同龄人结伴而行，从四面八方汇集到歌会会场，对歌、赛歌，场面尤为壮观。期间，如果某位姑娘、小伙彼此倾心，就会悄悄地离开，谈情说爱去了。但是，这并不意味着藏族青年男女在选择配偶时没有任何限定。根据习俗，他们的婚姻关系要受到婚姻圈的制约。这里所指的婚姻圈包括两个意义：一是不允许婚配的范围；一是允许婚配的范围。也就是说，同一宗族的未婚青年男女属于禁止婚配的范围，相反，不是同一宗族的未婚青年男女则属于允许婚配的范围。这一选择配偶的界定范围，就构成了藏族内部的社会关系。

确定一对未婚青年男女是否同一宗族，主要看他们各自所属家庭的"骨系"是否相同，这是一种藏族历史上形成的并延续下来的，独具特色的区分不同血缘宗族的方法。尽管这种方法并没有得到科学认证，但在藏族社会中却被普遍认同并广泛应用。因此，每次在"六月会"对歌择偶时，男女青年必定要先了解对方的"骨系"，确定不是同一宗族之后，才可以继续交往。

这种"骨系"判断与汉族民间的"家谱"记录不同，它比汉族家谱记录的范围要大，远远超出一个家庭本身以及这个家庭延续的记录范围，成为宗族的判断和认可方式。这一习俗，为避免近亲结婚奠定了基础，达到了本民族内同宗族禁婚的目的，也加强了藏族对本民族历史和民族性的认同。

三、维持藏族内部的社会秩序

一个民族在一定时期的生育文化，事实上是维持着这个民族在那个时期的社会基本结构，维持着这个民族内部当时通行的社会秩序。在藏族的生育文化中，不论是"成人礼"，还是婚前性自由，绝不会是没有限制的无任何约束的性关系。比如，同一骨系不婚的规则，信仰同一家神不婚的规则，等等，都是不可逾越的民族内部必须遵守的规则，谁也不能例外。藏族的生育风俗的社会约定，保障了本民族内部社会基本结构的完整，保障了社会秩序的正常运行，减少了本民族发展中可能出现的问题，保障了民族人口的正常增长。

四、延续藏族的宗教信仰

藏族历史和文化，始终伴随着宗教信仰而存在，它渗透到藏族文化的深层，渗透到人们的生产和生活的各个方面。当然，藏族宗教的延续和发展，离不开对人们生活的具体影响，否则它的存在便成为无源之水，无本之木。在藏族生育文化中，随处可见宗教影响的痕迹。例如，在提亲、订婚过程中，请喇嘛占卜算卦；在婚礼上请高僧诵经祈福；婚礼进行中的"招福"仪式；新生婴儿请喇嘛取名，等等，不胜枚举。所有这些习俗，都带有明显的宗教文化印记。

第七章 藏族传统婚姻的变迁

第一节 藏族传统的婚姻价值观念

一、藏族传统的婚姻禁忌

在藏区，一个家庭的婚姻不管是亲朋好友介绍，或父母包办，或自由相爱，特别忌讳男女生肖的五行（土、水、火、金、木）相克。从古到今，人们一直延续这条禁忌，婚前要通过星相观测和占卜的方法来确定男女之间的五行是否相合。认为五行对婚姻大事起着至关重要的作用，既有相合的时候，又有相克的时候。如夫妻之间经常发生争吵、打架或闹离婚，就认为生肖相克水火不相容，水克火、火克金、金克木、木克土、土克水所造成。

严禁近亲婚配，认为婚姻双方的血缘越远越好，若必须婚配，至少要隔八九代才能通婚。否则生下畸形婴儿，会被认为很不吉利，会给家庭、村庄带来灾难。从佛教的教规上讲，近亲通婚会受到神的惩罚。

在有些农区一带，新娘离家时忌讳往后看，否则认为婚后新娘总想着自己的家，造成夫妻不和睦。新娘到达男方家门口时，忌讳直接入门，首先向新郎家上报新娘所携带的吉祥物品，诵吉祥祝词后方能接过五彩带，左脚跨门槛入房内。婚期三天内，新娘忌讳张望窗外，否则灶神会从张望处飞走，给家人带来恶运。婚礼中忌讳新娘东张西望，否则认为对客人不尊。婚期忌讳新娘触摸灶具或牲畜，否则认为不吉利。婚期过后，新娘首先要在灶中煨桑烟，祭五谷，做祈祷后，方能触摸灶具和牲口，并做家务事。新娘触摸牲口时，农区先触摸耕牛，牧区触摸奶牛。婚期新娘吃剩的东西只能拿到屋外倒掉，忌讳喂狗或牲畜，认为剩食不洁净，狗或牲畜吃了会染上疾病。

二、藏族传统婚姻形式的道德评价

藏族传统的婚姻规则有两条：一是等级内婚，二是血缘外婚。等级内婚是封建等级制度在婚姻上的反映。通婚一般只能在同一等级内部进行。即贵族同贵族，平民同平民，奴隶同奴隶间进行，一般不能超越这个等级。当然也有打破等级的通婚，这种婚姻大多为自由恋爱。这类婚姻大都双双离家远去他乡度生。

血缘外婚姻是各地藏族普遍遵守的一条基本婚姻原则。它是从遗传学角度有利于生育优秀后代为目的。藏族认为，近亲结婚生下的后代一是智力差，二是多有残疾，三是体质发育不健康。血缘外婚是从种族的强壮和智力的发达意义上考虑的。因为他们必须适应自然条件比较恶劣的雪域高原，才能生生不息，再创辉煌。

藏族血缘外婚，全部排除父母双方的血缘关系。无论母亲还是父亲，只要有血缘关系一律不得通婚（偏僻山区个别有之）。反之，只要没有直接的血亲关系，不同辈分和社会关系极其密切的人也可以通婚。血缘外的间隔时间有"母亲五代、父亲七代说"。也有"三代说"、"四代说"。

藏民族是一个注重人伦的民族。如果与他的血亲有着婚姻或性的关系，那么他就严重违背了传统的婚姻规则和性道德观念，必然要遭到社会的强烈批判和自我道德良心的谴责。

藏族传统性道德规则要求男女性生活要节制、知足、和谐。藏医养生学特别强调性生活要节制、稀疏、知足，这样有利于健康长寿。性生活频繁过度导致人的早衰短寿。一夫多妻和一妻多夫家庭有一套人人皆知、必须遵循的性道德准则，即作为兄弟共妻和姐妹共夫的，对诸夫和诸妻的性生活要做到不偏心、不偏爱、一视同仁、满足需要；兄弟或姐妹之间对性生活要做到节制、知足、谦让、和谐，这类家庭如果夫妻间因性生活发生争风吃醋，则会被人们笑话或看不起，遭到社会谴责和舆论攻击。一夫多妻和一妻多夫同房各有一套十分默契的既可知晓的信物表示或信号表示。

从婚姻规则中衍生出来的性道德观念上，藏族特别强调血亲回避。没有亲戚关系的人和同性之间，可以随意开玩笑，也可以毫无顾忌地谈论"性"事，反之则是绝对不允许的事情。没有血亲关系，但异性有辈分相差者之间也不能谈论"性"事和与"性"相关的话题和动作。

父母、兄弟、姐妹是藏民族家庭中基本的人伦关系。维系他们之间的关系除血缘纽带外，存在着相互间的权利和义务：即父母有抚养子女的义务，子女有赡养老人的义务，兄弟姐妹间有和睦相处的义务。

一妻多夫的家庭，妻子在这个家庭中占有重要地位。她除了搞好婆媳关系外，更主要是处好诸夫间的关系。社会对媳妇的看法是：主要视其对丈夫们的穿着、饮食、性生活、尊重等方面处理是否得当，能否一视同仁。如果诸兄弟团结和睦，她便是一位好妻子、好媳妇、好当家人，被社会视为贤妻良母。

一夫多妻或一妻多夫的多偶家庭，很少发生不和的现象。其和睦程度有时还胜于一夫一妻家庭。兄弟或姐妹间很少有争风吃醋和财产纠纷等现象，如有，一般也不外传，采取内部和解。

对一夫多妻或一妻多夫家庭，社会一般认为是很自然的事。对于兄弟共妻或姐妹共夫的家庭还持赞扬态度。因为兄弟、姐妹在一起能够和睦相处，既可免除离别思念之苦，又能相互照顾，终身与父母在一起，同时财产和劳力也不分散，容易发家致富。

由于存在着青年男女在婚前所生子女与成家后所生子女均享受同等权利和义务，不受家庭、社会歧视，很少有因子女血缘关系不同而导致家庭破裂的现象。

在父女、母子、兄妹和异性亲属以及没有血缘关系的男女长幼在一起的任何场合，不能谈情说爱，不许讲任何带有色情内容的语言和其他脏话、粗话。更不能出示、摆弄、暴露色情动作和有色情动作的画面、书刊、声相等。这是藏族家庭伦理道德中严格遵循的、不可跨越的禁忌。晚辈要对长辈保密吸烟喝酒的情况。为了尊敬父母、长辈和上师、僧人，成年晚辈吸烟喝酒情况在长辈和家中僧人面前必须保密（即回避）。不让长辈知道此事。即使长辈知道晚辈的秘密，但在一般情况下只要眼不见，则装着不知（闹出事除外），以示给晚辈面子。这是藏族的一种家规。

第二节　藏族传统婚姻的变化

一、传统婚姻观念的变化

解放以来，西藏的社会经济发生了前所未有的变化。而处在这种社会变革的中的藏族传统的婚育观念，虽然深受宗教、民俗等传统文化的影响,但仍不可避免地随着整个藏区社会经济的发展变化而变化。尤其是民主改革以来,整个藏区经历了剧烈的变革,旧的庄园经济、部落经济已不复存在,人们的婚姻、家庭更是发生了很大变化,旧的婚姻习俗也开始改变,平等、自由的婚姻方式逐渐兴起。

20 世纪 80 年代以后,随着改革开放政策的落实,传统的婚俗礼仪逐渐得以恢复。特别是在广大农村牧区,家庭联产承包责任制的出台,使人们的经济生活发生了显著变化,传统的婚育观念在现代经济与观念的影响下也发生了较大的变化。

(一) 择偶观念的变化

首先,藏族的择偶观念在保持传统的基础上,仍受现实需要的影响。时代的变迁与地区差异对人们的择偶观念产生了很大的制约作用。据中国藏学研究中心社会经济研究所编著的《西藏家庭四十年变迁——西藏百户家庭调查报告》的调查显示,无论是城镇、牧区还是农村,在职业、收入、相貌、健康、门当户对、地位、文化、前途、诚实等近十条择偶因素中,绝大多数人都把"诚实"这一属于道德品质方面的条件作为自己择偶的重要条件之一。在城镇和农村,排在首位的择偶条件是"诚实",分别占调查总户数的 64.4% 和 59.01%。在牧区排在第三位,占调查总户数的 23.91%。由此可见,在当今市场经济大潮冲击下的藏区,虽然人们的价值观念、生活方式、思维方式都在发生变化,但在择偶方面仍然保持着比较传统的价值标准,即注重对方的个人条件,而在个人条件中更偏重于对方的品质和德行。

其次,职业也是选择配偶时的一个重要条件。"职业"因素在牧区被列在首位,在城镇及农村均被列在第二位。我们今天的婚姻行为仍旧是一种社会行为。在现代社会中,城乡差别、脑力与体力劳动的差别、工农差别仍然存在,因此决定了我们今天的婚姻还不能完全只以婚姻当事人彼此爱慕为基础。在人们的观念中，职业的好坏代表着一个人的身份和地位，同时对其家庭的社会交往、子女就业等都起着重要作用。在城镇，不同历史时期人们在择偶时对各种职业的青睐程度有所不同。而在农牧区，由于农牧业生产比较辛苦，生活远不如城市舒适。因此，在以农牧业生产为主的地区，人们希望自己的配偶从事一个相对稳定、轻松的职业，从而使自己的生活过得更好。这一点在农牧区子女期望值调查中也可得到充分的体现。在农村，多数人认为子女读书的目的是"当干部"、"少吃苦受累"，希望子女从事的职业并不是农民、牧民，而是干部、教师、医生、科研人员等。但是，由于受农牧区教学条件、环境等多种因素的限制，人们的这些美好愿望很难实现。尽管如此，人们仍旧希望自己的配偶、子女都有一个令人羡慕、尊敬的职业。

　　城镇、农牧区择偶条件虽然有着共同之处，但由于受地域文化、地理环境、生活条件及文化背景等多种因素的影响，其择偶条件又在一定程度上存在着很大的差异。在城镇，"门当户对"是一个很重要的条件。所谓"门当户对"，主要是指当事人彼此家庭出身及自身条件彼此相当的婚姻。人们结婚主要不是为了当事人的利益，而是为了家庭或家族的政治地位、社会地位及财产继承。在现实生活中，不般配的婚姻常常会遭到父母与亲属，甚至是社会舆论的干预和反对。从某种程度上讲，"门当户对"也有利于婚姻的稳定。因为出身、家境和职业背景比较相近的人，往往会有更多"共同语言"，这样结成的夫妻更易于相互适应。这也许是"门当户对"在城镇成为择偶条件的一个重要因素。

　　农牧区择偶条件中有一个共性，即要求配偶"能干"。这一点在城镇未被纳入择偶条件。在农牧区，家庭作为保证农牧民生存和发展的基本生产单位，其重要性是显而易见的。因此，在这样的地区，婚姻不仅仅是男女两性个人的结合，更主要的是要适应家庭生存的需要。而"能干"则是维持家庭生计的基本因素。例如在牧区,择偶时极为看重对方的劳动生产技能。若一个牧民妇女不会从事挤奶、打酥油、放牧、搓牛毛绳等牧业生产劳动,则很难嫁人。这种择偶观念实际上就是以家庭牧业劳动的需要为标准的。①

表7-1 城镇与农牧区择偶意愿统计表

项目	择偶条件	a 职业	b 收入	c 相貌	d 健康	e 门当户对	f 地位	g 文化	h 前途	i 诚实	j 其他	备注
拉萨鲁固居委	户数	16	3	0	3	12	2	3	3	29	3	A
	%	35.56	6.67	0	6.67	26.67	4.44	6.67	6.67	64.44	6.67	
	位次	2	5	6	4	3	5	4	4	1	4	
江孜班村	户数	3	1	1	0	0	1	2	1	26	3	B
	%	6.82	2.27	2.27	0	0	2.27	4.55	2.27	59.01	6.82	
	位次	2	4	4	5	5	4	3	4	1	2	
安多腰恰	户数	16	5	15	2	4	1	0	3	11	4	C
	%	34.78	10.87	32.61	4.35	8.7	2.17	0	6.52	23.91	8.7	
	位次	1	4	2	7	5	8	9	6	3	5	

注:a 资料来源:三地区问卷调查统计结果;b 由于多数情况下择偶标准不止一个,本统计表按被选择条件出现的次数计算。

A 其他包括:自愿,缘分,两人和睦为主;
B 其他包括:心好,能干,相互体贴,孝敬父母,互助;
C 其他包括:命运安排,能干,性格、脾气好。

---

① 许广智主编:《西藏传统文化与可持续发展》(上、下),中国藏学出版社,2009年,第852页。

改革开放以来，在农牧区人们除了看重个人品质、劳动能力以外，同样把是否善于经商也作为择偶的一个条件。不但城镇、农牧区之间选择配偶的标准不同，不同历史时期城镇居民的择偶观念亦有明显的差别。

第一，职业作为择偶时的一个重要因素，其内涵在不同历史时期发生了很大的变化。在20世纪60—70年代，国家干部是优先考虑的阶层。当时国家干部的政治地位较高，而且享受各种福利待遇，生活比较稳定。70年代后期，除国家干部外，军人、公安干警也成为拉萨市民择偶的优先选择。

第二，汽车驾驶员也成为拉萨居民择偶的优先选择。因为在西藏，公路交通是其主要的运输方式。驾驶员可以利用工作之便，广交朋友，建立广泛的人际关系网，办事很便利。80年代以来，随着改革开放的深入，拉萨的社会生活及社会结构发生了很大变化。一个经济实力雄厚、生活优越的商人阶层应运而生。他们可以为自己和家庭成员的发展提供良好的机会。因此，目前的年轻人择偶时多倾向于商人、个体户、企业经理和厂长等。

第三，"门当户对"观念有所加强。自西藏和平解放以来，拉萨城区一度打破了婚姻的门第、等级观念，尤其是经过"文化大革命"，门第、等级观念几乎消失殆尽。但近十年来，生活水平提高的同时，一些传统的社会习俗又开始悄然复兴。"门当户对"的婚姻观念随之有所回潮。现在城市年轻人择偶时在看重经济地位的同时，也关注对方的家庭地位是否相当，门第是否相当，社会地位、社会声望是否相配等等。

（二）婚姻途径的改变

婚姻结合途径从另一侧面反映出婚恋的自由程度。1959年民主改革以前，西藏的婚姻途径主要有三种：包办婚姻，自由婚姻，买卖婚姻。民主改革以后，尤其是改革开放以来，随着时代的进步，婚姻自主，随心如愿，包办婚姻越来越少，几乎已经消亡。男女大部分自由恋爱，若由父母或他人介绍，也得自己决定。青年男女无论是自己认识或通过他人介绍，只要年轻人相互爱慕，父母一般不会干涉。双方同意婚事，娶亲一方选择黄道吉日，正式向对方家庭求婚。在对拉萨45户居民的调查中，自己认识而结合的33人，占73.3%；父母包办的6人，占13.3%；经他人介绍而结合的3人，占6.7%；主人婚配的1人，占2.2%。在对安多牧区调查的46户牧民中，自己认识而结合的39人，占84.8%；父母包办的4人，占8.7%；其余3户为单身家庭。在对江孜县农村调查的44户农民中，自己认识而结合的33人，占总户数的75%；父母包办而结合的8人，占18.2%；经人介绍而结合的3人，占6.8%。

经过对鲁固居民婚嫁关系的调查统计发现，自由恋爱是鲁固居民结成夫妻的主要方式，他们婚后一般分家另立门户。据调查，婚后自立门户的占71%；住女方家里的占17.8%；而仍然住男方家里的只有1户，占2.2%。这种婚姻关系体现出了藏族婚姻观念的特点，与汉族的婚姻观念存在着明显的差别。

表7-2 鲁固居民婚嫁关系统计表①

项目	相爱途径				婚嫁距离				婚姻登记		扎巴达娃	
	自己认识	父母包办	他人介绍	主人婚配	50km内	50—200km	200—500km	500km	登记	未登	没有	有
户数	33	6	3	1	12	15	6	10	20	23	37	6
比重	73.3%	13.3%	6.7%	2.2%	26.7%	33.3%	13.3%	22.2%	44%	51.1%	82.2%	13.3%

注：有两户是属于单身家庭，没有结婚，他们合占45户受访者的4.5%。

---

① 许广智主编：《西藏传统文化与可持续发展》（上、下），中国藏学出版社，2009年，第854页。

以上统计表明,无论是城镇还是农牧区,自由恋爱所占比例最大。"恋爱自由、婚姻自主"已成为西藏婚恋的主流。

(三) 初婚年龄的变化

个人的初婚年龄从侧面反映出社会、经济、观念等诸多因素的影响。我国婚姻法规定的结婚年龄为:男不得早于22岁,女不得早于20岁。但考虑到藏族传统的早婚习惯,西藏自治区在全区颁布实施了婚姻法《变通条例》。该条例所规定的准予登记的初婚年龄男女均比国家规定的年龄小两岁,即女性为18岁,男性为20岁。《变通条例》首先在拉萨市及西藏其他城镇各机关、企事业单位工作的藏族干部、职工及居民当中实施,在农牧区尚处于宣传阶段。

据调查,拉萨青年的初婚年龄普遍晚于《变通条例》所限定的结婚年龄。而且1959年以后人口的初婚年龄也均高于《婚姻法》所规定的结婚年龄。通过表7-3可以看到,从1959年到1995年这36年间,人口初婚年龄的选择总体上呈上升趋势。除20世纪50年代以外,男性的初婚年龄均高于女性。妇女的平均初婚年龄在24岁左右,低于1989年西藏妇女的平均生育年龄29.27岁。其主要原因是初婚年龄提前。1960—1974年结婚的拉萨妇女平均初婚年龄为25.7岁,而同一时期西藏妇女的平均初婚年龄为26岁。其主要原因在于:1959年拉萨市同西藏的其他地区一样,经历了历史上前所未有的社会、政治、经济等方面的巨大变革。其间,西藏与内地各方面的交流日益增加,拉萨市居民中许多人(多数为男性)被选送到内地参观、学习、工作。由于有了就业和学习的机会,多数人不急于结婚,而是努力工作学习,争取为自己的将来打下一个良好的基础。

其次,随着民族区域制度的逐步建立,各级政权组织成立,一大批具有当地特色的工商企业也陆续出现。这就为藏族平民,特别是男性提供了就业机会。随着这些男性进入机关、团体、企业从事工作和生产，其婚姻观、家庭观也由于视野的扩大、生活工作环境的改变、社会的发展而受到深刻影响。许多人主动推迟婚龄，开始接受晚婚的观念。

调查显示，拉萨鲁固居委会20世纪50年代以来的男女平均初婚年龄分别为25.22岁和23.81岁，而1990年全区男女平均初婚年龄为21.55岁和21.86岁。西藏80%以上的人口在农牧区，城镇青年的初婚年龄无疑高于农牧区。除了城镇与农牧区的文化背景、婚姻和家庭传统等因素造成了这一差异外，社会经济因素也起了很大的制约作用。对大多数青年来说，结婚年龄的选择与他们在社会方面和经济方面的准备程度有密切的关系。城镇青年结婚年龄普遍较晚，是由于就学和就业机会增加，使得其在经济上的独立相应推迟，为了养活自己和家庭，他们的结婚年龄也相应推迟。但是农牧区青年结婚较早，这不仅是婚姻规范和传统习俗的影响，而且还因为他们较早地参加农牧业生产劳动，因而与城镇青年相比，在经济上独立要早得多，结婚年龄的选择也早得多。

表7-3 鲁固居委会不同年代平均初婚年龄[①]

单位：岁

年　代	男	女
1959年以前	21.6	22.6
1965—1995年	27	23.33
1966—1974年	27.25	25.75

[①] 许广智主编：《西藏传统文化与可持续发展》（上、下），中国藏学出版社，2009年，第856页。

续表

年　代	男	女
1975—1984 年	26.71	24.13
1985—1995 年	23.56	23.25
平　均	25.22	23.81

值得注意的一个现象是，20 世纪 80 年代中期至 90 年代中期，无论是男性或女性，初婚年龄的选择均有些偏小，这种初婚年龄提前的主要影响因素有以下几个：

（1）80 年代中期以来，市场经济的大潮席卷全国，西藏虽然地处偏远的青藏高原，交通不便，仍受到巨大的冲击。而处在这种社会变革当中的西藏家庭，不再仅仅是一个基本的生活单位，起着繁衍子孙、延续后代的作用。同时作为一个经济单位，它还具有生产功能，承担着为家庭成员提供必需的物质财富的义务，而个体经济的发展是西藏实行对外开放政策和经济体制改革后最显著的特点之一。城市中家庭的生产功能日益加强。许多年轻人愿意尽早成立家庭，独立居住，为自己的小家庭创造、积累财富。在对鲁固居委会的调查中发现，1980 年以后结婚的 13 对年轻人当中，单独立户者占 61.54%，这充分证明了社会的变革与经济发展对年轻人初婚年龄的选择产生了较大的影响。

（2）大批外来人口涌入西藏城区，或经商，或打工，他们多在城区租房居住，造成城区，特别是拉萨市居民住房紧张。为缓解父母家庭住房拥挤所带来的不便，有些青年选择了提前结婚，有条件的单独立户，无条件的或嫁入夫家，或入赘妻家。80 年代以后结婚的 13 对年轻人中，与一方父母共同生活的达 38.39%。这一现象与当今小型核心家庭为主要发展趋势的家庭结构类型形成了很大反差。从另一个方面说明住房条件与初婚年龄的选择有着较为密切的关系。

（3）所受教育程度也对初婚年龄的选择产生了一定影响。居住在城镇的藏族青年，初婚年龄也随着其受教育程度上的高低发生了相应的变化。

二、离婚、再婚观念的转变

（一）离婚观念的转变

离婚行为受到社会、政治、经济、道德、宗教、法律等多种因素的影响，并直接涉及妇女生育、家庭结构等一系列问题。人类学家普遍认为，离婚率的升高与高度工业化有着密切关系。确切地讲，妇女社会地位的变化、妇女进入生产领域对离婚率的增长具有重大影响。过去，广大妇女被排斥在社会生产劳动之外，多数人只有依靠丈夫才能生活。因此，即使夫妻关系不和，女性受到不公正的待遇，但迫于生计，也只好忍让度日。随着妇女社会地位的提高，她们开始走出家庭进入生产领域，其个人联系和社会联系的面越来越广，对婚姻和结婚对象的要求日益提高，使得她们对男性的依赖性相应减少，更加注重平等的婚姻关系和情感因素。"和则合，不和则分"的婚姻观念逐渐被当代西藏人接受。

根据1990年西藏人口婚姻状况统计结果显示，西藏离婚比例高达7.67%，比全国平均水平高出1.98个百分点。1993年对拉萨市301户居民的婚姻状况调查显示，男性的离婚比例占20岁以上男性人口的1.1%，女性的离婚比例占18岁以上女性人口的1.6%。1995年在对拉萨市区鲁固居委会45户居民的调查中发现，拉萨市区的离婚率较高。45户居民中已婚人口的离婚比例高达14.45%，而且多集中在50—64岁的各年龄组中。其中，男性离婚者占 18 岁以上男性人口的 7.55%，而女性离婚者占 18 岁以上女性人口的 12%，高出男性 4.45 个百分点。男性离婚比例最高在 50—54 岁年龄组，女性在 35—39 岁和 60—64 岁年龄组比例较高。自 20 世纪 80 年代起，拉萨市和西藏自治区离婚比例均呈上升趋势。

图 7—1 显示，城关区 1978—1981 年离婚人口所占结婚人口的比例呈缓慢下降趋势，1981 年降至最低点，即 4.83%。随后又上升到 1982 年的 9.17%。1982—1989 年间基本呈缓慢下降趋势，其间虽有回升，但幅度不大。1990 年上升到 11.4%。1990—1992 年平稳下降。1992—1994 年又急剧回升，从 1992 年的 10.07%，升至 1993 年的 14.53%，1994 年高达 16.74%。

—— 城关区 1978—1994 年离婚人口占结婚人口的比例
—— 自治区 1984—1994 年离婚人口占结婚人口的比例

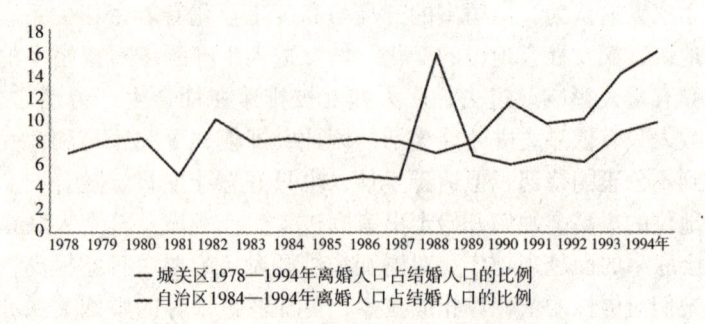

图 7－1：拉萨市全区离婚状况比较①

与拉萨市相比，西藏全区离婚人口所占比例从 1984 年起至 1988 年一直呈上升趋势，1988 年高达 15.75%，仅比拉萨市 1994 年离婚比例低 1 个百分点。此后又急剧下降至 1990 年的 5.56%。西藏全区离婚人口所占比例 1988 年最高，为 15.75%，拉萨市

---

① 许广智主编：《西藏传统文化与可持续发展》（上、下），中国藏学出版社，2009 年，第 858 页。

1994 年最高，达 16.74%；全区离婚人口比例最低为 1984 年，为 3.86%，而拉萨市最低为 1981 年，占 4.83%。总体来看，拉萨市离婚人口所占比例高于全区。但自 1992 年起，拉萨市与全区离婚人口比例均呈上升趋势。

有些人认为，早婚观念的复燃造成了离婚比例的不断上升。然而据调查发现，1990 年拉萨市男女人口平均初婚年龄均高于全国男女平均初婚年龄，而离婚率仍高于全国平均水平；农牧区人口初婚年龄普遍高于全国平均水平，离婚人口的比例却低于拉萨市。由此可见，"早婚"观念作为离婚比例上升的主要原因并不成立。拉萨自 20 世纪 80 年代起，离婚比例上升的原因主要有以下几个方面。

（1）妻子不生育造成离婚。由于受传统观念影响，多数人认为结婚生子、传宗接代是天经地义的事。结婚无子女会给祖上丢脸，被外人耻笑。另外，由于社会福利、养老保险等公益体系还不够健全，许多人担心老无所养。因此，婚后不生育很容易导致婚姻关系破裂。据调查，因这种情况造成离婚的占离婚人口的 2.2%，而且集中在 50—60 岁年龄组。

（2）草率结婚导致离婚。现代西藏青年的婚姻有了很大的变化，许多青年自由恋爱，父母很少干涉子女的婚姻问题。而多数年轻人考虑问题不够慎重，加之经济条件、文化水准、生活阅历等各方面条件的制约，相互间缺乏更深层次的了解，感情基础不牢固，只凭一时的感情冲动而结合。婚后随着年龄的增长，生活阅历的丰富，对婚恋问题有了更深刻、更全面的认识，夫妻双方经过感情的"磨合"，意识到配偶并不适合自己，因而离异。

（3）夫妻双方社会、经济地位的变化导致离婚。随着市场经济在西藏的逐步深入，加上近年来国家给予西藏一系列优惠政策，西藏的经济有了较快的发展，人民生活水平有了很大提高。这成就了一批经济条件优越的商人、企业家和个体经营者。由于夫妻双方在社会经济变革中机遇不同，能力各异，发展状况有所不同，造成双方经济、社会地位的差异，感情基础随双方爱好、兴趣及心态的变化而产生动摇，导致离婚。

（4）新的生活方式的影响。20世纪80年代以来，大批内地人蜂拥而至，在西藏经商。他们不仅为西藏的经济繁荣作出贡献，同时也带来了内地新的生活方式和价值观念，特别是录像厅、卡拉OK、舞厅等许多新的娱乐方式的引进，使得许多人有机会展示和发展自己的潜能，进一步促进个性的发展。久而久之，导致夫妻间感情基础受到威胁，最终导致离婚。

（二）再婚与非婚同居观念的转变

离婚后再婚的比例远远低于独身人数的比例。调查显示，男性再婚人数占18岁以上男性人口的3.33%，女性再婚人数占18岁以上女性人口的5.56%，略高于男性。从各年龄段再婚比例看，男性最高比例在50—54岁组，为2.22%；女性最高的是在35—39岁组，为2.22%，比例与男性相同。

此外，丧偶比例也较高，而且丧偶比例随年龄的增加而增加。在45户居民中，丧偶人口的比例达到13.33%，主要集中在45岁以上人口中。丧偶后再婚人口的比例比独身人数低近7个百分点。由于已婚人口中离婚比率和丧偶比例较高，而离婚后再婚和丧偶后再婚的比率较低，说明已婚人口中多数处于事实上的单身状态。表明再婚观念仍然受到传统观念的较大影响。许多老年人离婚或丧偶后不再结婚，或独守晚节，或超脱世俗，潜心宗教活动，寻求心灵的慰藉。

非婚同居现象是一个值得关注的问题。非婚同居在调查的已婚人口当中，虽然仅占3.33%，但足以说明时代的变迁、社会经济条件的改善、外来文化的渗透、商业化水平的提高等多种因素，正在潜移默化地改变着人们的婚姻价值观，特别是年青一代的西藏城市青年。

三、传统生育观念的转变

长期以来，西藏的人口问题，尤其是西藏妇女的生育状况，一直为国内外学者所关注。生育模式的转变与诸如经济基础、文化教育水平、医疗卫生条件、自然条件、健康状况、生育政策等很多因素密切相关，尤其与人们的生育观念、宗教观念有着紧密的联系。

（一）生育条件的变化

民主改革后 40 多年来，政府为改善西藏的医疗卫生条件做了不懈的努力。随着人民群众生活水平的提高，孕妇的饮食结构有了明显的改善，产妇分娩时的卫生条件也有了很大改观，这大大提高了广大牧区妇女的生育保健水平，人们的生育观念也开始有了较大的变化。尽管如此，在藏族广大牧民的意识里，对妇女需要"五期"（月经期、妊娠期、产褥期、哺乳期、更年期）保健的观念仍很淡漠，他们认为，妇女生孩子是自然的事情，除非难产，没有必要去医院。由于牧民居住分散，医院大多建在城镇，加上传统的生育习惯，许多妇女临产前还参加劳动，根本来不及送医院。调查数据显示，在江孜县班村 46 户家庭中曾生育过的妇女共 54 人，每个妇女平均不到 1.8 年就要生养一个孩子（其中不包括流产），这样高的生育密度，对于一个育龄妇女来说负担是相当沉重的。此外，牧区妇女的流产率也相当高。据调查，一名妇女年仅 29 岁，4 次怀孕全部流产。

造成这种状况的原因主要在于牧区妇女劳动强度大，文化水平较低，缺乏基本的医药卫生常识，不能在产前产后采取必要的卫生保健措施。妇女只有在摆脱了生育过多所带来的负担之后，才可能将主要精力投入到家庭生活和生产经营中去，也才能顾及妇女自身的发展。牧区妇女的生育密度大，体力消耗难以得到足够的补偿。过去，由于生育条件恶劣，大量新生儿夭折，产妇的死亡率也相当高。根据自治区有关数据的统计，全区在民主改革初期孕产妇死亡率为5‰，婴儿死亡率为43‰。牧区与城市、农村相比，自然条件更恶劣，医疗状况更落后，情况会更糟。以上数据表明，藏族传统的生育观念虽然随着社会的变革有所变化，但仍然深受"生育多少与什么时候生育都是天注定的"、"生育的一切任凭命运的安排"等宗教观念和传统习俗的影响。

随着藏区医疗卫生条件的改善，藏族妇女的生育观念以及生育条件、生育环境都有了显著变化。她们逐渐摆脱旧的思想观念的束缚，开始接受围产期保健的观念，并愿意到县、乡医院或卫生所做产前产后的各项检查，请专业医护人员为新生儿接生的妇女也不断增加。到医院生产的妇女人数明显高于按传统方式生产的妇女，从而使妇女活产子女率有了很大的提高。

表7-4 鲁固居委会45户居民家庭妇女生育状况统计表[①]

结婚年代	生育妇女人数	初育年龄	生育状况 总数	生育状况 存活	生育状况 存活率	接生方式 传统	接生方式 医院	总和生育率
1959年以前	10人	24岁	33人	23人	69.75%	9人	4人	3.3
1960—1974年	9人	26岁	37人	28人	75.7%	5人	7人	4.1
1975—1984年	12人	23岁	28人	26人	92.9%	4人	10人	2.3
1985—1995年	8人	24岁	12人	12人	100%	3人	6人	1.5

注：总和生育即终生生育数，指妇女一生生育孩子的个数。

---

① 许广智主编：《西藏传统文化与可持续发展》（上、下），中国藏学出版社，2009年，第865页。

（二）生育胎次的变化

生育观即人们对生育问题的根本看法和态度，属于社会意识形态的范畴，它直接支配人们的生育行为。不同时代，不同地区、不同经济条件、不同家庭背景下生活的人们看法往往各不相同。一般说来，经济发达地区，人们往往看重孩子的精神价值，从子女身上获得生活乐趣；而在经济落后地区，人们更看重孩子的经济价值，把孩子直接同家庭经济利益联系起来。

在传统生育观念和宗教观念的影响下，藏区农牧区妇女很少采取节育措施，大多处于自然生育状态，总和生育率为 3.7，远远高出城镇妇女的总和生育率。城镇妇女从原来只追求子女的数量转向少生、优胜，生育观念有了很大转变，总和生育率显著下降。从表 7-4 中不难看出，除 1960—1974 年以外，拉萨市鲁固居委会妇女平均生育子女数由民主改革前的 3.3 胎降至 1985 年的 1.5 胎。而 1989 年全国城市育龄妇女的总和生育率为 1.82，藏族妇女的总和生育率为 4.22。由此可见，虽然藏族妇女的总和生育率远远高于全国水平，但拉萨市妇女生育子女人数已降到了相当低的水平。

将城镇与牧区的生育状况进行比较，差别显而易见。其一，藏区大多处于偏远地区，交通不便，许多妇女仍然按照传统方式进行生产，卫生条件较差，总和生育率居高不下，高于城镇，但婴儿存活率较低，仅为 75%，低于城区 5.9 个百分点。其二，农牧区妇女的文化素质较低，加之受地域条件的限制，早婚早育现象也较为严重。初育平均年龄为 22.6 岁，比城镇妇女的初育年龄提前 1.4 岁。早育意味着终身育胎数的增加。从生育胎数的比较看，拉萨城区生育一、二胎的比例基本相似，分别占生育妇女人数的 28.2% 和 25.6%。三、四胎比例相同，生育五胎及以上的妇女人数比例最低，为 12.8%；而农牧区生育五胎以上的妇女人数最多，为44.4%。多胎率较高，在调查中了解到一位妇女生了12胎。

虽然没有"多子多福"的观念，但由于传统宗教思想中"不杀生"的观念影响，加之计划生育观念的淡薄，生产劳动的需要，藏族仍保持着较高的生育水平。自1959年至今，西藏自治区妇女一直保持了较高的生育率，直到20世纪80年代初，大多数育龄妇女生育了三个以上的孩子。在安多县，人口出生率为23.11%，自然增长率为12.36%。在牧区，由于妇女的高生育率，46户牧民家庭人口增长率为31.4%，大大超过全区水平。从西藏农村的问卷调查中也可以清楚地发现，藏族农牧民普遍希望多生孩子，而多生多育的原因之一，就是为了增加家庭劳动力。江孜班村和安多腰恰，以"增加劳动力"为生育目的的分别占11.6%和23.3%。仅安多腰恰牧户改革开放后人口增长率就高达31.4%，劳动力增长率为26.4%。这也是近几年西藏农牧区人口出生率很高的重要因素之一。

由此可见，在家庭收入状况与体力劳动投入成正比的情况下，农牧民比城镇居民更倾向于"多子可增加家庭劳动力"的观念，因而生育子女较多。在西藏农牧区7—10岁的孩子便可作为辅助力量参加生产，尤其是牧区，孩子从小就开始放牧，参加牧业劳动，为增加家庭收入作贡献。这样，孩子为家庭经济的预期收益与抚养成本低廉之间的巨大反差提高了农牧民家庭多生多育的意愿。

表7-5　城市、牧区妇女生育状况比较①

地区	生育妇女人数	生育状况 总数	生育状况 存活	生育状况 存活率	初育年龄	总和生育率	接生方式 传统	接生方式 医院	一胎(%)	二胎(%)	三胎(%)	四胎(%)	五胎以上(%)
拉萨鲁固居委会	39人	110人	89人	80.9%	24岁	2.8	21人	27人	11 28.2	10 25.6	7 17.9	6 15.4	5 12.8
安多腰恰村	54人	201人	151人	75%	22.6岁	3.7	48人	11人	11 20.3	4 7.4	9 16.7	6 11.1	24 44.4

(三) 计划生育观念的普及

西藏80%以上的人口在农牧区。由于民族地区的特殊性，政府对农牧民一直没有制定计划生育指标，计划生育在农牧区仅处在宣传阶段。随着西藏社会经济的稳步发展，人民生活水平的提高以及医疗卫生条件的改善，农牧区人口的出生率也将随之上升，死亡率逐年下降，人口的自然增长率保持在较高水平。改变传统自然生育的生育观念，代之以少生、优生、优育，计划生育的新观念是社会发展的趋势。

对于少数民族地区的人口发展，国家一直采取特殊的优惠政策。自1981年自治区政府为提高人口素质，缓解人口过快增长给社会经济发展带来的压力，在藏族干部、职工和城镇居民中提倡计划生育，而对占全区总人口88%的农牧民未实行计划生育。

---

① 许广智主编：《西藏传统文化与可持续发展》（上、下），中国藏学出版社，2009年，第867页。

在我们所调查的牧区，有关部门根据《西藏自治区计划生育暂行管理办法》的精神，在工作中坚持对牧民"以宣传为主、以自愿为主、以服务为主"的原则，从保证妇婴健康和提高人口素质出发，进行优生优育宣传。

从加里·S. 贝克尔提出人力资本的投资问题之后，关于抚育孩子的成本问题引起学术界的重视。许多学者认为，近100多年来，西方国家随着家庭收入的极大上升而每个家庭抚育孩子的平均数目却大大减少的重要原因之一，就是每个家庭所承担的抚育孩子的成本大大增加。也就是说父母为了提高孩子的质量（即孩子的文化素质和身体素质），在孩子的人力资本方面的投资越来越大，从而使抚育孩子的成本不断增加，父母对孩子的需求量减少。西藏城乡间家庭对抚育孩子的投资也存在明显的差异。拉萨市居民的生活水平和经济收入都比农牧民高，而且户主的文化素质也高于农村牧区，因此，他们更关心子女的教育问题，对子女文化素质的要求也较高。为此，他们培育子女所花的时间长，费用也一年比一年高。子女越多，家庭负担就越重。所以，近年来拉萨市居民中越来越多的人主动领取独生子女证，一些夫妇主动放弃二胎指标，并表示赞成计划生育政策。出现这种变化的原因之一就是抚育孩子的成本越来越高。一个孩子从小学到高中，需要十多年，若要完成中等职业教育或高等教育，需要更长的时间，也需要花费更多的金钱。这期间只有付出，不可能从孩子身上得到直接经济收益和经济回报。因此，拉萨居民（尤其是年轻妇女）越来越倾向于少生优育，她们愿意把有限的资金和时间集中花费在少量的孩子身上，使自己的孩子有更多地接受高质量教育和学习的机会，也可大大提高每个家庭成员的生活品质。

与此同时，拉萨市居民中走出家门参加工作，参与市场、主持生产经营的妇女越来越多，这些在市场经济中崭露头角的新一代妇女忙于各自的事业，她们在家生儿育女、照料孩子和主持家务的时间日益减少。与此相反，农村牧区抚育孩子的费用相对低廉，一个家庭多生一两个子女，对家庭的生活水平和消费水平并无太大影响。这是因为，农村牧区的吃、住、行大部分自给自足，他们每天必需的食物，如牛奶、酥油、牛羊肉、糌粑都是自己生产的，住的楼房或帐篷也都是自己修建制作的。因此，家中多几个或少几个孩子对日常生活和家庭支出不会产生太大影响。即所谓"添人不添粮，只添一张嘴"，人们对多生子女抱无所谓的态度。

就一般而言，一个家庭对孩子的最大投资之一是教育费用（包括学费）的支出。但目前西藏农村牧区一方面子女入学率比城市低，另一方面，国家对农牧民子女普遍采取免费上学的优惠政策，减轻了农牧民家庭的投入。此外，从当前西藏农村牧区大多数地区的客观经济条件和劳动条件看，大部分农活和牧业生产是由处于文盲的农牧民所承担的。这也就从客观上促使家长不让自己的孩子入学，或者让孩子读书到八九岁，然后辍学回家干活。当孩子长到十几岁时，就已变成对家庭经济收入有贡献的人了，这使得孩子的抚育成本大大减少。低廉的培育费用，反而刺激了农牧民多生多育的愿望。

在城区，多数居民赞同政府在西藏实行的计划生育政策。根据调查统计，城区45户居民中赞成计划生育政策的占总户数的53.5%，不赞成的占34.9%。而在农牧区，农牧民赞成计划生育政策的所占比例也比较高，分别占36%和34%。特别是年轻的乡村妇女不愿多生孩子的比例较高。尽管在农牧区并未推行计划生育政策，但在调查中却发现有一定数量的农牧民妇女主动到医院做绝育手术，或者采取某种措施避孕，这有助于育龄妇女的健康保护。在被调查的81名妇女中，除有20名已过育龄期（50岁以上），3名婚后尚未生育外，其余38人中有12人采取了绝育或避孕措施，其中8人各有3个子女，4人各有两个子女，最年轻者24岁，最年长者48岁。随着农牧区经济的发展，生活水平的提高及妇幼保健工作的逐步完善，将会有更多的农牧民积极、主动采取节育措施，实行计划生育。

从育龄妇女节育率统计中，我们也不难发现拉萨市居民生育观念有了较大的变化。1984—1986年育龄妇女节育率呈缓慢下降趋势，1986年为最低点，即城区妇女节育人数仅占育龄妇女的20%。但1989年育龄妇女的节育率较高，平均在70%左右。1989—1991年间节育率又大幅度下降，1991年仅为29.1%。随后呈上升趋势，1994年达87%，直到近年来仍保持着较大幅度的上升趋势。

（四）生育目的的转变

由于西藏与内地经济发达地区相比，生活生产力和经济发展仍处于较低水平。在城镇地区，离退休保险、养老保险及其他社会福利保障措施仍有待于健全和完善。在广大农牧区，农牧民没有稳定的经济收入来源，农牧业生产靠天吃饭。多数人将自己的晚年生活寄托在子女身上。他们含辛茹苦地养育子女，目的就是老有所依，老有所养。

表 7-6 城市与农牧区生育目的比较①

单位：户、%

地区 \ 生育目的	传宗接代	养儿防老	增加劳力	天经地义	多子多福	天伦之乐	不被笑话	稳定家庭	未考虑	备注
拉萨市鲁固居委会	6 13.95	31 72.1	0 0	5 11.6	1 2.3	1 2.3	1 2.3	1 2.3	1 2.3	有两户为单身家庭，未回答此项内容，总户数为43户
江孜县班村	10 23.3	32 74.4	5 11.6	1 2.3	0 0	0 0	0 0	3 6.9	1 2.3	有1户回答"为国作贡献"，总户数为43户
安多县腰恰村	15 34.9	37 86	10 23.3	0 0	0 0	0 0	0 0	0 0	0 0	3户拒绝回答，总户数为43户

表 7-6 统计结果显示，无论是城区还是农牧区，选择"养儿防老"所占比例最大，拉萨市占总户数的72.1%，江孜农村与安多县牧区分别占74.4%和86%。其次，选择"传宗接代"的比例较高，拉萨市占13.95%，江孜县占23.3%，安多县所占比例最高，为34.9%。虽然城区与农牧区在生育观念上有着相同之处，但由于生活经济条件、个人文化背景、民族风俗习惯等多方面因素的影响，其生育观念亦有所不同。如对拉萨市居民而言，生儿育女并非仅仅是"传宗接代"，他们在求得"物质赡养"的同时，还需要"精神赡养"。希望子女对老人的精神生活给予更

---

① 许广智主编：《西藏传统文化与可持续发展》（上、下），中国藏学出版社，2009年，第870页。

多的关心。他们认为有了子女才会消除家庭生活的孤独感，才能使家庭的精神生活具有完整感。

在农牧区，劳动力的多寡是农牧业生产能否获得利益的一个重要因素。尤其是 20 世纪 80 年代"家庭联产承包责任制"的推行，更使得家庭作为一个生产单位的功能有所加强。农牧业生产需要家庭成员之间的相互协作，农村家庭经济实力取决于劳动力的数量和质量，劳动力多的家庭则明显占优势。在调查的农牧区中，以"增加劳动力"为生育目的的分别占 11.6% 和 23.3%，牧业区的比例高于农区 11.7 个百分点。

（五）生育意愿的转变

西藏传统的生育观念认为生多少孩子是命运的安排，是无法更改的。这种传统观念已经开始发生根本性的转变。对拉萨城区生育意愿的调查结果分析表明，拉萨居民普遍倾向于生育 2 个孩子，其次是 1 个和 3 个孩子，所占比例均为 18.6%（见表 7-7）。

表 7-7　拉萨市鲁固居委会居民生育意愿统计表[①]

项目	不要	1个孩子	2个孩子	3个孩子	4个孩子	5个孩子及以上	是否赞成计划生育		
							是	否	未答
户数	1	8	15	8	1	6	23	15	5
比例	2.3%	18.6%	34.9%	18.6%	2.3%	14%	53.3%	34.9%	11.6%

注：有两户为单身家庭，总户数为 43 户。

在对拉萨城区鲁固居委会 45 户家庭的调查中，未婚子女与父母同住的核心家庭所占比例为 50%。夫妇双方带孩子，精力和

[①] 许广智主编：《西藏传统文化与可持续发展》（上、下），中国藏学出版社，2009，第 872 页。

经济条件都比较有限。此外，将来子女上学、就业等都是需要考虑的问题。子女越多就意味着家庭负担越重。多数家庭希望有两个子女，最多不超过3个。然而希望生育5个及以上孩子的家庭比例也较高，占总户数的14%。这部分家庭多为老年人口家庭。一些老年人受宗教思想及传统生育观念的影响，认为多生孩子是命里注定的，不应人为地加以限制。其次，一些比较富裕的家庭，也希望生育较多的子女，因为他们可以承受抚养较多孩子所带来的经济负担。从客观上讲，无论城镇还是农牧区，养老保险和离退休后的社会福利保障体系尚未健全，父母年老后只能从子女处获得经济保障和生活服务以及精神慰藉。调查生育目的的问卷统计结果也表明，选择"养儿防老"所占比例最高，拉萨鲁固居委会为72.1%，江孜班村为74.4%，安多腰恰为86%。同时，在人们的传统观念中，把家中子女看做是社会实力的象征，这也助长了人们多生多育的愿望。

近年来，拉萨市居民自愿领取独生子女证的越来越多，一些夫妇主动放弃二胎指标。其原因之一是可以减轻家庭负担，二则可以为孩子创造更好的教育及就业机会。拉萨市1984—1994年藏族人口独生子女领证率统计结果显示，1984—1987年领证率偏低，平均为10%左右；1988年为近10年来的最低水平，领证率仅为6.4%，表明同年生育两胎及以上孩子的藏族人口比例较大。自1988年以来，藏族人口独生子女领证率有了明显提高。随着经济水平、人口素质的提高及社会福利保障体系的逐步完善，将会有更多的城镇居民放弃多胎生育，也将会有更多的妇女采取节育措施，少生优育。

表 7-8　城市与农牧区生育意愿比较统计表①

生育意愿 地区	不要 (%)	1个孩子 (%)	2个孩子 (%)	3个孩子 (%)	4个孩子 (%)	5个以上孩子 (%)	是否赞成计划生育 是 (%)	否 (%)	未答 (%)	备注
拉萨市鲁固居委会	1 2.3	8 18.6	15 34.9	8 18.6	1 2.3	6 14	23 55.5	15 34.9	5 11.6	两户单身户未答，共43户
江孜县班村	0	2 4.9	7 17.1	18 43.9	13 31.7	1 2.4	36 87.8	5 12.2	0	3户未答共41户
安多县腰恰村	0	0	16 36.4	13 29.5	8 18.2	5 15.9	34 77.3	6 13.6	4 9.1	两户未答共44户

由于农牧区所在的地理位置、生产方式与城区有所不同，其生育意愿也有很大的差异（见表7-8）。广大农牧区与城镇一样，倾向于生育两三个孩子的家庭比例较高。其主要原因是由于人口的迅速增长，人多地少的现象日益突出，家里贫困便不愿多生孩子。在这部分人口当中，年轻人所占比例较大，接受新事物较快，尤其是近几年来计划生育、优生优育等科学知识的普及，使妇女的生育观念发生了很大变化，她们已经感受到了少生优生所带来的种种好处，不愿再多生孩子。与城镇不同的是，农牧区大多倾向于生4个孩子的比例较高。在城镇愿意生育4个孩子的家庭仅占2.3%，而农村和牧区分别占到了31.7%和18.2%，而且牧区希望生育5个及以上孩子的家庭所占比例较高，为15.9%。其主要原因是广大牧区就医难，妇幼保健工作还很薄弱，新生儿和婴幼儿的死亡率仍然偏高，使农牧民产生了"保险"思想，希

---

① 许广智主编：《西藏传统文化与可持续发展》（上、下），中国藏学出版社，2009年，第873页。

第七章 藏族传统婚姻的变迁 251

望多生孩子以防意外。一部分较富裕的农牧民也希望多生孩子。此外,部分农牧民家庭因劳力不足,缺少种地放牧的人。如果子女多,既可解决家中劳力不足的问题,也可将剩余劳力用于外出打工、做生意,以贴补家用。然而,牧民的子女成家后大部分都分家另过,只有一个孩子留在父母身边。子女成年分家时,无论男女都需要从家中分去一部分财产。子女越多意味着牲畜的人均占有量越低,造成生活水平下降。为了保持原有的生活水平,必须增加牲畜头只,结果会因草场负荷过重,草质退化而导致恶性循环,使人畜矛盾、草畜矛盾加剧。一些牧民已经开始对下一代的生活环境感到忧虑。

四、现代法律意识对传统婚姻观念的影响

随着民主改革的不断推进,我国政府制定了行之有效的治藏方略,进一步加快了藏区经济发展步伐和现代化进程,藏区进入到一个全新的时代。多年来,国家在藏区大力宣传婚姻法,广大藏区群众也逐渐适应并接受了各种法律、法规,现代法律意识逐渐影响着藏族的传统观念,一些落后、陈旧的观念已逐渐退出历史舞台,传统观念也悄然发生着变化。

(一)"人人平等"的观念取代了等级观念和门第观念

藏族的等级观念,是旧西藏封建农奴制社会的产物。民主改革前的旧西藏,社会等级森严。严格的等级制度把人分为三等九级,表现在婚姻的缔结上就是严格实行"等级内婚制"。这一制度不仅限制贵族与平民之间、庄园领主与农奴之间的婚配,而且在大小贵族之间、平民的不同等级之间也有许多限制。在来自社会制度和经济生活的双重压力之下,人们的择偶观念是血统观念、地位观念、门第观念和财富观念的最直接反映,"门当户对"

的婚姻，使当时西藏社会在政治、经济、文化等诸多方面产生"马太效应"式的畸形发展倾向，即富有、高贵的阶层更富有、高贵，而贫穷、低贱的阶层更贫穷、低贱。这种社会发展的不平衡现象，导致整个西藏社会发展的严重滞后状态。

西藏和平解放以后，西藏的社会制度发生了前所未有的变化，广大农牧民群众摆脱了"三大领主"的剥削、压迫，社会地位日益提高。地位和身份的变化，使得藏族传统的"等级观念"、"门第观念"随之发生变化。人与人之间平等的社会关系，反映在婚姻观念上就是择偶没有阶级之分，没有贵贱之分，只有牢固的感情基础。

（二）现代法律意识强化了"择偶自由"、"婚姻自主"的传统观念

"择偶自由"、"婚姻自主"是藏族传统的婚姻观念，这一观念形成一种法律原则曾在藏族习惯法中存在和体现。婚姻自由原则是我国婚姻家庭法的首要原则，是指婚姻当事人有权根据法律的规定，自主自愿地决定自己的婚姻问题，不受任何人的干涉。[①] 在旧西藏，包办、买卖婚姻的事时有发生，即使存在择偶自由、婚姻自主的观念，但真正缔结婚姻，还需要得到庄园领主、部落头人的同意，并需缴纳相应数目的钱物。随着我国婚姻法在藏区的宣传、深入，进一步强化了"择偶自由"、"婚姻自主"的传统观念。人们通过现代法律意识的加强，不再把这种观念仅仅当做一种藏族传统观念意识，而是一条需要全社会遵守的法律原则，换句话说，婚姻自由是受法律保护的，任何违背和干涉婚姻自由的行为都属于违法行为。不可否认，在藏族某些地区，仍然存在着包办婚姻等干涉婚姻自由的行为。这一方面需要我们加快法制

---

① 杨大文：《婚姻家庭法》，中国人民大学出版社，2001年，第58页。

现代化进程,另一方面需要不断进行法制宣传,提高藏族群众的法律意识。

(三)严格禁止血缘内婚的观念,是对我国婚姻法禁止近亲结婚的补充和完善

我国《婚姻法》中规定,"直系血亲和三代以内旁系血亲,禁止结婚"。藏族严格禁止血缘内亲属结婚,源自藏族社会的婚姻禁忌。藏族传统观念中,非常看重"锐巴"(骨系血脉),人们普遍认为,人是由骨头和肉结成的,亲骨肉间是不能发生性关系的。亲属间通婚不仅是一种观念,甚至在部落习惯法中形成了法律规定,谁要违反了这一禁令,就会被装进生牛皮袋扔到河里。

从医学的角度,藏族禁止血缘内婚在今天看来也是有科学依据的。立法之所以禁止近亲结婚,一是基于优生学原因,二是基于伦理道德的要求。[①] 从人类自身发展的角度,这是文明先进的婚姻观念。如今,藏族地区在实际婚姻生活中仍奉行着这条禁令。我国法律规定"禁止三代以内的旁系血亲结婚"。通过对藏族地区的调查报告分析,藏族地区对这个限制的规定不统一。有间隔六代说、七代说,也有父系九代、母系五代,以及父系永远不可通婚、母系七代后可通婚等多种说法。然而在现实生活中,人们对旁系血亲的结婚仍然坚持严格的限制,即通常一旦发现婚姻双方可能存在血亲关系,再美好的姻缘都会立即终止。

---

① 杨大文:《婚姻家庭法》,中国人民大学出版社,2001年,第104页。

结　语

婚姻，自古以来就是人类生活中的一件大事，同时也是关系人类社会发展的一大问题。人类社会的发展除了必要的物质资料的生产外，最重要的就是社会必要劳动力，即人类自身的再生产。男女两性的结合是人类繁衍的必要条件，婚姻正是规范两性关系和家庭关系的一种基本方式。

婚姻是人类社会的一种文化现象，是人类社会由蛮荒时代走向文明时代的标志。马克思主义认为，婚姻是男女两性之间的一种社会关系，其发展变化与性质、特点等除自然规律也起一定作用外，均为经济基础所决定。

美国文化人类学家菲利普·巴格比认为："文化，就是非遗传的，来自某一社会成员的内在和外在的行为规则。"婚姻文化使得群居的原始人类形成了有自然约束力的组织，社会制度由此才能够得以确立。婚姻文化的形成，为社会的伦理文化的产生提供了基础。有了作为最底层基础的伦理文化，一个社会的其他文化和制度才能够得以实施。因此，可以说一个民族的婚姻文化，是这一民族原始传统的文化符号。

藏族文化丰富多彩，作为文化符号，人们更关注其宗教文化的形成、发展与演进，却很少关注世俗的婚姻文化。正如噶尔梅博士在其著作《概述苯教历史及教义》中所说的那样："在西藏，各地的婚姻习俗不同，还没有人对此进行过研究。藏人自己从未就这一专题进行过论述。因而，我们对此知之甚少。由于结婚是一种俗事，因此，佛教对世俗的这一习俗没有什么根本教义。"长期以来，学术界"藏族文化就是宗教文化"的观点使得藏学研究走入"重宗教文化而轻其他文化"的误区，加之藏族宗教本身并不关心世俗的婚姻文化，因此，藏族婚姻文化一直是一个"被遗忘的角落"，即使有零星的篇章研究，也是过分强调"一妻多夫"的婚姻形式，把它看做"野蛮的"、"原始群婚制的残余"，甚至有人把"兄弟共妻"、"朋友共妻"等婚姻形式说成"乱伦"，因此便断定这是"封建农奴制社会的残余"、"是藏族尚未开化的表现"。这些明显带有主观意识色彩观点，说明某些专家、学者只看到藏族的婚姻形式，并没有从更深层次和更多角度去分析研究藏族的婚姻观念和价值观念，以致对藏族婚姻文化产生如此之深的误解，不能不说是一件遗憾的事。

世界上任何一种婚姻形态都是一定历史阶段的产物，具有历史的阶段性。藏族历史上每个阶段的婚姻文化都有其特定的历史阶段性，都是富有丰富的政治与时代内涵的。如果脱离文化背景和历史脉络简单地看待藏族婚姻形式，难免会对藏民族和藏族文化产生偏见。世界各民族文化千差万别，而文化本身是没有优劣之分的。我们的学术研究应当遵循"实事求是"的原则，力求客观地评价历史和文化现象。只有正视历史，尊重这一民族的文化传统，才不至于使我们对某一民族的文化现象的研究产生偏见，也才能真正以一颗平常心看待和研究不同民族的文化现象。

本书正是基于这一现象，对藏族婚姻文化进行深入研究，特别是从藏族婚姻观念、道德观念、伦理观念和价值评价体系方面进行思考和探索，抛砖引玉，希望更多学者从不同角度重新审视藏族婚姻文化现象，消除偏见，理性地看待和研究藏族婚姻文化。

由于本人水平有限，加之研究藏族婚姻文化的史料不足，只能借助前人及专家、学者的研究成果和本人思考,因此,论文尚不成熟,错漏之处在所难免。诚望各位专家、学者批评指正。

参考文献

一、汉文

（一）专著

1. ［日］河口慧海著：《西藏秘行》，孙沈清译，新疆人民出版社，1999年。
2. （清）傅嵩炑：《西康建省记》，中国藏学出版社，1995年。
3. 蒙藏委员会调查室编印：《青海玉树囊谦称多三县调查报告书》，1941年。
4. 恩格斯：《家庭、私有制和国家的起源》（《马克思恩格斯选集》第四卷），人民出版社，1972年5月。
5. 韦斯特马克著：《人类婚姻史》（全三卷），李彬等译，商务印书馆，2002年。
6. 洪涤尘编著：《西藏史地大纲》，正中书局，1947年。
7. 西藏社会历史调查资料丛刊编辑组：《藏族社会历史调查》第二册、第三册，西藏人民出版社，1987年。
8. 西藏社会历史调查资料丛刊编辑组：《藏族社会历史调查》第四册、第五册，西藏人民出版社，1988年。

9. 巴伯若·尼姆里·阿吉兹:《藏边人家——关于三代定日人的真实记述》，翟胜德译，西藏人民出版社，1987年。

10. 格勒、刘一民、张建世、安才旦:《藏北牧民——西藏那曲地区社会历史调查》，中国藏学出版社，1993年。

11. 包智明、万德卡尔:《藏北牧区亲属结构——对藏北牧区社会的实地调查》，载《西藏社会发展研究》，中国藏学出版社，1997年。

12. 中国藏学研究中心等:《西藏山南基巧和乃东琼结社会历史调查资料》，中国藏学出版社，1992年。

13. 皮德罗·卡拉斯科著:《西藏的土地与政体》，陈永国译，西藏社会科学院西藏学汉文文献编辑室编印，1985年。

14. 宋兆麟:《共夫制与共妻制》，上海三联书店，1990年。

15. 刘瑞:《中国人口·西藏分册》，中国财政经济出版社，1989年。

16. 孙竞新:《当代中国西藏人口》，中国藏学出版社，1992年。

17. 陈庆英:《藏族部落制度研究》，中国藏学出版社，1995年。

18. 马戎:《西藏的人口与社会》，同心出版社，1996年。

19. 中国藏学研究中心社会经济研究所:《西藏家庭四十年变迁》，中国藏学出版社，1996年。

20. 北京大学社会学人类学研究所，中国藏学研究中心:《西藏社会发展研究》，中国藏学出版社，1997年。

21. 石泰安:《西藏的文明》，耿昇译，中国藏学出版社，1999年。

22. 李志纯等:《草地藏族调查材料》，西南民族学院民族研究所印，1984年。

23. 多杰才旦:《西藏封建农奴制社会形态》，中国藏学出版社，2005年。

24. 星全成、马连龙：《藏族社会制度研究》，青海民族出版社，2000年。

25. 张济民、戈明：《寻根理枝——藏族部落习惯法通论》，青海人民出版社，2002年。

26. 拉巴平措、格勒：《当代藏学研究的几个理论问题》，中国藏学出版社，2002年。

27. 乔根锁：《西藏的文化与宗教哲学》，高等教育出版社，2004年。

28. 梅·戈尔斯坦：《喇嘛王国的覆灭》，杜永彬译，中国藏学出版社，2005年。

29. 次仁央宗：《西藏贵族世家》，中国藏学出版社，2006年。

30. 杨堃：《民族学概论》，中国社会科学出版社，1984年。

31. 麻国庆：《家与中国社会结构》，文物出版社，1999年。

32. 马学良等：《藏族文学史》，四川民族出版社，1985年。

33. 巴伯若·尼姆里·阿吉兹：《藏边人家》，翟胜德译，西藏人民出版社，2001年。

34. 詹承绪等：《永宁纳西族的阿注婚姻和母系家庭》，上海人民出版社，2006年。

35. 宋兆麟：《中国风俗通史——原始社会卷》，上海文艺出版社，2001年。

(二) 论文

1. 徐益棠：《康藏一妻多夫制之又一解释》，载《边政公论》1948年第一卷第二期。

2. 谭英华：《康人农业家庭组织的研究（二续）》，载《边政公论》第三卷第八期。

3. 马戎:《试论藏族的"一妻多夫"婚姻》,载《民族研究》2000年第6期。

4. 张建世:《康区藏族的一妻多夫家庭》,载《西藏研究》2000年第1期。

5. 坚赞才旦:《论兄弟型限制性一妻多夫家庭组织与生态动因》,载《西藏研究》2000年第3期。

6. 吕昌林:《浅论昌都地区一夫多妻、一妻多夫婚姻陋习的现状、成因及对策》,载《西藏研究》1999年第4期。

7. 王文长:《对藏东藏族家庭婚姻结构的经济分析》,载《西藏研究》2000年第2期。

8. 仁真洛色:《试论康区藏族中的一妻多夫制》,载《民族学研究》第七辑,民族出版社,1984年。

9. 段清波:《西藏贡觉三岩之帕措》,载《考古与文物》1990年第1期。

10. 宋恩常:《藏族中的群婚残余》,载《民族学研究》第二辑,民族出版社,1981年。

11. 吴从众:《民主改革前西藏藏族的婚姻与家庭——兼论农奴制度下存在群婚残余的原因》,载《民族研究》1981年第4期。

12. 严汝娴:《藏族的着桑婚姻》,载《社会科学战线》1985年3期。

13. 欧潮泉:《论藏族的一妻多夫》,载《西藏研究》1985年第2期。

14. 张全武:《近代西藏特殊家庭种种试析》,载《西藏研究》1988年第1期。

15. 刘龙初:《四川省木里县俄亚纳西族一妻多夫制婚姻家庭试析》,载《民族研究》1986年第4期。

16. 南希·列维妮:《藏族一妻多夫制中父子间亲属关系的价

值及其确认》，玉珠措姆译，载《国外藏学研究译文集》第十三集，西藏人民出版社，1997年。

17. 南希·列维妮：《在尼泊尔宁巴社会中，藏族妇女在法律、工作和经济上没有保障的状况》，玉珠措姆译，载《国外藏学研究译文集》第十三集，西藏人民出版社，1997年。

二、英文

1. Aziz, BN 1978, Tibetan Frontier Families, New Delhi: Vikas Publishing House.

2. Bell, Charles, 1928, The People of Tibet. Oxford: the Clarendon Press.

3. Blo Brtan Rdo Rje, Charles Kevin Stuart Life and Marriage in Skya Rgya, A Tibetan Village (Paperback – May 2008).

4. Combe, GA 1926, A Tibetan on Tibet, London: Fisher Unwin.

5. David C. Buxbaum, Chinese Family Law and Social Change, 1978.

6. Engles, F. 1884, The Origin of Family, Private Property, and the State, (English version).

7. Goldstein, Melvyn. c., 1971, Stratification, Polyandry and Family Structure in Central Tibet, Southwestern Journal of Athropology.

8. Goldstein, Melvyn C., "Study of the Family structure in Tibet", Natural History, March 1987.

9. Goldstein, MC 1989, A History of Modern Tibet (1913—1951), Berkeley: University of California Press.

10. Goode, WJ 1982, The Family (second edition), New

Jersey: Prentice – Hall Inc.

11. Gordon, M. 1964, Assimilation in American Life, Cambridge: Harvard University Press.

12. Herter, M. 1981, Families in Transition: Cross – cultural Perspectives, New York: Free Press.

13. Flitcher, J. 1978, Marriage and Spouse Selection in Tibet London: Laurence and Wishalt.

14. Cambridge History of China, Vol. 10, Cambridge: Cambridge University Press.

15. Gelek and et al., 1993, Nomads in Northern Tibet: Social and Historical Survey in Naqu.

16. Parmar, YS 1975, Polyandry in the Himalayas, New Delhi: Vikas Publishing House.

17. M. Aris and Aung San Suu Kyi, eds, Petech, L. 1980, "The Mongol Census in Tibet".

18. Tibetan Studies, New Dehli: Vikas Publishing House.

19. Peter, Prince of Greece and Denmark, 1963, A Study of Polyandry.

20. Mouton Richardson, HE 1962, A Short History of Tibet, New York: Oxford University Press.

21. Rockhill, WW 1891, The Land of the Lamas, London: Longmans Green.

22. Levine, Nancy E., 1994, The Demise of Marriage in Purang, Tibet: 1959—1990, Per Kvaerne, ed. Tibetan Studies Volume1, Oslo: The Institute for Comparative Research in Human Culture.

23. Levine, NancyE., 1988. The Dynamics of polyandry: kinship, domestici – ty, and population on the Tibetan border. Chicago:

University of Chicago Press.

24. Naxi and Mosuo, A History and Anthropological Study of the Ancient Kingdoms of the Sino – Tibetan Borderland, Mellen Studies in Anthropology.

25. Stein, R. A. (1972). Tibetan Civilization. J. E. Stapleton Driver (trans.) Stanford University Press.

26. G. Childs, Tibetan Transitions: Historical and Contemporary Perspectives on Fertility, Family Planning, and Demographic Change, 2008.

27. Marion H Duncan, Customs and Superstitions of Tibetans.

28. Father Casper J Miller, Faith Healers in the Himalaya.

29. Thomas E Fricke, Himalayan Households: Tamang Demography and Domestic Processes.

30. Karma Chukdong, The Human Family: A Modern Tibetan Buddhist Perspective, Publisher: Authorhouse.

三、藏文

1. བསོད་ཆེ་《བོད་ཀྱི་ཤར་སྲོལ་གཞུན་སྒྲིག་ལམ་སྲོལ་ཆང་སོར》མི་རིགས་དཔེ་སྐྲུན་ཁང་། 1999

2. ཆེ་དབང་། 《གཙང་ཁུལ་གྱི་གཞུན་སྒྲིག་བྱེད་སྲོལ་སོར》མི་རིགས་དཔེ་སྐྲུན་ཁང་། 1999

3. འབྲི་གུང་རོང་པོ་ནོར་རྒྱས་《བོད་བྱང་ཐོགས་ཀྱི་བག་མ་གཏོང་ལེན་གྱི་རྒྱུན་སྲོལ》མི་རིགས་དཔེ་སྐྲུན་ཁང་། 1999

4. ཕུར་བུ་ཚེ་རིང་། 《འཇིན་ཐང་གྲོང་གི་ཤར་བའི་བག་སྟོན》མི་རིགས་དཔེ་སྐྲུན་ཁང་། 1999

5. བསོད་ནམས་དབང་གགས།《ཆབ་མདོའི་ཁུལ་གྱི་གཞུན་བག་མདོར་བསྡུས》མི་རིགས་དཔེ་སྐྲུན་ཁང་། 1999

6. ས་གོང་དབང་འདུས། 《བོད་མིའི་ཡུལ་སྲོལ་གོམས་གཤིས》མི་རིགས་དཔེ་སྐྲུན་ཁང་། 2001.2

7. བསོད་ནམས།《ལྟ་ས་ཁུལ་གྱི་གཞིན་སྒྲིག་ལམ་སྲོལ་འདིག་རྟེན་དགར་བའི་གཏམ》མི་རིགས་དཔེ་སྐྲུན་ཁང་། 2003.07

8. རྒྱང་འབོར་ཚེ་དཔལ། 《བོད་ཀྱི་དམངས་གློལ་གྱི་སྐྱར་དོར་གསལ་བའི་སྒྲོལ་མེ》 གྱུང་གོའི་བོད་རིགས་དཔེ་སྐྲུན་ཁང་། 2005. 06

9. བློ་བཟང་འཇམ་དཔལ། 《དབུས་གཙང་ཁུལ་གྱི་བག་སྟོན་གོམས་སྲོལ》 བོད་སྐྲུང་མི་དམངས་དཔེ་སྐྲུན་ཁང་། 2003

10. སོ་སྦྱུང་ཐར་རྒྱ་མཚོས་བསྒྲིགས། 《གྲོ་ཚང་ས་ཆའི་བག་སྲོལ་ཀྱི་ཚེ་ག་མེ་དོག་ཚོག་འགྲུ》 མཚོ་སྔོན་མི་རིགས་དཔེ་སྐྲུན་ཁང་། 1985

11. ན་སྨྱུ་བསོད་ནམས་རྒྱལ་མཚན། 《རྒྱལ་རབས་གསལ་བའི་མེ་ལོང》 མི་རིགས་དཔེ་སྐྲུན་ཁང་། 2005. 01

12. དགེ་འདུན་ཆོས་འཕེལ། 《དེབ་ཐེར་དཀར་པོ》 མི་རིགས་དཔེ་སྐྲུན་ཁང་། 2002. 07

13. དཔའ་བོ་གཙུག་ལག་ཕྲེང་བ། 《ཆོས་འབྱུང་མཁས་པའི་དགའ་སྟོན》 མི་རིགས་དཔེ་སྐྲུན་ཁང་། 2006. 01

14. གུ་ཤུ་ལུ་རྒྱལ་སྲིད་པ། 《བགད་ཞང་སྲི་ཟླ》 མི་རིགས་དཔེ་སྐྲུན་ཁང་ 1986

15. ལུ་རྒྱན་སྲིད་པ། 《པདྨ་བཀའ་ཐང》 སི་ཁྲོན་མི་རིགས་དཔེ་སྐྲུན་ཁང་། 2006

附录一：吐蕃七赤王及王妃一览表

赞　普	王　妃	王　子	备　注
聂赤赞普	朗木木	木赤赞普	木赤王子从母姓"木"
木赤赞普	萨定定	定赤赞普	定赤王子从母姓"定"
定赤赞普	索唐唐	所赤赞普	索赤王子从母姓"索"
所赤赞普	多美美	美赤赞普	美赤王子从母姓"美"
美赤赞普	达吉拉摩噶摩	达赤赞普	达赤王子从母姓"达"
达赤赞普	施吉拉磨	塞赤赞普	塞赤王子从母姓"塞"

（注：附录一为本人根据《西藏王统记》绘制）

附录二：吐蕃王朝赞普及王妃一览表

赞普名	生卒年月	王妃名	备注
囊日论赞		蔡邦氏·朱玛托噶尔	囊日论赞与蔡邦氏·朱玛托噶尔生松赞干布
松赞干布	？—650	芒·赤嘉、象雄·李托曼、木雅·茹荣嘉姆尊、尼泊尔赤尊公主、唐朝文成公主	松赞干布与芒妃赤嘉生贡松贡赞
贡松贡赞	621—643	科觉芒姆杰	贡松贡赞与吐谷浑妃芒姆杰赤噶尔生芒松芒赞
芒松芒赞	646—676	卓萨·赤玛伦	芒松芒赞与王后没卢·赤玛伦生王子都松芒波杰（墀都松赞）
墀都松赞	676—704	琛氏赞蒙多	墀都松赞与琛氏赞蒙多生王子赤德祖赞
赤德祖赞	704—755	绛摩赤尊、那囊氏芒波杰细登、金城公主	①赤德祖赞与那囊氏芒波杰细登生赤松德赞 ②金城公主原是为赤德祖赞之子江察拉温迎娶的，因在她进藏途中获悉王子坠马身亡，最后才答应作赤德祖赞之妻

续表

赞普名	生卒年月	王妃名	备注
赤松德赞	742—797	蔡邦萨、美多卓、喀钦萨·措杰、卓萨·绛曲准、秦萨·拉摩赞、卜容萨·杰摩尊	①赤松德赞与王后蔡邦氏梅脱仲生下牟尼赞普 ②王妃喀钦萨·措杰被赤松德赞送给莲花生作明妃
牟尼赞普	774—798	茹容氏多嘉	赤松德赞临终时将王妃卜容萨·杰摩尊托付王子牟尼赞普照顾,牟尼赞普将卜容萨纳为王妃
赤德松赞	794—815	没卢氏赤姆勒、琛氏嘉萨勒姆赞、觉热氏赞嘉	赤德松赞与长妃没卢氏赤姆勒生赤祖德赞热巴巾和达玛邬东赞
赤祖德赞	806—841	觉热·贝吉昂楚玛、琛·琼噶尔玛、那囊·阿杰普勒、蔡邦·伦杰布姆、拉隆·梅脱玛	据传,赤祖德赞的五位妻子均未生子
朗达玛	809—842	那囊氏、蔡邦氏	据史料记载,朗达玛纳有二妃,但记载中只提到姓氏,名字不详

(注:附录二为本人根据《西藏王统记》绘制)

附录三：萨迦款氏家族世系表

父系名称	母系名称	子嗣	备注
款巴杰	赞萨嘉普珍	官巴杰贡达	
官巴杰贡达	朗萨尼琼玛	鲁易旺波松瓦、款·多吉仁波且	
款·多吉仁波且	阳龙吉	七个儿子，第六子为喜饶云丹	
喜饶云丹		长子楚臣杰波	
楚臣杰波		长子祖多喜饶	
祖多喜饶		第五子格嘉布	
格嘉布		长子格通	
格通		款敦·泊布	
款敦·泊布		释迦洛追	
释迦洛追		款若·喜饶楚臣、款·官却杰波	
款·官却杰波	多吉秀摩		贡噶宁波，萨迦五祖之首，未出家
	玛久尚摩	贡噶宁波	

续表

父系名称	母系名称	子嗣	备注
贡噶宁波	觉嘉普摩	贡噶拔	索南孜摩、扎巴坚赞分别为萨迦第二祖、第三祖，虽未出家，但终身未娶
	玛久沃珍	索南孜摩、扎巴坚赞、贝钦沃布	
贝钦沃布	尼赤嘉木	萨班·贡噶坚赞、桑察·索南坚赞	萨班·贡噶坚赞为萨迦第四祖，受沙弥戒、比丘戒
桑察·索南坚赞	玛久衮吉	八思巴、恰那多吉	八思巴受沙弥戒，为萨迦第五祖、元代首任帝师。仁钦坚赞为元代第二任帝师
	玛久觉卓	兄妹二人：仁钦坚赞、女大师朵德	
	觉莫多吉丹	意希迥乃	
	拉久则玛	两个女儿：女大师索南本和尼玛本	
	觉江霍尔莫	女大师仁钦迥乃	
恰那多吉	蒙古公主墨卡顿		
	玛久丹察曲本		
	堪卓本	达尼钦波达玛巴拉合吉塔	
意希迥乃	隆那涅巴贝人家的女子曲仁吉	达尼钦波桑波贝	

续表

父系名称	母系名称	子嗣	备注
达玛巴拉合吉塔	诸王启必帖木儿的公主贝丹		达玛巴拉为元代第三任帝师。忽必烈恐萨迦款式绝后，故命其娶妻。达玛巴拉和觉莫达本生有一子，名叫仁特纳巴扎，5岁时夭折，款氏家族这一支绝嗣
	觉莫达本	仁特纳巴扎	
达尼钦波桑波贝	门达干公主（玛久霍尔莫）	索南桑布兄妹二人	贡噶洛追坚赞贝桑布为元代第八任帝师 贡噶勒贝迥乃坚赞贝桑布为元代第十任帝师 贡噶坚赞贝桑布为元代第十二任帝师
	玛久芒喀玛贡噶贝（又名玛久昂摩）	贡噶洛追坚参贝桑布	
	玛久南喀杰莫	南喀勒贝洛追坚赞贝桑布、南喀坚赞贝桑布	
	玛久贡噶南喀	贡噶勒贝迥乃坚赞贝桑布、贡噶坚赞贝桑布	
	玛久仁达玛拉久尼玛仁钦	贡噶本、贡噶勒贝坚赞贝桑布	
	玛久夏鲁玛宣奴本	贡噶尼玛坚赞、绛漾顿月坚赞、丹巴·法主索南坚赞	

续表

父系名称	母系名称	子嗣	备注
索南桑布	布达干公主	仁达那室利大师	
贡噶坚赞	玛久绛巴莫	却吉坚赞贝桑布	
	贡邦巴的姐妹	生洛追坚赞贝桑布	
南喀勒贝坚赞	玛久本莫根敦本	贡噶仁钦坚赞贝桑布	
贡噶勒贝坚赞贝桑布	拉久贡迥杰莫	女大师索南本	
	玛久根敦本	索南洛追坚赞贝桑布、扎巴坚赞贝桑布	
绛漾顿月坚赞	玛久夏鲁玛	喇钦贡噶坚赞	
拉康拉章·却吉坚赞	大元绛巴家的女儿本钦旺秋贝家的女儿本莫吉	贡噶扎西坚赞贝桑布、索南扎西坚赞贝桑布和一个女儿多吉仁青和达玛多吉	
细脱拉章·贡噶仁钦	尼托本莫	洛追坚赞	
	年麦本莫	扎巴洛追	
都却拉章·扎巴坚赞	强巴·玛久拉莫仁青	贡噶勒贝坚赞贝桑布、南色坚赞贝桑布	
	泽冬巴家的女子玛久色赞	却吉索南坚赞贝桑布	
	同知本莫	女大师绛山索南杰莫	

续表

父系名称	母系名称	子嗣	备注
仁钦岗拉章·喇钦贡噶坚赞	玛久南喀杰莫	南卡坚赞大师兄弟二人和一个女儿	
拉康拉章·拉孜哇·喇钦索南扎西	尼谢本莫南喀杰莫	扎西坚赞大师	
细脱拉章·洛追坚赞		贡噶旺秋	
都却拉章·大元贡噶勒贝洛追坚赞		女大师贡噶本	
都却拉章·南色坚赞	玛久尼玛本	贡噶洛追大师	
	羊卓巴·玛久索南本	南喀勒贝洛追坚赞贝桑布，另有五姐妹：女大师南喀本、宗巴甲玛、贡噶本、拉莫仁钦、南喀杰莫	

（注：附录三为本人根据《西藏通史·松石宝串》等资料绘制）

附录四：帕竹朗氏家族世系表

父系名称	母系名称	子嗣	备注
云钦甲哇郊	卓朵萨库裕曼	京俄扎巴迥乃、本桑杰加卜、喜饶坚赞	
	德古玛	衮波坚赞	
本桑杰加卜		扎巴尊追、居尼宁玛·仁钦多吉、德加巴、仁布钦多吉仁青	
衮波坚赞		绰沃潘	
绰沃潘		仁钦喜饶、扎巴意希、迥甲沃（尼却巴）扎巴仁钦、仁钦加卜	
仁钦加卜	尚坚玛	坚赞桑布、策细巴扎巴仁钦、扎巴桑波	
	赤曼本吉玛	大司徒绛曲坚赞、居尼仁布钦扎巴喜饶、索南桑波	

续表

父系名称	母系名称	子嗣	备注
索南桑波	芒涅玛	仁钦多吉	
	列都玛	释迦坚赞、释迦仁钦	
仁钦多吉	西纳萨扎西吉	扎巴仁钦、京俄策细萨玛扎巴绛曲	
	查玛	京俄索南扎巴、扎巴桑波	
释迦仁钦	西纳萨仁钦宗巴	王扎巴坚赞、绛曲多吉、岗斯京俄索南桑波、贝丹桑布、仲曲杰京俄索南坚赞、且萨桑杰坚赞	
且萨桑杰坚赞	仁蚌萨贡噶贝宗	扎巴迥乃	
	仁蚌巴女儿	贡噶勒巴	
扎巴迥乃		阿旺扎巴（又名阿格旺波）	
贡噶勒巴	仁蚌巴女儿	仁钦多吉	第七任第悉
阿格旺波	仲喀玛	阿旺扎西扎巴	第八任第悉
阿旺扎西扎巴	仁蚌巴之女	卓微衮波、扎巴迥乃	第九任第悉
	本萨琼则仲	夏仲阿旺巴	
卓微衮波	噶丹巴（吉雪巴）之女	两个儿子	据《新红史》
夏仲阿旺扎巴		噶居朗杰唯、朗杰扎巴	

续表

父系名称	母系名称	子嗣	备注
噶居朗杰哇		米滂索南旺秋扎巴南杰贝桑波	据《西藏王臣记》

附录五：藏族部落婚姻习惯法选录

（一）果洛旧制中的部落婚姻习惯法

夺妇则付身价。凡婚姻败离、争夺未嫁之女、婚外私生、分家析产皆据此律。除官家贵族之女，通常视其夫贵贱确定拆散该婚姻当出妇女身价之上中下三等，分别于前之血价同等相对。

因未婚之女争风斗殴乏悔罪之额一支枪，因已婚之女争风斗殴罚悔罪半锭白银及枪马各一。

凡致私生则付抚养之用。未婚女之私生视家主根基高低，付额在一匹马至一头牦牛之间。

若订立婚约者失约却婚，其女之身价与前"活付"上中下对等。

夫妻失和，官佐设法使之和好，仍不能和好则审夫妇判离，并分其子女家产。若双方过失相当，便以子归父，女归母之分；财产除去纳税之本父母各得双份，儿女各得一份，婴儿、幼女得半份。若其中一方过失罪责重大，则判其无财产份额。无须调解或无争执自愿离婚者，谓之"拆除补丁"，各取原先已有财产分离。

（二）那曲阿巴部落婚姻禁忌

在婚姻关系中，阿巴部落也讲究骨系。骨系实为父系氏族血缘关系的演变，以姓氏称谓和近亲禁婚观念得到保持。统一父系血统的人禁止通婚，也禁止两性关系。如果发生这种事情，将遭到舆论的强烈谴责，乃至人格侮辱、严刑惩处。就是舅表、姨表、姑表关系之间也同样禁婚。但是，各骨系又有九代、七代或五代以后可以通婚的观念，同时讲究门当户对。

从财产集中的意义上默认少数年龄悬殊的婚姻，包括弟与嫂、姐夫与小姨之间的性关系。可见异血缘、同龄层、纯对偶等界限有所突破。

婚姻形式以一夫一妻制为多，也有少数一夫多妻、一妻多夫现象，青年男女脱离父母自立帐房，都能得到社会的公认。未婚青年私下发生两性关系，不会引起非议，而已婚者同另外的人发生性关系，则要受到舆论的谴责。私生子不受社会的歧视。

（三）理塘藏区旧法规

男女私通：经过审判后双方要罚款200—500元藏洋，并要发誓不再重犯。实际上，男子通常被驱逐或罚做鞋子、当长工，女子被处以割鼻之刑。

离婚：夫妇离婚分家者，要经头人判决，并要将好牲畜、家具等献给头人，双方分家后还得为头人送藏洋25元。若事先贿赂头人判决时可多得财产。

（四）玉树部落婚姻习惯法

玉树地区多数为一夫一妻制，也有个别一夫多妻和一妻多夫现象。婚姻多数为自由恋爱，禁止不同阶级间通婚，在婚姻、财产、继承、老人赡养方面，因地区不同而有差异。

1. 男女青年相爱结婚，须征得部落头人的同意。
2. 女儿出嫁带走一份属于自己的财产（在所有家产和牲畜中，按父母各2份、子女各1份的比例划去）。

3. 夫妻失和欲离异，双方父母进行调解，而后由部落头人调解，调解无果准许离婚，所生子女，男跟父，女遂母，家庭财产有理的多些，失理的少些。

4. 夫妻自愿离婚，财产各半。

5. 夫妻离婚，孩子尚小，尤其是婴儿，财产都留给抚养婴儿的一方。

6. 夫妻离异，如系一方行为不轨，将之驱逐出门，财产归贞洁一方。

7. 离婚时，如果一方不同意，提出离婚一方要承担一定量的"吉日差"（遗弃补偿），补偿牲畜数量由头人决定。

8. 私生子不受社会歧视，但男方必须给女方抚养费，其数量有下列两种：①怀犊乳牛1头、怀羔母羊、山羊各1只，并负担孕妇分娩期间的费用。②给女方山羊、绵羊、牛各3只及抚养费。抚养费区别两种情形：第一种，属民与头人女子发生性关系所生子女除交抚养费以外，还受法律制裁；第二种，部落头人、牧主与属民女子发生性关系导致私生子，一般不给抚养费（属民不敢告发）。

9. 未婚得子之女，如要出嫁，需交付数量较多的财产作为陪嫁，并将自己的坐骑配鞍送至男方家，孩子留在父母处。

10. 女方招婿，女婿在家中地位如同儿子，不受歧视，有财产继承权。

11. 子女分家，另立门户，按人头分配财产，父母双亲各2份，子女各1份。

12. 继承财产，不重血统，无子，女儿继承，无子女，财产由亲属交给寺院。

（五）海南兴海阿曲呼部落

1. 部落属民嫁娶招婿均须经头人同意并作为必请上宾予以宴

请。按理规媒人享 1 头牛的辛苦费，头人作为"哇日差"（媒人的保护和议谋人）得其一半。

2. 禁止与本部落有纠纷的部落通婚。与本部落有祖仇但无新恨的部落通婚，经头人同"干巴"（年长者）们议决后宣布准否。

3. 夫妻离婚，如属丈夫休妻，则财产的一半归女方，其中头人取一半为声张"毛角"（女怨）的报酬；若妻子休夫，不仅不分给财产，还要退还男方彩礼，在所退彩礼中，头人取一半俗称"吉祖乎"（坐中）。

4. 招女婿离婚，原本无彩礼，财产份子小。如属丈夫休妻，可以自行走掉；如属妻子休夫，女方送一枪一马可以打发。

5. 男女双方要求离婚时，一般各罚 1 匹马或 1—2 元白洋；经头人调解无效予以准许后，得交一定数量的"调解费"。

6. 寡妇一般只能招女婿，不能改门出嫁。属生活无法维持要改门出嫁到本部落属民家，由男方婆家出彩礼，并给头人一定数量的"调解费"。如发生私奔、抢婚，便采取武力追击和重罚财产。

7. 夫妻离婚时，子女的归属依"儿随父，女遂母"的古俗。

（注：附录五选自张济民主编《渊源流近——藏族部落习惯法法规及案例辑录》，青海人民出版社 2002 年 9 月）

附录六：婚礼诵词

吉祥如意

（一）婚礼献词

既然要我来献词，
那就敬上一碗酒，
拉开话题的帷幕吧。
古人有句话：
不吃无食新之食品，
不说无玩笑之话。
我以吉祥之兆敬上三碗酒。

首敬蔚蓝的天空！
为何不敬这蓝天。
日月星辰在此升，
绵绵春雨在此下，
轰隆雷声此处鸣，
迅疾闪电此处划，
朵朵白云此处飘，
绚丽彩虹此处升，

也是布谷鸟动听的歌声和无数鸟儿的栖息地。

二敬广阔的大地！
为何不敬这大地。
洁白的雪山在此孕育，
葱郁的树木在此发芽，
成群的藏羚羊在此嬉戏，
大片的五谷在此丰熟，
矫健的马儿在此驰骋，
结对的牛羊在此休憩，
黄河长江在此奔流，
也是父亲和叔叔的牧马场和母亲和姨妈的生火台，
还有小伙子成长的摇篮。

三敬亲爱的祖国！
为何不敬祖国。
伟大的党在此孕育，
亿万人民在此安居，
各族人民在此生活，
共同的敌人在此痛斥，
老实的人儿在此抬头，
痛苦的黑夜在此逝去，
幸福的光明在此迎来。

既然要我来献词，
数一下白色马儿的毛有多少？
人儿的头发有几根？
羊儿的毛儿有多少？

有什么相似之处?

如若不是藏王松赞干布就没人倾听,
不是亲爱的叔叔的就没人知晓。
若说众人信服的话语,
没有充足的理由就难立,
没有清晰的过程就难懂。
若说众人熟知的事,
讲述者易讲,倾听者也易懂。
正述说着我们年轻人儿的心底里,
你们可爱的倾听者是如此忙碌,
犹如阵阵的微风刚刚吹过。

既然要我来献词,
鄙人未具天生的聪慧,
后天的德才也欠佳,
眼界小于针眼,
听闻小于扣子,
胆量小于芥菜。
我无法想象在此聚集的人儿如此之多,
我没法讲述我心中的紧张。
在此给你们献上一首婚礼词,
座于上座的白胡子老人们,
如若发现不对的,
请莫怪罪于我。
坐在中间长发飘飘的青年人,
如若说错,
请不要予以校正。

在座尾的新人们，
如有几句是错的，
请勿戏谑或哄笑。

既然要我来献词，
男子汉一语出口，
犹如雄鹰在蓝天展翅飞翔，
可惜就算飞得再高也不能触碰苍穹的顶端般。
较优秀的人儿一语出口，
犹如乌黑的雕儿向着巢穴飞去，
可惜就算飞得多低也触不到岩石的异端。
像鄙人一样的一语出口，
犹如啄食细粒的鸽子，
需要左顾右盼，
前瞻后顾，
这些有着哪些相似之处呢。

(二) 哈达赞

说一下我手中哈达的故事吧，
源自上部不是下部，
源自中原国王，
在抖擞的手中来去，
一尺哈达，
一肘垂帘，
有什么相似之处呢。

哈达是一尺，
是一肘垂帘，

带它到印度,
可以献给佛祖和智者,
带它到中原汉地,
可以奉给达官贵人,
带回到我们的吐蕃王朝,
可以助长我们年轻人的勇气。

(三) 龙碗赞

说到我手中这碗的故事吧,
源自下部不是上部,
源自江西景德镇,
姑娘手巧方有活,
骡子有力方能驮,
商人只有宝物方能卖,
如您的财主方能买。

(四) 诵布施

说到三个布施的故事,
父亲和叔叔给了一百匹马,
母亲和姨妈给了一百头牦牛,
儿侄给了一百只羊。

父亲和叔叔说累了,
妈妈和姨妈说还好,
其他人说说的有理。

口中含着右旋法螺,
中间有八瑞相,

底部有八瓣莲花。

父亲和叔叔喝了会长寿，
母亲和姨妈喝了会愉悦，
儿侄喝了会口角灵活。

（五）甘露赞

说到这碗如甘露的酒的故事，
在印度种着的青稞如白色海螺，
在中原种着的青稞如蓝鸽，
在吐蕃种着的青稞如灰色的公鸡。

源引三种青稞和水稻，
收取三个打禾场的麦子。
酒罐源自广西，
树木源自雍中林，
青铜碗来自景德兰州城。
品酒便如细嚼牦牛角，
酿酒便是八十高龄的老人的陈年老酒。

给远方的客人标个记号，
附近的客人被狗挡着，
听父亲和叔叔说远远的客人给酒起名为九年之陈年老酒，
听母亲和姨妈说是九月之淡酒，
听口齿伶俐的青年说是七天之温酒。

喝酒要像金玉良口会喝，

喝一口直击灵魂如鹞鹰,
喝两口胆量助长如猛虎,
喝三口如无主的流浪狗。

(六) 新郎赞

亲爱的新郎,
这儿有你的新郎服。
三只羊来到安多,
在此成长,
羊毛如白色海螺,
欲剪又不舍用青刀剪白毛,
剪高一点毛不好,
剪低一点对羊不好,
只得剪得恰如其分。

手指需要灵活地去梳理,
放到汉族阿姐的手里。
得用羊毛梳子去看看是好是坏,
编织的送到汉族阿哥手里。

偶尔梳梳,偶尔剪剪,
偶尔看看是否够厚够好。
放在阿姐的手里,
不敢用青色的汉刀刮,
不敢用青色的汉针戳。
望着蓝天剪了外面,
望着白云剪了里边,
望着岢宿缝纫,

望着星织绊绳,

亲爱的新郎,
这儿有你五彩的腰带,
打着三十结,
世上还能有相似的吗?
打着三十结,
向外的结代表着是男子肩头的守护神的份,
向着肋骨的结代表着是自己份。

亲爱的新郎,
这儿有你的一匹马,
说到这匹马的故事,
耳朵似顺风耳穿九孔,
眼似千里眼。

亲爱的新郎,
这儿有你的鞍辔,
说到这马辔的来历,
鞍由鹿皮獐皮而成,
鞍上是银饰。
口上戴着银环,
舌尖穿着银箭,
箭是穿着三根铜线而成,
裹在丝绸里。

亲爱的新郎,
这儿有你的马鞍,

说到这马鞍的来历，
前如多罗树，
后如灵镜，
形如大雕展翅，
外如鹿皮獐皮，
马镫如九玄绷纱，
镫带如细丝长线，
镫底如坚硬磐石。

(七) 婚礼赞

说一下今天着喜庆的日子，
天时地利人和，
这是南瞻部洲的中心，
藏族人民的土地，
安多的山川，
地如雍中的中间，
富家人的大院，
美丽的帐篷里，
来往的客人如吉祥八瑞相般，
拉着如彩虹五彩的线，
说着布谷鸟般动听的话，
穿着如花的衣裳，
喝着如甘露的酒，
唱着如琵琶般悦耳的歌，
跳着如孔雀展翅般的舞，
祝今日这喜庆的日子圆圆满满，
祝大家顺顺利利。

（八）祝福歌

在遥远的佛国净土，
传去对法身佛的祝福；
在南方的佛国净土，
传去对报身佛的祝福。

在灵鹫山的那一边，
传去对释迦牟尼佛的祝福；
在铜色山的那一端，
传去对莲花生大士的祝福。

在头上的莲花宝座，
传去对上师的祝福；
在山火缭绕的尸林，
传去对喜怒本尊的祝福。

在远方的极乐世界，
传去对度母的祝福；
在南瞻部洲的国度，
传去对战神的祝福。

在玛拉雅的尸林里，
传去对大伽拉的祝福；
在座顶上九重天，
传去对大梵天的祝福。

在下灵界的城堡，

在中密布的乌云层；
传去对守护神的祝福；
在山间的寺庙，
传去对护法神的祝福。

今日主客在此相聚，
送上对所有人的祝福；
在这家的里里外外，
送上对福神和财神的祝福；
在如繁星闪烁的人群里，
祝福自己的守护神和战神。

看今日天时地利，
又是良辰吉日，
是吉祥的一天，
是充实的一天，
是安乐的一天。

(九) 诵历史

南瞻部洲的北部，
是美丽的青藏高原，
多康地区的边缘，
八座山峰雄起而立，
太阳从东方徐徐而升，
黄河从左缓缓流过。
如雍中的中心，
细水长流的地方，
檀香树的乐园，

少年英雄的平台。

霸道的人儿受罚处,
宽敞的富家院子,
善良的人们在此聚集。
在舒适的房子里,
上是无垠苍穹,
下是八瓣莲花地毯。
心如洁白的雪,
给如八瑞相的客人们,
献上五彩的哈达,
说道动听的话语,
我不是说故事的古人,
不是说流行词的智者,
不是通晓来世的佛祖,
不是辩经的导师。

首先在我如雪的心上难以显现,
如白海螺的口难以启齿,
如打结的舌头难以解开,
日月是世界的精华,
蓝天是天空的,
自雪山而流的溪水,
是万物的精华,
是大地的起点。
不和而和的是错误的幻觉,
和而语是人之常情,
三念皈依此乃佛教也,

献上酒肉茶乃会客之道,
不知而知之为话之故事也。

得难得人生,
迎难迎之客,
言难言之故事。

东方的太阳若不升起,
南方的雪山顶就难以融化;
西方的日月之形若不显现,
日期就难以确定。

北方的微风若不飘来,
南方的迷雾就难以散去;
青龙若不吼叫,
就不知该走或停;
布谷鸟若不鸣歌,
就不知是冬是夏;
若不靠永宁地母十二尊,
就分不清四季。

若无蒙蒙细雨,
草木就难以枝繁叶茂;
若无佛祖释迦牟尼佛,
善恶就难以取舍;
若无格萨尔王,
就打败不了魔王;
若"穹"不张开羽翼,

就难以降服各路妖怪。

若无一个国王,
就难以分辨真假两人;
若不走出几步,
就难以知晓家门之远近;
若不好坏皆食,
蜜糖也尝不出味道;
我若不说这些道理,
你便会觉不分主客。

(十) 福禄赞

印度佛国的重大法会,
规定了严格的教规;
放了阶梯连着天国,
中原开了早朝。

定了如金的法规,
让恶人受到惩罚;
在吐蕃举行了婚礼,
叔叔们说的婚礼词有理。

婚礼的帷幕拉开为好,
白色海螺吹响为妙;
摆上宴席迎请宾客为佳,
一起欢歌笑语更好。

说到话的三个集合,

集虎豹于森林,
集幽林良城中,
虎豹甚是相似,
食野生水果,
集鱼和水獭于大海。

水清而集于岸边,
同饮海水,
同是金目。
集亲人和朋友于婚礼,
福神集于此房中。
享甜食聚亲友,
互诉衷肠。

(十一) 言语赞

说到话的三行,
乌鸦在天空觅食之行,
媒人求好处之行。

说到言语的开始,
是知识的启蒙,
是玩笑打趣的开端。

说到言语的三优势,
马术精湛为骑马人之优势,
厨艺突出为女儿之优势,
酒水齐全为节日之优势。

说到言语的三海,
六字真言为佛教之大海,
四位智者为话之大海,
四头牛为牛奶之大海。

说到言语的三大,
迎请的宾客之大,
未迎之人幸福也大,
看节目的眼睛也大。

说到三结合,
首为神和"鲁"神之结合,
大帝释天的女儿,
嫁至"鲁"王。

文殊为媒人,
前官为莲花生大师,
后官为金刚手大势至,
格萨尔王坐骑为婚马。

仙女为伴娘,
身穿如画的衣裳,
腰系五彩的腰带,
戴着如星的珠宝,
如意珍宝为嫁妆。

大梵天为首席宾客,
各路神仙借来道贺,

三界神灵来演节目。

天地之结合,
天神的女儿,
嫁至山神,
南面乌云为媒人,
前官为太阳,
后官为月亮,
风儿为婚马,
昴宿为伴娘。
身穿彩虹衣裳,
头戴金银珠宝,
护法大将军为首席宾客,
八大天来道贺,
天地两来演节目。

(十二) 公主赞

藏汉两家结合,
汉文成公主,
嫁至藏王松赞干布。
松赞干布为新郎,
噶尔东赞为媒人,
前官为观世音,
后官为度母,
千里马为婚马。
身穿丝绸锦缎,
头戴金银饰品,
满戴宝玉和珊瑚,

释迦牟尼佛像为嫁妆。
随行官员为首席宾客,
五百位骑兵来道贺,
藏汉共同来表演。

此南瞻部洲,
为天降之人界,
为显密两宗发源处,
为善恶两者取舍处,
为老少皆念六字真言地,
僧俗两界共事处。

说到上下两部之颂,
上阿里三围,
似划过天空的白布。

中卫藏四茹,
似白狮秀白毛,
下多康六岗,
似虎母子俩绽放的笑容。

东玛积雪山,
似水晶塔直插云霄,
蔚蓝的青海湖,
似五宝而成的曼荼罗。

岩石上的羊群,
在群山间自由穿梭,

东南边的后山,
如马背上的背影。
南巴则雪山,
如镜子上照着阳光,
恒河之流的黄河,
如无数珍珠的串联。

西威力四射的金刚,
如"穹"(大鹏鸟)翱翔于天际,
背后的佳吉神山,
如叔叔信仰的战神。

佳吉神山的城堡,
如"穹"戴着宝石。
后如五宝丝织而饰的神情,
右如天鹅游在水面,
左如黑布铺在地上,
前如青龙来回吼叫,
中如无量宫而成的乐园,
外如须弥山的尊胜宫,
中如显密宗四续坛城,
里如无上大乘密宗传发音。

如信仰者的业障溶于阳光,
无病无恙的节日,
摆上酒席甚好,
传来无哀无悲的快乐的歌声,
那便是安详快乐的福地。

看今日相聚的人们，
有如狮子般威武的官员，
大"穹"国王般讲法，
老虎般豪言壮语，
布谷鸟般唱着动听的歌儿。

说一下大官叔叔的故事吧，
富家易出官员，
当了官去了汉地，
绞尽脑汁要到官印，
领命拿着公文。
大官犹如天上的大鸟，
金文如阳光闪闪，
银文如月光照射，
海螺文如小羊挤挤，
一头盔延伸至四洲。
身须弥山降四敌，
此家世代官未断。

说一下大官叔叔的故事吧，
官拉沃白额头，
白色脸颊，
灯火自燃，
舌尖上的宝瓶，
是莲花生大士的传宝。

空中有金刚护法的道歌，

地上坛城粒子失,
中三魔地空行母红岩空,
前红海莫枯,
右红色朵玛神莫消,
手中鼓螺声莫衰。
三夏时,
位于雪山顶,
小青龙乘骑过,
望着天际摇头,
对着大地跺脚。
给日月当仆,
向空中招收。
三秋时,
位于雪山腰,
敢对迅疾闪电,
白云喷着雨水,
羊群颤颤,
冰雹追着小羊。
三冬时,
位于雪山脚下,
聚众鬼神,
大肉朵玛在右,
小肉朵玛在左,
符咒朵玛在中,
敬白朵玛三峰。
乌云密布,
雷声隆隆,
闪电闪闪,

上服神，
下降鬼。

(十三) 舅舅赞

现在说一下舅舅的故事吧。
是财富的拥有者，
出头戴金帽的喇嘛，
出身居高位的高官，
遵守宗教清规戒律。
为显密宗格西，
历辩经，
览三藏，
通佛学之理，
晓空见之性。
赞末为毒木，
亲末为铁雹，
兵末为星辰，
白丝之神裔，
红丝之上师之裔，
黑丝之咒师之裔。

他早前讲过蓝天之心，
后讲过大地之纹，
父说要个骏马，
母说要个良马，
舅说要个千里马。
如集这三者于一身，
就算天塌也能顶，

地裂如莲花亦能镇,
河水断流亦能续,
岩石迸裂亦能粘,
山川错位亦能修,
临危亦能救者便是你们。

(十四) 亲家赞

说说亲家的故事。
有聚神力的喇嘛,
位居高层的大官,
口齿伶俐的大臣,
聪慧敏捷的后辈,
潜心修佛的僧伽,
就座于众喇嘛中。
铃声穿三界,
咒师在敲鼓,
鼓声遍宇宙。
男孩马儿铠甲三位于山间,
英明传至北霍尔国,
厨师身居无名地,
厨艺传遍四面八方。
传伴儿在路上,
会有潜心修佛之子。
上印度兴佛教,
下中原兴茶叶。
茶有易茶之道,
结吐蕃之亲,
媒人和新娘一起认。

便才说是亲家,
今日之食如满汉全席,
虽虎难吞尽,
饮品多于汪洋大海。
虽鱼难饮尽,
今日之丝线五彩斑斓,
客人赠礼祝吉祥如意。
给福气满溢的人儿端茶,
敬酒也合福合禄,
年轻的人儿载歌载舞,
祝老人们健康长寿。
年轻人活力四射,
祝万事如意!
也请记住我们是有福气的人们。

金耳饰

啊!
初为政教文化兴盛的好年头,
其次媒人福禄满堂的好月份,
供养主人央孜夏噶的好日子里,
今天,择吉日而成亲,
从内屋的保护神,
到前院的门庭,
再到三界的万物,
还有尊贵的客人们,
请听我道来。

今天在节日上,我将用简短的话语叙说历史,
上座的晓事老人们请莫呵斥,
中座巧辩的小伙们请勿校正,
下座美貌的女子们请别嘲笑。
今天是个良辰吉日,
万事圆满,
幸福美满,
吉祥如意。
在这个好日子成亲,
常言道:
万法以三宝为先,
无三宝便不成法,
说词以玩笑为先,
无玩笑便无从谈,
进食以供奉为先,
无供奉便不可食。
我将简要地诵说敬辞,
敬上师本尊,
敬佛陀菩萨,
敬护法护教,
敬地方山神,
敬在座各位叔父们的守护神,
敬在座各位姨母们的守护神,
敬空捕白天神,
敬威猛金刚战神,
敬密母白螺女神,
敬在座男人们的战神。
啊!

现在我要敬蓝天，
若恭敬和敬畏蓝天，
那是天神梵天的领域，
有九十二万种天神，
大小行星运行之所，
是头顶狐尾帽者赞美之处。
现在我要敬天空，
若恭敬和敬畏天空，
那是鲁神顶上珍宝的领域，
有九十二万种鲁神，
作物植物生长的地方，
是脚蹬皮靴者赞美之处。
现在我要敬财神，
若恭敬和敬畏财神，
那是布绸茶氆氇的集聚地，
绿松石红珊瑚的宝库，
五谷作物的源泉。
现在我要敬盖通神，
若恭敬和敬畏盖通神，
那是保护神的居所和拉天绳之所，
延年长寿之地。
现在我要敬仙女，
若恭敬和敬畏仙女，
那是子孙后辈们出身之地。
现在我要敬灶神，
若恭敬和敬畏灶神，
那是烹饪和进食之地。
现在我要敬门神，

若恭敬和敬畏门神，
那是百头牦牛出入之地，
牛犊嬉戏处所，
幼儿成长之所。
我所说的敬辞大致如此。
啊！
今天雄鹰翱翔在天空，
要展翅飞翔。
骑马飞奔在大地，
要拉住缰绳。
猛虎飞跃在森林，
要展现斑纹。
男子在节日演说，
要雄心壮胆。
今天的讲者胆小，
在座的听者威严，
十月的白昼短，
一月的天数少。
今天给有威望者和着盛装者，
年长者们赞美时，
若有疏忽和不周之处，
请莫呵斥我的言辞。
若是君子讲演，
犹如雄鹰翱翔，
空中畅通无阻。
若是中士讲演，
犹如岩雕过山，
翅膀不碰岩壁。

若是如同我的下士讲演，
犹如鸽子啄食，
许久盘旋后着陆，
小心躲藏中巡视，
低头后啄食，
卷缩下进食，
还要当心噎着。
现在我不长篇大论，
若长篇大论，
像枝繁的鹿角，
繁而无法总结。
若中篇略论，
像弯曲的牛角，
无法校正如箭，
因此我要说一个不长不短，
像黄羊角一样端正的说辞。
啊！
今天来讲世界起源，
若问何物形成最早，
众物之中风为伊始，
金刚十字风以基底，
形成中土印度金刚座。
贤明之人源于印度，
形成殊胜之地灵鹫山。
形成汉地打箭炉，
三角石形成于罗刹城，
黄蒙古形成于白云坡，
藏六部形成于原野中，

霍四部形成于洲际上,
形于五行状,
水在草泽旁,
石沉深水底,
世界形成如上说。
啊!
若以法为史,
起先佛陀诞生,
之后佛法兴盛,
最终恩德无量。
对于三界芸芸众生,
三世佛陀恩德无量。
面向苦难众生,
佛陀释迦牟尼,
起先发愿菩提心,
之后修行苦难行,
最终成就无上果,
以万千种化身,
弘扬殊胜教法,
高举不倒幢幡。
赞普拉脱脱日念赞时期,
佛教开端于吐蕃,
藏王松赞干布时期,
佛教兴盛于吐蕃,
口译和翻译的译师,
他们对于芸芸众生,
恩德贡献如上所说。
现在来赞美隆务大寺,

万花丛之前，
狭隘口之下，
环形的曲地，
如镜的盆地，
隆务解脱地之址，
外部如同如意宝，
众生怙主八万四千教法的教主，
以讲修著三方面，
精通三次第之贤者，
一人享有三个称号，
一位上师有三个尊称，
一座城堡有三个大门，
一扇大门面向前藏，
与前藏架传法桥梁，
年年互通川流不息。
一扇大门面向汉地，
与汉地架茶市桥梁，
年年互通川流不息。
一扇大门面向藏地，
与藏地架姻缘桥梁，
年年互通川流不息。
上师如同阳光普照，
苯波如同明月当辉，
僧众如同星宿闪耀。
茶叶酥油如同雨水，
赛马射箭之乡，
买卖茶缎之地。
众口请求之处，

众人磕头之地，
赤脚转经之处，
恶人悔改之地，
善者成佛之处。
显密教法的宝库，
修行之地隆务大寺，
根本上师如头顶如意，
黄帽格鲁教派之教主，
大成就者夏噶丹嘉措。
啊！
如同铁打的山沟，
猛如铁冰雹，
悍如毒心树，
三大英雄走上山头，
豪言壮语响彻世间，
三大贤者居于此地，
即使阎王也要争辩。
内有大神康巴如同国王坐于宝座，
下有鲁神噶嘉如同酥油汇集之湖，
中有嘎那如同堆积如意宝物。
众山如同国王坐于宝毡，
众河如同拉开洁白丝绸。
大地聚十相人们享幸福，
那里便是江隆六部村落。
啊！
现在要赞美江隆咒师们，
围着静猛装饰，
手持莲花铙钹，

腰缠金刚橛，
胸前配念珠，
以岩窟为供朵玛地，
以蓝天为拉天绳处，
以空中为涂阿德处，
辰时用白芥子施法，
芥子的法力无亲疏。
午时以黑芥子礌石，
芥子的礌石无阻力。
施咒使得敌人心惊，
那便是江隆咒师们。
现在我来赞美隆务内哨，
上有额勒王门下的给热内哨，
下有汉地王门下的西宁内哨，
中有吐蕃王门下的隆务内哨。
只骑浅红骡马，
只拿克朗经书，
掌有金册金印者，
藏汉交流的使者，
为证明法之主人，
那便是隆务内哨。
啊！
今天我来讲讲姻缘之起，
起初天地结缘，
中有星宿做媒，
昴月前来送亲，
大小星宿祝贺，
二十八星宿作嫁妆，

红白云彩化作嫁衣，
那天结良好姻缘后，
神鲁也结成良缘，
众神之王梵天之女，
嫁于鲁神顶上宝珠，
绿松石红珊瑚为饰，
满身饰有宝石宝珠，
密集金刚为之沐浴，
鲁女东琼女王迎亲，
那天结良好姻缘后，
藏汉也结成良缘，
迎娶汉地文成公主，
嫁给藏王松赞干布，
大臣嘎尔东赞说媒，
以金银为饰，
浑身佩珠宝，
释迦牟尼佛像作嫁妆，
莲花生大师为之沐浴，
上有阿奶王母来迎亲，
藏地十三万户举庆典，
此庆典为例，
择吉日结亲，
天色刚亮，
朝日升起，
舅父家着新装，
饰珍贵宝珠，
来到顿亚家门，
在曲桑家门口，

附录六：婚礼诵词　313

亲家全家上下，
众人过来迎亲。
打开铁门栓，
拉开布门帘。
有道是舅父家，
坐于右排之上，
右排蓬莱生辉，
坐于左排之上，
左排月光满地，
坐于中排之上，
中排繁星普照，
舅父家实与蓝天齐之，
赞美之更胜蓝天有余。
啊！
首先开头为甚好，
中间互相有往来，
最后大家都吉祥。
天空八辐轮之下，
日月普照之地，
星宿闪耀之地，
祥龙响彻之地，
好雨沐浴之地，
百鸟飞翔之地，
万马奔腾之地，
众兽栖息之地，
五谷丰登之地，
鱼獭游玩之地，
雄鹰翱翔之地，

房屋宽敞明亮,
客人欢聚之地,
叔父齐坐之地,
儿女嬉笑之地,
姨母烹饪之地,
在幸福的家庭,
普照祥阳之地,
众人欢聚一堂,
且让我用话语的钥匙,
来打开所表达之意思,
如同普日光辉来敬客,
用条理清晰之词演说,
请上座们暂且来听听。
下座者们虽然在起哄,
若闻见邀您听讲之时,
便要仔细去聆听讲演,
若看见邀您观赏之时,
便要高高兴兴去欣赏,
若心知邀您感受之时,
便要全心全意去感受。
百鸟飞翔要看在哪儿着陆,
万马奔腾要看在哪儿驰骋,
众人欢聚要听讲什么内容,
男人欢聚无论好坏都要听。
啊!
我来赞美一下这嫁衣,
首先戴毡帽的牧人,
赶羊到山头吃草穗,

羊毛渐渐生长，
赶羊到山坡吃草杆，
羊毛渐渐变软，
赶羊到山脚吃草根，
羊毛渐渐变厚。
抓羊的矫健汉子，
绑羊毛时不损羊毛，
剪羊毛时恰到好处，
阿奶王母娴熟纺织，
纺锤轴是金条制作，
纺锤轮是广大法轮，
从蓝天垂下，
在天空旋转，
于大地环绕。
纺织者黄文殊纺织好，
纺锤头在卫藏，
纺锤尾在汉地，
纺织活闲庭信步，
纺织声唧唧喳喳，
公敬王的裁缝好，
仿蓝天来裁外形，
仿白云来缝内料，
仿星星来安纽扣，
仿昴星来缝线条。
横向缝线值骏马，
竖向缝纫值牦牛，
一针一线值绵羊，
嫁衣之珍贵如上说。

啊!
我来赞美一下新郎的腰带,
此物出于平原地,
出于汉地平原地,
藏民富裕而买之,
腰带从后往前系,
连系三圈之寓意,
将要胜勇士三名,
打结从右穿之寓,
育三个打虎儿郎,
从左打个结之寓,
育三个挤奶女儿,
提上系带好上马,
前身宽阔好动弹,
腰带潇洒有父相。
现在我来赞美琼翅印的瓷碗,
碗口有八辐轮,
碗身有八吉祥,
碗底有八瓣莲。
碗中清凉的美酒,
便是陈年佳酿酒,
也是新月佳酿酒,
更是昨日佳酿酒。
喝了暖心口,
拿了手气好。
啊!
继续讲演诵词,
洁白羊毛的毛毡上,

檀木制作的盘子里,
肥美的手抓肉堆积如山,
盛满茶酒瓷碗放在手上,
琵琶般的话脱口而出,
叙说动人的历史是各地风俗,
那么叙说从三个难得开始,
难得有知晓前后世的上师,
难得有闻名遐迩的文人,
难得有讲公道的官吏,
走陌生地的导游难,
过大河的登滩者难,
克敌时英雄少,
表里如一的女子少,
心里话很难对靠不住的说,
相敬如宾的妻子少,
心头很难产生意念,
嘴巴很难说出诵词,
大庭广众难于服众,
三个难得如上说。
说说美好的事情,
涟漪美于大河中,
狂奔时拉住缰绳好,
柏松根植岩壁美,
羊毛浮于水上好,
羊毛抚揉有益处,
镜子擦拭才能亮,
银质铃铛要摇响,
友谊要水乳交织,

便是我与舅父家。
啊!
来说说结婚的三个和好,
上有和好的卫藏上师之佛法,
下有和好的汉地商人之贸易,
中有和好的众位舅父之同心。
父喜儿子事成,
母喜女儿事成,
成就大业自己欣喜,
成就之日请上酒宴,
庆典负盛名,
狮龙威而猛,
宴请来的客人很尊贵,
不请自来者们胃口大,
敬上香茶美酒。
啊!
现在来赞美舅父家,
祥龙响彻天际时,
南边雹云滚滚,
狮子雄于雪山时,
绿鬃如同彩虹,
猛虎飞跃森林,
斑纹如同星辉,
家世如紫檀木,
貌美花枝招展,
古今都是幸福,
古时幸福如枝顶天,
今日幸福如叶遮天,

舅父家实与蓝天齐之,
赞美之更胜蓝天有余。
聘礼声势大,
聘礼有茶酒,
高大的骏马,
膘肥的犏牛,
多奶的牦牛,
两岁的马驹,
两岁的牦牛,
两岁的羊羔,
金银绸缎,
茶布绸毡氆,
这些聘礼要拿的顺手,
您舅父家吃着顺口,
面朝上的不都是送礼的,
面朝下的不都是收礼的。
清晨的晨曦,
太阳的第一光,
我与舅父共同商议,
媒人的长缰绳,
献给舅父家如何,
今天对到场的所有嘉宾,
我要讲的就这么多了!

（选自角巴东主、桑杰仁青等搜集选编《安多民间长诗集》（藏文），由中央民族大学藏学研究院2009级学生则玛其西、桑杰卡翻译。）

后　记

《藏族传统婚姻文化研究》是由我的博士论文修改而成。从2010年博士论文开题到2012年答辩，在我的导师周润年教授的精心指导之下，经过陈庆英、索文清、郭卫平、陈楠、苏发祥等专家学者的评议，提出了许多宝贵建议。论文经过多次修改，几易其稿，终于完稿成书并付梓出版。

在攻读博士学位期间，我对藏族婚姻文化产生了浓厚兴趣。藏族多样化的婚姻形式，早已为国内外专家、学者所关注。早期的研究大多是以民俗记录的方式出现，对藏族的婚姻形式只是从民俗学的角度进行研究，不乏猎奇之作。后来也有一些相关研究，大多是基于藏族社会部落习惯法角度的研究，很少有人从整个文化背景、社会制度、经济发展等角度进行研究。近些年，国内外许多人类学、社会学、民族学方面的专家、学者把目光投向藏族婚姻制度与社会经济制度的关系研究中，使这一研究取得了一些可喜成果。然而，由于藏族婚姻形式的特殊性，人们只关注藏族婚姻的"一妻多夫"现象本身，却很少关注这一现象背后的社会文化现象，特别是以自身的价值观评价这一婚姻现象，难免走入误区，得出藏族"落后"、"野蛮"的错误结论。

作为藏族，我希望更多的人在了解藏族文化的同时，以理性的态度审视藏族婚姻文化现象，揭示这一文化现象背后的历史、政治、经济、文化、观念等深层原因。正是基于这种想法，我决定写一篇较为完整的藏族婚姻文化的博士论文。但是，由于本人水平有限，论文仍有许多不足之处，有些观点还有待探讨，衷心希望业内专家、学者不吝赐教，提出宝贵意见。

这部论著之所以能顺利完成，是家人关心、朋友支持的结果。在此我要特别感谢我的家人给予我无私的关怀和理解。读博期间，丈夫郭海宁几乎承担起所有家务，并对面临中考的女儿承担起教育责任；女儿郭逸菲懂事乖巧，学习非常努力，以优异的成绩考入理想高中，丝毫没有让我这个做母亲的在读博士研究生分心，才使我顺利通过博士论文的答辩。感谢我的同事、藏学研究院副院长扎巴副教授以及扎巴军乃教授，他们分别为我口述安多藏族婚姻习俗和玉树藏族婚姻习俗，丰富了我的写作内容。

感谢国家民委批准立项，使本书有幸成为"2012年度国家民委科研项目"（项目名称：藏族传统婚姻文化研究，立项编号：12ZYZ014），使本书的出版有了经费保障。

正是来自方方面面的鼓励和支持，本人的拙作才有机会得以面世！

切吉卓玛
2013年6月21日于北京中央民族大学